dtv

Sie kennen Barcelona, die Costa Brava, die Balearen … aber kennen Sie auch Katalonien? Dieser Landstrich am nördlichsten Rand der Iberischen Halbinsel ist Spaniens beliebtestes Reiseziel, und doch sagt sein Name kaum jemandem etwas. Nur wenige wissen, dass er sich von den anderen spanischen Regionen nicht zuletzt durch seine Sprache und eine eigenständige Kultur unterscheidet. Doch was macht sie aus, die Kultur dieses Volkes, das sich trotz jahrhundertelanger Unterdrückung seine Identität und seine Sprache bewahrt hat, eine Sprache, die von Südfrankreich über Andorra, die Balearen bis nach Valencia gesprochen wird? Die hier versammelten Geschichten von über dreißig der wichtigsten katalanischen Autoren der Gegenwart erzählen vom Meer und von den Bergen, von Alltag und Geschichte, vom Erinnern und Verdrängen, von der Sprache und dem Lebensgefühl. Mit dieser originellen literarischen Anthologie erfährt man auf höchst unterhaltsame Weise wenn nicht die ganze, so doch zumindest einen Teil der Wahrheit über die Katalanen und ihre Kultur, die so einzigartig wie universell ist.

Jaume Subirana, 1963 in Barcelona geboren, ist Dozent für katalanische Literatur und Kulturgeschichte. Gastprofessuren an der Duke University und der University of British Columbia. 2004 bis 2006 Direktor der Institució de les Lletres Catalanes. Er ist Begründer des Internet-Portals zur katalanischen Literatur »Lletra« und hat schon mehrere Monographien und Anthologien zur katalanischen Kultur herausgegeben. Weitere Informationen: www.jaumesubirana.com

Willkommen in Katalonien

Eine literarische Entdeckungsreise

Herausgegeben von
Jaume Subirana

Deutscher Taschenbuch Verlag

Der Verlag dankt dem Institut Ramon Llull für die finanzielle Förderung der vorliegenden Übersetzungen.

llull institut ramon llull
Katalanische Sprache und Kultur

Originalausgabe
Oktober 2007

www.dtv.de

(Siehe auch Quellenhinweise S. 305 ff.)
Satz: Greiner & Reichel, Köln
Gesetzt aus der Minion 10/12·
Druck und Bindung: Druckerei C. H. Beck, Nördlingen
Gedruckt auf säurefreiem, chlorfrei gebleichtem Papier
Printed in Germany · ISBN 978-3-423-13605-1

Inhalt

Benvinguts a Catalunya
Willkommen in Katalonien

Sei willkommen, neugierige Leserin, neugieriger Leser. Lassen Sie uns gemeinsam auf diese spannende Reise gehen. Wohin sie uns führen wird? Zu schneebedeckten Gipfeln, wunderschönen Stränden und grünen, weiten Tälern. In verschlafene Bergdörfer, lebendige Städte und Kataloniens schillernde, kosmopolitische Hauptstadt, die für viele *die* kulturelle Metropole Europas ist. Ich nehme Sie mit in eine Region, die voller Gegensätzlichkeiten und eigentlich ein Land für sich ist. Über deren Bewohner schrieb der französische Bildungsreisende Alexandre de Laborde Anfang des 19. Jahrhunderts Folgendes:

> »Die Katalanen, die es unter den Königen von Aragón gewohnt waren, die gesetzgebende Macht mit der Krone zu teilen, den Fürsten lediglich als Grafen von Barcelona anzuerkennen, allein die Steuern zu zahlen, die sie abgeben wollten, und auch nur so viele Truppen auszurüsten, wie sie gewillt waren, in die Schlacht zu schicken, glaubten immer, auch an der Staatsgewalt teilzuhaben, weshalb sie sich einbildeten, völlig unabhängig zu sein.
>
> Auf diese Vorstellung, die sich lange Zeit gehalten hat, geht eine Eigenliebe und ein herrischer Tonfall zurück, von denen in dieser Provinz auch heute noch einige Spuren zu finden sind. Doch haben diese leichten charakterlichen Fehler womöglich dazu beigetragen, sie zu ihren großen Taten zu ermutigen. Denn um den Sieg zu erlangen, hilft einem oft die hochmütige Überzeugung, nicht besiegt werden zu

können, und wenn man wie die Katalanen mit einer so unermüdlichen Tatkraft und einer durch nichts zu erschütternden Langmut gesegnet ist, muss man einfach Erfolg haben – und sie hatten ihn bei ihren gewagtesten Unternehmungen.«

Eigenliebe, herrischer Ton, Tatkraft, Langmut ... Lässt sich das Wesen unserer Nation so zusammenfassen? Wie lassen sich am besten ein Land und seine Kultur vorstellen? Die gängigen Reiseführer und Lexika suchen eine zweifelhafte Objektivität in der Anhäufung von Karten, Geschichtszahlen, berühmten Namen und statistischen Landesdaten. Wir hingegen wollen uns Katalonien ganz anders nähern. Wie einst Graf Alexandre de Laborde brechen wir auf, das Land zu entdecken und zu ergründen, doch hat unsere Expedition den Vorteil, mit den besten einheimischen »Reiseführern« aufwarten zu können: Wir haben seine Schriftsteller und Schriftstellerinnen gebeten, uns mit ihren Worten, durch ihre Erzählungen und Werke einen Einblick, besser gesagt, viele Einblicke in die katalanische Kultur und das Wesen der Katalanen zu gewähren.

Eine reiche Auswahl an Geschichten und Essays von den großen Meistern moderner katalanischer Erzählkunst wie auch von jungen, vielversprechenden Talenten erwartet Sie auf unserer literarischen Entdeckungsreise. Damit Sie von der Fülle der genussvollen Eindrücke nicht erschlagen werden, habe ich sieben thematische »Reiserouten« zusammengestellt. Welche dieser Routen Sie auch immer zuerst wählen – mit den Augen der Schriftsteller werden Sie das Land von einer sehr viel eindrucksvolleren Seite erleben, als es gewöhnlichen Touristen vorbehalten ist, und vielleicht ja am Ende auch verstehen, was die katalanische Kultur einzigartig und gleichzeitig universell macht. Spannend wird unsere Reise auf jeden Fall sein, denn die 37 »sehenswürdigen« Erzählungen ergeben zusammen die vielfältige, komplexe und, warum auch nicht, widersprüchliche Collage eines Landes, seiner Literatur, Kultur und Mentalität, die gar nicht mal so viel anders ist als die der Deutschen, auch wenn dies bis heute vielen noch nicht bewusst gewesen ist.

Jaume Subirana

Barcelona

»Im Frühjahr war eine feierliche Hauptversammlung des Bundes für Organisierung des Fortschritts nach Barcelona einberufen – Sie wissen, dass diese Stadt sich besonderer Beziehungen zur politischen Fortschrittsidee rühmen kann.«

Thomas Mann, ›Zauberberg‹

Zu einem guten Teil weiß man um die Existenz von Katalonien jenseits seiner Grenzen heute vor allem dank seiner Hauptstadt, die seit einiger Zeit mehr und mehr Besucher aus aller Welt anlockt. Das löst bei manchem Katalanen zwiespältige Gefühle aus, wobei die Touristenströme nicht erst ein Phänomen der letzten Jahre sind: Schon im Jahre 1929 war Barcelona ein wahrer Magnet, wie uns Carles Soldevila gleich zum Auftakt zeigen wird.

Bevor wir in Barcelona unsere literarische Entdeckungsreise beginnen, will ich zur Sicherheit jedoch eines vorausschicken: Barcelona ist nicht gleich Katalonien. Die Stadt stellt sich gern zur Schau, sie zieht die Menschen an wie das Licht die Motten, und mit ihrer blühenden Kultur ist sie heute eine der dynamischsten Metropolen Europas, doch wird bei so viel Pomp und Selbstbespiegelung leicht das überdeckt, was die katalanische Kultur ausmacht, beginnend bei der simplen Tatsache, dass es die Rambla nicht nur in Barcelona gibt, sondern in allen unseren Küstenstädten. Und dennoch wäre das Weiter- und Überleben Kataloniens und der katalanischen Kultur durch all die Jahrhunderte viel schwieriger zu erklären ohne diese Millionenstadt, die unsere traditionelle Hauptstadt und multikulturelle, pulsierende Weltstadt zugleich ist.

In den über 2000 Jahren seiner Existenz hieß das heutige Barcelona schon Barcino, Barsilona, Barchinona und Barshiluna. Die Stadt trug daneben auch die unterschiedlichsten Titel wie *Cap i Casal* (»Kopf und Stammhaus«), »das Paris von Spanien«, *La gran encisera* (»die große Zauberin«), *Rosa de Foc* (»Feuerrose«, ein Name, den ihr die Anarchisten gaben), Stadt der Kongresse und Messen ... Barcelona wird jedem einzelnen dieser Beinamen gerecht in der Summe seiner übereinander und nebeneinander gelagerten Erinnerungen an die römische, westgotische, arabische, gotische, barocke, industrielle, modernistische, revolutionäre, franquistische, demokratische und olympische Stadt. Deshalb wäre es wohl auch weitaus passender, von Barcelona in der Mehrzahl zu sprechen, wie dies einmal Manuel Vázquez Montalbán getan hat, mit dem wir unseren literarischen Stadtrundgang beginnen. Ein paar dieser Städte in der Stadt werden wir dabei kennenlernen: Vom Balkon eines Hotels aus sehen wir dem Schöpfer des Privatdetektivs Pepe Carvalho über die Schulter, hinunter auf Barcelonas weltberühmte Flaniermeile; Terenci Moix führt uns danach in das Barcelona der Jahrhundertwende, hoch in den Stadtteil Eixample; mit Mercè Rodoreda und ihrer Colometa laufen wir während des Spanischen Bürgerkriegs von Gràcia zu Gaudís Park Güell; dann blicken wir mit Ramon Solsona noch einmal zurück auf das Barcelona des großen olympischen Traums und begleiten schließlich Pere Guixà in die Realität des unermüdlichen städtebaulichen Wandels, der nie ein Ende zu finden scheint.

Lassen Sie uns also zunächst von der Plaça Catalunya aus die Rambla hinunterschlendern, vorbei an Zeitungskiosken, Straßenkünstlern, Kanarienvögeln in engen Käfigen und den Ständen, wo die schönsten Blumen feilgeboten werden ...

Carles Soldevila

Lassen wir uns nichts anmerken

Seit einigen Jahren sieht man in Barcelona jeden Frühling und Sommer Autobusse mit Touristen durch die Stadt fahren. Erst gestern sah ich einen, in den eine respektable Busladung von Herrschaften mit Baedekern, Ferngläsern und Kodakkameras einstieg. Die Gruppe Schaulustiger, die mitten auf der Plaça Catalunya stehen geblieben waren, um zuzuschauen, wie die Touristen ihre Plätze einnahmen, war jedoch eindeutig zu groß: Bei aller Liebe, ein bisschen mehr Verstand hätte ich euch zugetraut! Natürlich ist uns der Anblick eines von Touristen überquellenden Autobusses bei weitem nicht so vertraut wie in Paris oder London, doch sollten wir unser Staunen auf jeden Fall zu überspielen versuchen. Denn wenn sich die schmeichelhaften Vorhersagen erfüllen, müssen wir uns auf eine regelrechte Invasion von ausländischen Touristen gefasst machen. Europa und Amerika werden uns ganze Heerscharen von neugierigen, wohlhabenden Fremden ins Land schicken, die dem Müßiggang frönen … Um unsere Würde zu wahren, liegt es in unserem eigenen Interesse, ihnen mit ausgesuchter Höflichkeit, gleichzeitig aber auch mit unerschütterlichem Gleichmut zu begegnen. Hütet euch bloß davor, irgendwelche Fratzen zu schneiden und vorbehaltlos eure Bewunderung kundzutun, verkneift euch euer törichtes Lachen, zeigt unter keinen Umständen mit dem Finger auf die sonderbaren Gestalten und ihren unmöglichen Aufzug und lauft vor allem nicht zu Gruppen von Schaulustigen zusammen! Das würde die Ausländer nur auf dumme Gedanken bringen und sie vielleicht zu der Annahme verleiten, wir hätten noch nie über den Tellerrand geschaut. Und wer weiß, ob sie dann nicht auf einmal das fatale Gefühl haben, die Entdecker Barcelonas zu sein, und sich darüber wundern, dass wir weder Baströckchen noch goldene Nasenringe tragen … Lassen wir uns also bloß nichts anmerken.

[5–06–1929]

Übersetzt von Sophia Simon

Manuel Vázquez Montalbán

Die Stunde der Buße*

In den Ländern, in denen die Menschen noch zu Mittag essen, leeren sich zur Mittagszeit die Straßen. Heute sieht es zudem nach Regen aus. Die Sonne schafft es kaum, durch die Wolken zu brechen und schwache Schatten auf diesen Abschnitt der Ramblas, Barcelonas Flanierboulevard, zu werfen, den Barcelonas Stadtplaner Oriol Bohigas nun schon zum x-ten Mal entlanggegangen ist, als mache er sich geradezu zwanghaft ein Vergnügen daraus, zu Fuß von seiner frisch renovierten Wohnung auf der verkommenen Plaça Reial zu dem geistvollen Gebäude zu gehen, das gegenüber der Boqueria, Barcelonas bekanntester Markthalle, unter seiner Leitung gebaut wird.

Ein alter Tänzer mit langen Beinen und silikongepolsterter Brust hebt seine Kastagnetten vom Boden auf und wischt sich den Schweiß von der Stirn. Ein Fall von Senilität, vermute ich, weil die Münzen einsammelnde Frau, die ihn begleitet, mich davon überzeugt, dass er ein Familienvater und Großvater ist, der den Straßenflamenco und das Silikon für sich entdeckt hat, als seine Muskulatur gerade in Rente gehen wollte. Die Gleichgültigkeit des Schuhputzers, der neben dem Metroeingang hockt, berührt nicht nur den exzentrischen Flamencotänzer, sondern auch all die anderen Menschen, die zu dieser Mittagsstunde auf der Rambla unterwegs sind. Teilnahmslos

* Dieser literarische Essay ist im Rahmen eines ungewöhnlichen Projekts entstanden: 24 Stunden lang sollten 24 katalanische Autoren das Leben auf der Rambla beschreiben. Vom Balkon eines Hotels aus beobachtete jeder von ihnen eine Stunde lang das Treiben auf Barcelonas wltberühmter Flaniermeile, dieser Bühne unter offenem Himmel. Manuel Vázquez Montalbán tat dies von 14 bis 15 Uhr.

blättert er immer wieder ein Stück alte Zeitung durch, während er auf seine Stammkunden wartet, die er zu Zeiten, als die kritische Theorie in Mode kam, gewonnen hat, denn wer wagte es, zwischen Mai 68 und dem Fall der Berliner Mauer die Kiste eines Schuhputzers mit Füßen zu treten? Auf den Tischen der umliegenden Cafés und Bars, die diesen Abschnitt der Rambla besetzt haben, werden die ersten *horchatas*, ein Erfrischungsgetränk aus Erdmandelmilch, serviert.

Hier hat Joan Miró in sanften Wellen das Wasser nachgebildet, das ehedem durch die Ramblas floss, jenes sandige Flussbett, das zum Meer führte, wo einst alles endete und heute die Postmoderne der Hafenmole Moll de la Fusta zu finden ist. Von meinem Balkon aus erscheint mir Mirós buntes Bodenmosaik »Pla de l'Os« mehrdeutiger denn je, wachsames Auge, Rosenblüte oder Wegweiser, an dieser Kreuzung des Barcelona der Blumen, der Bombe auf das Liceu, der Huren und der historischen Altstadt, die für ein wieder erstarkendes Bürgertum saniert worden ist, ein junges, aus Sarrià und Caldetes stammendes Bürgertum. Für gewöhnlich treten die Leute voller Respekt auf dieses vieldeutige Zeichen, zu dieser mittäglichen Stunde laufen sie jedoch achtlos darüber, wohl weil sie großen Hunger haben oder ihre Aufmerksamkeit völlig davon in Anspruch genommen wird, das Preis-Leistungs-Verhältnis verschiedener Menüangebote abzuwägen, neueste Entdeckung konventioneller gastronomischer Gelehrsamkeit. In dieser verwirrenden Stunde zwischen vormittäglicher und nachmittäglicher Selbstentfremdung durch die Arbeit scheinen mir fast alle Passanten zu der Sorte Mensch zu gehören, die nur essen, um zu leben.

Als man mich fragte, zu welcher Uhrzeit ich das Treiben auf der Rambla beobachten wolle, habe ich diese Stunde gewählt, weil ich gerade versuche, Diät zu halten. Dieses Gefühl, bei mir und in meiner Stadt zu sein, gleichzeitig aber auch wieder nicht, ertrage ich jedoch nur mit ein paar Whiskys. Ich hätte es

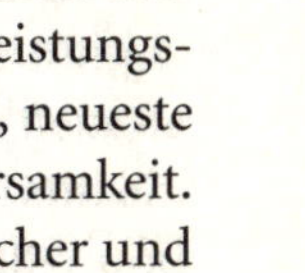

nicht tun sollen. Nach dem vierten Whisky fühle ich mich vollkommen fremd, wie ein Voyeur in meiner eigenen Stadt. Ich betrachte sie vom Balkon eines Hotels aus, in dem man für mich ein Zimmer reserviert hat, das ich allerdings nicht zu betreten gedenke, da ich fürchte, nie wieder nach Hause gehen zu können, sollte ich jemals den Fuß in ein Hotelzimmer meiner eigenen Stadt setzen. Nach Hause: Damit meine ich natürlich nicht meine reale Wohnung, sondern jenen imaginären Ort, wohin man unter allen Umständen zurückkehren muss, weil einem sonst seine Identität verloren geht, und der sich in Luft auflöst, sollte man irgendwann zu einem Hotelgast werden, einem Flüchtling vor seiner eigenen Identität.

Da ich gerade von Identitäten spreche: Unten auf der Rambla geht soeben ein katalanischer Dichter vorbei. An der Ecke, wo die Carrer de l'Hospital auf die Rambla stößt, entdecke ich ein paar rätselhafte Worte auf den Fensterscheiben einer Wohnung: Miró, Picasso ... Wenn ich nachher hinunter auf die Straße gehe, werde ich das Geheimnis lüften. Vom Balkon aus wirken sie auf mich wie ein parapsychologisches Phänomen, hervorgerufen durch Mirós Bodenmosaik »Pla de l'Os«. Oder vielleicht ja auch nicht. Auf einmal kommt mir Mirós Rosette wie eine Plazenta voller Föten vor, die den Punkt zeigt, in dem die besten Pfade der Menschen und das Wasser zusammenlaufen. Wenn Mirós Mosaik – das jetzt, zwischen zwei und drei Uhr mittags, von den Füßen der vor dem Adrenalin Flüchtenden nahezu verschont bleibt – eine hermetische Rose wäre, fände sie ihren Sinn in der urtümlichen Symbolik der aus dem Wasser geborenen Blüte. Göttliche Mutter. Mystischer Mittelpunkt. Mandala. Kelch des Christentums, dieser zivilisiert-grausamen, mehrdeutigen Religion, die mit dem Wein, dem Wasser und dem Blut vom Sohn des Chefs große Verwirrung stiftete. Die Rose, Sinnbild auch des Herzens Jesu: Ist dieser Miró auf der Rambla vielleicht Quelle der Lebenskraft, Seele des Barceloniner-, ja gar des Katalanentums? Vielleicht wollte Miró mit dieser Rosette aber auch ein nachdenkliches Zeichen setzen, weil er es leid war, dass seine Ideogramme immer nur auf Sparkassenschildern, zwanzigbändigen Enzyklopädien und Souvenirs von den Olympischen Spielen zu sehen waren.

Jemand winkt mir von der Rambla aus zu. Er hat mich erkannt und ist überrascht, das heißt, eigentlich überrascht er mich. Genauer gesagt, es überrascht ihn, mich in flagranti als Gast eines Barceloniner Hotels zu überraschen. Es ist nicht der Balkon eines Doppelzimmers, auf den man hinaustritt, während die Geliebte sich einen bequemen Slip anzieht. Es ist beinahe ein Balkon für die Führungsschicht auf dem Roten Platz (weshalb ich auch die Faust recke, als wir 24 Schriftsteller, die wir 24 Stunden lang die Ramblas betrachtet hatten, Wochen später noch einmal auf diesen Balkon treten, um gemeinsam ein Foto für das Buchcover zu machen). Er ist so überrascht, dass er mitten auf der Rambla stehen bleibt und gestikulierend eine Erklärung verlangt, obwohl er genau weiß, dass ich sie ihm nicht zuschreien werde und noch weniger daran denke, zu ihm hinunterzugehen, weil ich den Vertrag mit dem Verlag brechen würde und im Übrigen von dessen Notar diskret beaufsichtigt werde. Ich kümmere mich also nicht weiter um den Augenzeugen.

Um diese Zeit kommt mir das Liceu als nichts Besonderes vor. Die Fassade eines städtischen Klubs, der nicht zum Gemeinsamen Markt gehört. Noch sieht man die Überreste von nachbarschaftlichem Protest an einigen Balkonen: »Nein zum Ausbau des Liceu!« Ich halte es für einen ausgemachten Blödsinn, dieses Theater vergrößern zu wollen. Le Corbusier entwarf einen großartigen Plan für das revolutionäre Moskau der 20er Jahre: alles niederzureißen außer dem Kreml. Sie hörten nicht auf ihn – und das Ergebnis haben wir gesehen.

Wenn ich Whisky trinke, kommen mir kühne Ideen, aber auch traurige Erinnerungen in den Sinn, und mein Erinne-

rungsvermögen versucht dann, sich durch die Carrer de l'Hospital auf die Suche nach dem Land meiner Kindheit zu begeben, und ich empfinde Mitleid mit mir, wenn ich an jene Sonntagnachmittage der Nachkriegszeit denke, als ich immer wieder durch dieselben Straßen streifte: Rondes, Pelay, Rambla, Paral·lel, Rondes, Pelay, Rambla, Paral·lel ... Ich brauchte beinahe zwanzig Jahre, um diese Route zu verlassen und über die Rambla wie ein heimlicher Umstürzler zu laufen, der sie eines Tages zur Mutter aller Himmelsrichtungen machen würde. In dieser Stunde zwischen zwei und drei Uhr mittags verliert das Gedicht von Francis Jammes indes die falschen Absätze und Schulterpolster und hören die Himmelsrichtungen auf, die Welt zu peinigen, unterbrechen allein ihren Lauf.

Wie ich nun die Platanen auf der Rambla betrachte, wandern meine Gedanken zu Víctor Mora und einem anderen Balkon ein paar Meter weiter, von dem aus der Protagonist seines ersten Romans 1936 beobachtete, wie die Anarchisten die Statue der heiligen Eulalia von ihrem Brunnenpodest auf der Pla del Padró herabzerrten. Gut zehn Jahre später, von einem Balkon aus, der ganz nahe neben dem von Víctor Mora gelegen haben musste, verfolgte ich, wie die Franquisten die Heilige wieder auf ihren angestammten Platz postierten. Es ist nicht nur die Rückkehr in das Land meiner Kindheit; soeben ist Oriol Bohigas erneut unter meinem Balkon die Ramblas hinabgegangen; in einem seiner Bücher las ich einmal, dass dieses Hoch und Runter der Heiligen auf dem Brunnen der Pla del Padró noch aus Zeiten der ersten Barceloniner Aufrührer stammt. Warum Bohigas wohl so oft zu seinem neuen geistvollen Gebäude geht? Um seinen Geist zu stärken oder weil es ihm im Gegenteil zu dumm wird? Nun ja, ich denke, er stellt nur sein Barceloninertum auf die Probe, zu Fuß zur Arbeit gehen zu können, vor allem jetzt, da er der Architekt des spanischen Kronprinzen geworden ist.

Auf einmal scheint jemand die Hinkenden losgelassen zu haben. Unten auf der Rambla kommen nacheinander drei vorbei, ohne dass es irgendeine offensichtliche Verbindung zwischen ihnen gibt. In meiner Kindheit waren die Gassen der Altstadt und auch die Ramblas noch voller lahmer, einarmiger, buckliger und blinder Menschen, doch als in den 60er Jahren die Wirtschaft einen rapiden Aufschwung nahm, lichteten sich ihre Reihen. Sobald die Altstadt vollkommen saniert ist, denke ich, dass diese ungewöhnlichen anatomischen Spielarten der Natur ganz von der Bildfläche verschwinden und die Unkrautvernichtungsflugzeuge über die Platanen der Rambla hinwegfegen werden in einem fortwährenden Lifting dieser Stadt der unvermeidlichen Wunder. Auch mich wird es treffen, egal, ob ich nun hier auf diesem Balkon stehe oder nicht, ich bin dazu verdammt, mit meinen Erinnerungen zu sterben, weshalb ich nicht umhinkann, den zu dieser Stunde nahezu verwaisten Abschnitt der Rambla mit meinen Erinnerungen zu füllen, den Erinnerungen an die wahre Geruchsorgie der Fira de Sant Ponç in der Carrer de l'Hospital und an das Gefühl, dass man diesem Labyrinth nur über die Rambla entkommen konnte. Zu jener Zeit liefen wir noch nicht über Mirós Rosette, doch wirkten die Blumenstände auf der Rambla damals wie die Sozialisierung des *modernisme*, wohingegen sie heute Filialen von Sancho Dávilas Leichenschauhaus zu sein scheinen.

Von meinem Balkon aus erspähe ich eine Blumenverkäuferin, doch kann ich jetzt nicht hinuntergehen, um an ihren Blumen zu riechen; nur der Geruch von Ketchup weht zu mir herauf, welches sich hungrige Jugendliche einverleiben, deren Zähne von der Tomatenpampe auf den Hamburgern ganz rot gefärbt sind. Dralle Frauen flanieren mit hageren Liebhabern, die den Arm um ihre Taille gelegt haben, die Rambla entlang. Ich denke über das Gesehene nach. Und plötzlich sehe ich meinen Vater, meine Mutter und mich unter dem Balkon vorbeigehen. Meine Mutter hat ihr Sonntagsgesicht aufgesetzt.

Mein Vater das vom Montag. Und ich das vom Donnerstagabend, dem Kinotag. Einem Album mit Fotografien aus der Nachkriegszeit entsprungen, mit etwas schnelleren Schritten, als wir am Liceu vorbeigingen, einem der Tempel unseres heimlichen Agnostizismus.

Ich rufe sie. Ich rufe mich. Ich rufe uns. Ich möchte, dass wir uns gemeinsam darüber wundern, dass ich ein halbes Jahrhundert später auf dem Balkon eines Hotels an der Rambla stehe. Ich will uns erzählen, dass ich nun Schriftsteller bin und es auch jetzt, zwischen zwei und drei Uhr nachmittags, bin, aber unten auf der Rambla flanieren wir ungerührt weiter Richtung Meer, wo einst alles endete. Meinem Vater gefielen diese Spaziergänge auf der Rambla, weil sie nichts kosteten, und wenn er mich auf diesem Balkon gesehen hätte, hätte er mich sicher ausgeschimpft, weil ich gerade einmal fünfhundert Meter von unserem Zuhause entfernt ein Hotelzimmer genommen habe.

Doch es ist inzwischen fünfzehn Uhr und ich werde abgelöst. Als ich unten auf der Rambla wieder meine wahre Gestalt annehme, fürchte ich dennoch, für alle Ewigkeit die Unschuld des Einheimischen verloren zu haben.

Übersetzt von Silvia Schmid

Terenci Moix
Eixample

Für Salvador Espriu,
in Bewunderung und Dankbarkeit

Schau sie dir an, die fallenden Herbstblätter, den Laubteppich auf dem Boden statt in sommerlicher Pracht an den Ästen; die seit Jahren geschlossenen Galerien, die Schmuckfriese und Nischen und Riesenblumen an jeder Fassade, die geschliffenen Scheiben, denen ein schaler Geruch nach Scheitern anhaftet. So viele erloschene Lampen in den Hauseingängen, und auf den Treppenabsätzen die vielen Schäferinnen, Faune und romantischen Jünglinge – die Engelchen nicht zu vergessen – für immer verstummt. Und in jedem Stockwerk eine Familie, die mittwochs abends längst nicht mehr die Schleppe des Abendkleides oder die Schöße des Fracks über den roten Teppich schleift, während man darauf wartet, dass der Kutscher den Schlag des Einspänners aufreißt, mit dem man den Passeig de Gràcia hinunter zum guten alten Teatre Liceu fährt. Ach, so viel rostiger Glanz!

Donya Raquel sitzt in ihrem kleinen Salon, der das große, mit schweren Möbeln und Polsterstühlen von wurmstichiger Vornehmheit eingerichtete Speisezimmer mit der Galerie verbindet, und blickt hinaus. Der alljährliche Herbst blitzt aus einem sehr viel umfänglicheren Herbst hervor, der schon viele heruntergebrannte Petroleumlampen und viele mit einer geheimnisvollen Patina erbarmungslos überzogene Erinnerungsbilder umfasst. Und sie selbst sieht wohl alles durch ihre eigene muffige, uralte Patina.

Sie war die Königin des guten alten Liceu gewesen, eines

kleinen geschlossenen Zirkels, der nach viel oder auch gar nichts strebte. Vergebens der große Ehrgeiz ihres – glücklicherweise verstorbenen – Gatten, verloren im Fortschritt dieser Stadt, die weder war noch jemals so sein würde, wie er sie sich erträumt hatte. Jede Liebe zu Barcelona endet in einer Enttäuschung, die zwar Schrammen hinterlässt, einen aber nicht umbringt. Und aus jedem Wunsch, Barcelona richtig zu machen, erwächst für gewöhnlich eine Enttäuschung, die das Leben verlängert.

Mit geschlossenen Augen ruft sich Raquel Fornvidalta unwiederbringlich vergangene Zeiten in Erinnerung. Sie entsinnt sich einer vertrauten Musik, der verborgenen Harmonie der heute völlig veränderten Straßen. Sie entstammt einer Gesellschaftsschicht und einer Zeit, die vom Abriss der Stadtmauern geprägt wurde, einer Zeit, in der die Stadt wuchs, reicher und weißer wurde und mit tausend verschiedenartigen, ausgesprochen hässlichen Skulpturen prahlte, mit denen die Wohlhabenden die Fassaden ihrer Häuser überluden. Die Schar ihrer Enkel und Enkelinnen tröstet Donya Raquel nicht darüber hinweg, dass sie das fröhliche Barcelona des »Großen Traums« überlebt hat, das längst dahingegangen ist, entschwunden in eine irreale Vergangenheit, ohne dass eine Spur seiner Erhabenheit geblieben wäre. Die Mumie im Heimatmuseum, die römische Münze, die den Arm einer erst kürzlich zu Geld gekommenen Dame aus Sabadell zierte: Wie soll ich davon erzählen, ohne Gefahr zu laufen, Donya Raquels Vertrauen zu enttäuschen?

Manchmal verlässt sie das Haus – immer nur frühmorgens – und überquert mit Hilfe von Rafaela, ihrem Hausmädchen aus dem Süden, die Straße, um in der Capella Francesa gleich gegenüber die heilige Messe zu hören. Früher gehörte es zum guten Ton, dort hinzugehen, ebenso wie in die Església de la Concepció; in diese Kirche zu gehen, war schon etwas Besonderes, dafür musste es Sonntag sein. Die Pferde wurden eingeschirrt, und der Wagen rollte den Carrer Aragó hinunter zum Passeig de Gràcia. Ebenso gehörte es zum guten Ton, jeden mit huldvoller Geste zu grüßen, und in Portomeu konnte es zudem angebracht sein, leicht den Hut zu lüften, gerade eben andeutungsweise. Das erwartete man zu Beginn des Jahrhunderts von einem herausragenden Mitglied der Provinzialverwaltung *Mancomunitat*, zumal von einem so großen Gönner des *Institut d'Estudis Catalans* wie es ihr Gatte gewesen war. Die Sonntage eines so hohen Tieres waren gezwungenermaßen mit Höflichkeitsbesuchen ausgefüllt. Schon nachmittags kamen Bekannte nach dem Essen zum Kaffee vorbei und gelegentlich ließen sich auch der Militärgouverneur und – kaum zu glauben! – Senyor Pompeu Fabra blicken. Und einmal hatte der Präsident, Senyor Prat de la Riba, die Familie sogar zu sich nach Hause eingeladen. Senyor Fornvidalta kannte jeden, der in Barcelona »etwas galt«. Es war seine Stadt, doch wäre er ohne sie ein Niemand gewesen. In seinem eigenen großen Traum ging es weniger um Katalonien, als vielmehr um Barcelona.

Draußen vor den geschliffenen Fensterscheiben, jenseits der steinernen Schmuckfriese, sieht es sehr nach Regen aus. Wäre heute Sonntag, hätte dieses bleierne Grau einen Gelbstich: In Barcelona haben die Sonntage schon immer eine gelbliche Färbung gehabt. Auch für Donya Raquel. Während sie in den Beinahe-Regen hinausblickt, entsinnt sich die weißhaarige Greisin aus unerfindlichen Gründen der Sonntage ihres Lebens als einer Palette von Gelbtönen. Allerdings mit einem leichten Grünschimmer. Selbst im Winter. In Barcelona ist das Licht sonntags immer so: rokokohaft, scherenschnittartig die breiten Alleen, eine mehr oder weniger starke Liebkosung, je nach Intensität der Sonne. So fühlt sich die lichtgelbe Liebkosung ihrer Sonntage an: Melancholie verrinnender Zeit und in Stein gehauener Blumen, die die Fassaden begüterter Leute zieren, dieser Sonntage der Donya Raquel, die schon in

der Wiege dem Rauschen der Bäume des Eixample gelauscht hat und nun von ihrer Galerie aus zusieht, wie die Tage vergehen, während die Bäume des heutigen Eixample allmählich ihre Blätter verlieren.

Donya Raquel erzählt mir, wie sehr die *Setmana Tràgica* sie damals erschüttert hat. Was sollte das? Das Volk krakeelte auf den Straßen herum, um zu verhindern, dass die Männer nach Marokko in den Krieg ziehen mussten, und zettelte dabei selbst einen an. In einer so zivilisierten Stadt! Donya Raquel hat das, wie sie mir erst gestern gestand, nie begriffen: Das hätte sich doch alles »manierlich« und im Guten beilegen lassen.

Gewiss, es gab bessere Zeiten. Oder vielleicht auch nicht. Andere Zeiten einfach, in denen sie jung gewesen war. Diese breiten Straßen, gesäumt von Wäldern aus Stein mit maskierten Drachen auf den Giebeln, hatten ihre Farbe nicht verändert. Aber sie selbst hatte damals noch eine frischere Farbe gehabt. Sie spielte Seilspringen. Zwei Mädchen schwangen das Seil und sie hüpfte mit begeistertem Schwung unermüdlich auf und ab wie ein Ball, bis sich die Bäume des Eixample über ihr zu drehen begannen. Und mit dem Jo-Jo sprang sie den Gehweg vor der Capella Francesa entlang, und ihre Korkenzieherlocken nach Art der Mädchen auf den Gemälden von Hogarth wehten dabei in der stets lauen Brise, derselben Brise, die zwei oder drei Jahre später über ihr Gesicht strich, auf dem kleine Pickel und Mitesser sprossen, während in ihrem Inneren ein ungewohnter Aufruhr, ein neues Wissen um die Dinge entstand. Sie hatte diese Verwandlung erlebt. Und die Stadt schien ihren eigenen Wandel damit in Einklang gebracht zu haben: Mit lautem Rattern verkündeten die nagelneuen Straßenbahnen den Anfang vom Ende der hübschen Pferdekutschen und die ersten Automobile röhrten über das glühende Pflaster. Man stieg in die Straßenbahn und war im Nu oben in Gràcia. Im Liceu jedoch glitten in den Pausen zwischen den einzelnen Akten noch immer die Schleppen langer Abendroben elegant über die Teppiche. Die alte Dame erzählt mir, wie sie den Moment herbeigesehnt hat, in dem sie zum ersten Mal eine solche Schleppe tragen durfte: Hieß das nicht, endlich die Lektionen hinter sich gelassen zu haben, mit denen die Nonnen in der Klosterschule im fernen Pedralbes sie ihre ganze Kindheit und Jugend hindurch tagtäglich traktiert hatten? Mit Sicherheit bedeutete es aber, in völlig veränderter Haltung und mit einem den veränderten Umständen entsprechenden neuen Ausdruck in den Augen die Haupttreppe hinabzuschreiten, der ganze Stolz einer eigentümlichen Klasse, die in der immer größer werdenden Stadt mit strenger Hand das Regiment führte. Und auch der sonntägliche Spaziergang auf dem Passeig de Gràcia bekam eine völlig neue Bedeutung: Künftig würde sie nicht mehr zusammen mit den anderen Kindern um ein paar galicische Kindermädchen herumtoben, sondern ihre Locken opfern und gemäßigten Schrittes, ja geradezu elegant den Boulevard entlangflanieren und rasche Blicke mit ihren Eltern wechseln, während sie angestrengt versuchte, über feinsinniges Geplänkel herauszufinden, wer zu ihr passen könnte. Ein Sonntagvormittag wie jeder andere in diesem Eixample, dessen schmerzhafte Zuckungen Donya Raquel allesamt miterlebt hat …

»Jetzt bin ich alt«, pflegt sie zu sagen, »mir bleibt nur noch, auf den Tod zu warten.«

Sie wartet schon lange auf ihn. Solange ich denken kann, habe ich sie das sagen hören. Der Tod aber kommt nicht. Für die anderen hingegen schon. Die anderen sind nach und nach gestorben. Letztlich sogar der »Große Traum«. Nicht einmal Relikte sind geblieben. In Donya Raquels Wohnung gibt es kaum noch Andenken an diese Zeit.

»Zum Glück fehlt es mir an nichts«, sagt sie und kramt in dem Winkel, wo ihre Tochter die Flasche Magenbitter versteckt hat, weil der alten Dame das Trinken nicht guttut.

Immer sagt sie dasselbe. Dass es ihr Gott sei Dank an nichts fehle. Sie wiederholt es ständig. Vor zwei Jahren war sie noch unternehmungslustig genug gewesen, ins Liceu zu gehen, wo ihre älteste Tochter eine Loge hat. Es wurde ›La Cavalleria Rusticana‹ gegeben, was ihr sehr gefiel. Von Donizetti könne sie gar nicht genug kriegen, sagt sie immer. Ach, dieses ›Una furtiva lacrima‹! Im Lauf ihres Lebens habe sie eine ganze Menge Opern gesehen, aber die von Donizetti seien die besten. Früher habe sie ziemlich gut ›Viva il vino spumeggiante‹ gespielt, aber das Klavier nun schon seit Jahren nicht mehr angerührt. Für eine arme alte Frau wie sie sei es schon schwer genug, sich aus dem Sessel zu erheben, um schlafen zu gehen.

Ihre Kinder kümmern sich um alles. Es sind brave Kinder, zumindest sagt sie das. Die Enkelkinder weniger, sie sind ihr zu quirlig; aber sie werden schon noch Vernunft annehmen. Manchmal liest sie mir aus Werken von Echegaray vor. Sie mag Echegaray sehr, und wenn sie laut vorliest, betont sie stets, dass sie sich im Liceu immer der besten spanischen Aussprache hätte rühmen können. Was nicht heißen soll, dass sie sich nicht als Katalanin fühlt. Wie hätte das auch anders sein können – bei einem solchen Ehegatten? Männer wie ihren, behauptet sie, gebe es heute keine mehr, doch gleich darauf entschuldigt sie sich, falls sie mich damit gekränkt haben sollte.

Donya Raquel gibt sich nicht mit jedem ab. Die neuen Nachbarn erregen ihren Unmut. Neureiche, das habe sie sofort erkannt. Die seien erst nach dem Krieg zu Geld gekommen, man brauche sie bloß anzusehen. Ihr Mann hätte längst Unterschriften gesammelt, um sie loszuwerden. Sie erzählt mir oft von ihrem Gatten. Ein redlicher, achtbarer Mann sei er gewesen; so redlich, dass er, als Katalonien 1936 in die Hände dieser roten Mörderbande fiel, mit Sack und Pack und Frau und Kindern nach Valladolid gezogen sei. Donya Raquel hat Valladolid in sehr guter Erinnerung. Es sei eine Stadt für redliche Menschen gewesen. So ordentlich, und so gründlich zurückerobert. Doch ihr Herz hänge nun einmal an Barcelona. Auch wenn die Stadt sie schwer enttäuscht habe. Die *Setmana Tràgica* beispielsweise habe sie nahezu der Hoffnung beraubt, dass aus Barcelona einmal eine zivilisierte Stadt werden könnte. Und 1936 sei diese Hoffnung dann ganz geschwunden. Anscheinend hatten sich damals die Arbeiter in einer ihrer Fabriken gegen den Verwalter erhoben: Mehr Lohn hätten sie verlangt, was ja noch verständlich gewesen wäre, wenn sie nicht gleich das Messer gezückt hätten. An dem ganzen Aufruhr sei nur dieses Kommunistenpack schuld gewesen. Kommunisten und Leuten, die nicht auf ihr Äußeres achten, sollte ich nicht über den Weg trauen, sagt sie. Das gemeine Volk sei grundsätzlich schlecht, es liege ihm einfach im Blut. Schon als junges Mädchen habe sie, wenn sie mit ihren Eltern im Barceloneta-Viertel spazieren ging, die Menschen dort als übles Gesindel empfunden; nicht, weil sie sich ohne jede Eleganz kleideten, sondern weil sie nicht begriffen, dass der katalanische Traum nur in Erfüllung gehen konnte, wenn sie sich die eleganten Menschen zum Vorbild nahmen, die schon immer mehr Verstand gehabt und das Geld verdient hätten: das wolle schließlich etwas heißen!

Aus der Luft gesehen, hat der Eixample eine quadratische Struktur, seine quadratischen Wohnblöcke bilden ein Nebeneinander nach außen hin abgeschotteten Lebens. Als Donya Raquel jung war, wäre sie nie auf den Gedanken gekommen, ihren Stadtteil von oben zu betrachten. Kreuz und quer durch eine Gegend zu streifen, deren starres Gestaltungsprinzip sie nicht kannte, hatte für sie den Reiz des Ungewissen gehabt. Die Augen, die über die Fassaden mit all ihrer zu Stein gewordenen Finanzkraft wanderten, ließen ihr die Illusion, dass sich das Straßenbild ununterbrochen änderte. Donya Raquel wusste nichts von der heimlichen Verbindung seiner realer Elemente, die es in erster Linie erfordert, tausend Motive zu erfassen, auszuarbeiten, festzulegen, um sie zu einer Einheit zusammenzuführen. Damit ist der Zauber gebrochen. Bekanntlich unterliegt fast alles einer Ordnung. Ordnung aber erstickt jede Illusion. Die Ordnung nimmt jeder Häuserfront im Eixample die Magie, sodass von dem Stadtteil bestenfalls noch ein architektonischer Plan übrigbleibt, über den sich streiten lässt.

Donya Raquels Leben hat sich im Eixample abgespielt. Nur selten ist sie aus ihrem Viertel herausgekommen und danach immer sofort wieder in die gewohnte Umgebung zurückgekehrt. In unauflöslicher Verbundenheit, ohne die Unteilbarkeit ihrer Liebe jemals in Frage zu stellen, ist sie im Schatten ihres Mannes dahingewelkt, ihres wundervollen Gatten, dem es gelungen war, den glanzvollen Schein zu wahren, selbst nachdem mit der Zeit aller Glanz verblichen war. Wie er selbst inzwischen auch. Wenn Menschen sterben, hinterlassen sie eine Spur, die nicht lange überdauert. Im Höchstfall bleiben ein Lichtchen, das das ganze Jahr hindurch auf einem Altar im Schlafzimmer brennt, ein paar Veilchen zu Allerheiligen und ein Rosenkranz zur jährlichen Totenmesse, wenn die ganze Familie zusammenkommt und die Damen Pelze und Hüte aus einem Eixample zur Schau tragen, in dem sie längst nicht mehr wohnen. Nur die alte Frau wohnt noch dort, im Eixample. Ihre Kinder sind verheiratet und in die höher gelegenen Stadtteile gezogen, dorthin, wo Barcelona sich vom Meer abwendet und die Berge sucht. Donya Raquel hingegen wird in ihrer Galerie im Eixample bleiben, umgeben von den wenigen Relikten eines strahlenden katalanischen Traums. Die herbstlichen Straßen leuchten, und wenn ihr wollt, wird sie sich erinnern. Sie hat auch eine sehr glückliche Zeit erlebt, nach dem Krieg, als ihr Mann einen Diplomatenposten in Südamerika bekam. Aber es war nicht mehr dasselbe, das wussten sie beide. Irgendetwas war gestorben, das stärker, größer und glorreicher gewesen war als sie selbst.

Donya Raquel macht den Gang der Geschichte für die vielen Wechselfälle ihres Lebens verantwortlich. Wäre die Geschichte anders verlaufen, hätte sie nicht drei Jahre in Valladolid verbringen müssen, sondern der Stadt allenfalls einen kurzen Touristenbesuch abgestattet; ihr Mann hätte auch noch die Erben des Präsidenten Prat de la Riba empfangen können und wäre in der Fabrik nach wie vor der »Herr Direktor« genannt worden statt »der Chef«. Und ihr bliebe im Liceu der Anblick all der juwelenbehangenen Neureichen erspart.

Trotz alledem war es der verflixten Historie nicht gelungen, Donya Raquel von ihren alten Gewohnheiten abzubringen: Noch immer geht sie fast jeden Morgen zur Messe in die Capella Francesa und verbringt die drei Sommermonate in Vallgorguina, und bei jeder Gelegenheit zieht sie über ihr Dienstmädchen her und hetzt gegen die spanischen Zuwanderer, deretwegen Barcelona in den letzten zwanzig Jahren so schmutzig geworden sei. Das Einzige, das sie der Historie zugutehält, ist die göttliche, wohlverdiente Ruhe, der Frieden in ihrem Gemüt, in ihrer Straße, in dieser großen Stadt eines so großen Landes.

Wenn ich Donya Raquel besuche, schenkt sie mir jedes Mal ein Buch aus der Klassikerreihe »Bernat Metge«. Um die Form zu wahren, bekomme ich eines nach dem anderen. Den ersten Band von Plutarchs ›Bíoi paralleloi‹ hat ihr – kaum zu fassen, aber wahr – Carles Riba höchstpersönlich gewidmet. Doch als ich gestern Abend den Arbeitern in der Fabrik daraus vorlesen wollte, musste ich erst einmal zehn Minuten darauf verwenden, die Seiten aufzuschlitzen. Denn Donya Raquels Bücher aus der Klassikerreihe der Stiftung Bernat Metge sind immer nur auf der Seite aufgeschnitten, auf der die Widmung des Übersetzers steht.

Der Herbstwind streicht über die steinernen Engelchen und all die Fauna des katalanischen Jugendstils, über die geschliffenen Fensterscheiben, die Kuppeldächer und über die alten Bäume des Eixample …

Übersetzt von Petra Zickmann

Mercè Rodoreda
Auf der Plaça del Diamant (Kapitel 2)

Es war alles recht seltsam. Ich hatte mein altrosa Kleid an, was vielleicht ein wenig zu leicht war für die Jahreszeit, denn ich hatte eine Gänsehaut, als ich an einer Ecke auf Quimet wartete. Nachdem ich eine Weile blöd herumgestanden hatte, war mir, als ob mich irgendjemand von einem Fenster aus in der Nachbarschaft beobachten würde, denn ich hatte eine Jalousie wackeln sehen. Wir hatten uns am Eingang des Güell-Parks verabredet. Ein kleiner Junge kam aus einem Tor herausgerannt, mit einem Revolver am Gürtel und einem Gewehr, und als er vor mir vorbeilief und dabei mein Kleid streifte, machte er tüüt-tüüt …

Dann sah ich, wie die Jalousie hochgezogen wurde; das Fenster stand sperrangelweit offen, und ein junger Kerl im Schlafanzug machte psst, psst und winkte mir zu. Um sicher zu sein, dass er auch wirklich mich meinte, zeigte ich mit dem Finger auf mich und sagte leise, ich? Er konnte mich natürlich nicht hören, aber er verstand und nickte, und er sah wirklich toll aus, und ich überquerte die Straße und ging auf das Haus zu, und als ich direkt unter seinem Fenster stand, sagte er, komm herein, wie wär's denn mit einem Nickerchen?

Eine Tomate kann nicht röter werden als ich damals, und ich drehte mich wütend um, ärgerte mich vor allem über mich selbst, und mir war beklommen, weil mir der Kerl nachguckte, und sein Blick ging mir durch Mark und Bein. Ich stellte mich dann so, dass der Mann im Schlafanzug mich nicht mehr sehen konnte, aber dann hatte ich auch wieder Angst, dass mich so halb versteckt Quimet womöglich verfehlen könnte. Ich war gespannt darauf, was passieren würde, weil es das erste Mal war, dass wir uns in einem Park verabredet hatten. Den ganzen Vormittag über war ich furchtbar durcheinander gewesen und hatte viel Unsinn gemacht, weil ich so aufgeregt war und immer nur an den Nachmittag dachte. Quimet hatte gesagt, wir sollten uns um halb vier Uhr treffen, aber er kam erst um halb fünf; ich sagte nichts, weil ich dachte, ich hätte ihn womöglich falsch verstanden und mich selber geirrt, und wo er doch auch kein einziges Wort der Entschuldigung sagte … Ich hatte auch nicht den Mut, ihm zu sagen, dass mir die Füße weh taten, weil ich so lange herumgestanden war und ich außerdem noch die Schuhe aus Lackleder anhatte, in denen man es so heiß hat, und dass ein junger Kerl frech zu mir gewesen war. Wir stiegen die Treppen langsam hinauf, ohne auch nur ein Wort miteinander zu reden, und als wir oben ankamen, da war mir nicht mehr kalt, und ich hatte keine Gänsehaut mehr. Ich wollte ihm erklären, dass ich mit Pere Schluss gemacht hatte und dass ich jetzt frei war. Wir setzten uns auf eine steinerne Bank, die in einem verlorenen Winkel zwischen zwei Bäumen mit ganz feinen Blättern stand. Eine Amsel kletterte an den Ästen hoch, flog zu dem anderen Baum hinüber, ließ einen kleinen Schrei, ein heiseres Piepsen hören, und dann verging eine Weile, ohne dass wir sie sahen; aber bald kam sie unten wieder zum Vorschein und begann von neuem mit ihrem Spiel. Ich guckte aus den Augenwinkeln zu Quimet hinüber und sah, wie er hinunter auf die vielen kleinen Häuser vor uns sah. Und endlich sagte er zu mir, hast du keine Angst vor dem Vogel da?

Ich antwortete ihm, dass er mir gefalle, aber er meinte, dass seine Mutter ihm immer gesagt hätte, dass schwarze Vögel nur Unheil brächten, sogar die Amseln. Alle anderen Male, wenn wir uns nach der ersten Begegnung auf der Plaça del Diamant getroffen hatten, hatte mich Quimet immer als Erstes gefragt, ob ich mit Pere schon Schluss gemacht hätte, und hatte dabei Kopf und Körper nach vorne gestreckt, aber an diesem Tag

fragte er nicht, und ich wusste nicht, wie ich damit anfangen sollte. Und dabei bereute ich es eigentlich, dass ich Pere gesagt hatte, dass es mit uns beiden aus sei, und Pere hatte dagestanden wie ein Streichholz, das man erst anzündet und dann plötzlich wieder ausbläst. Und wenn ich daran dachte, dass ich mit Pere Schluss gemacht hatte, dann tat es mir in meinem Innern weh, und so wusste ich, dass ich etwas falsch gemacht hatte. Da gab es gar keinen Zweifel: Ich war sonst innerlich immer ziemlich ruhig gewesen, aber wenn ich an das Gesicht dachte, das Pere gemacht hatte, fühlte ich meinen Kummer ganz tief in mir, und es war, als ob mitten in meiner Ruhe von früher eine Tür aufging und ein Nest von Skorpionen zum Vorschein kam; als ob die Skorpione herauslaufen und sich mit meinem Kummer vermischen und ihn durch ihren Stachel noch schmerzlicher machen wollten, ja, als ob sie in meinen Adern herumkriechen und mein Blut schwarz färben würden. Denn Pere hatte mir mit erstickter Stimme und verschleierten Augen gesagt, dass ich ihm sein Leben kaputtgemacht hätte. Dass ich ihn zu einem nutzlosen Lehmkloß gemacht habe. Und dann fing Quimet plötzlich an und erzählte mir von Herrn Gaudí, und ohne die Augen von der Amsel zu lassen, sagte er mir, dass sein Vater Gaudí persönlich gekannt habe, und zwar habe er ihn an dem Tag kennengelernt, als Gaudí von der Straßenbahn angefahren worden sei, weil sein Vater nämlich einer der Männer gewesen sei, die ihn ins Hospital gebracht hätten, armer Herr Gaudí, so ein guter Mensch und so ein unwürdiger Tod … Und nirgendwo auf der Welt gäbe es einen zweiten Güell-Park oder eine zweite Sagrada Familia oder eine zweite Pedrera. Ich sagte, alles in allem ist das für meinen Geschmack einfach zu rund und zu spitzig. Da schlug er mir mit der Handkante gegen das Knie, sodass mir unwillkürlich das Bein hochschnellte, und dann sagte er, dass ich langsam damit anfangen müsste, alles gut zu finden, was er gut findet, wenn ich seine Frau werden wolle. Anschließend hielt er mir eine lange Predigt über den Mann und die Frau und über die Rechte und Pflichten von beiden. Und als ich ihn endlich unterbrechen konnte, fragte ich ihn:

»Und wenn mir eine Sache einfach überhaupt nicht gefällt …?«

»Es hat dir zu gefallen, weil du sowieso nichts davon verstehst.«

Und noch eine Predigt: Wieder sehr lang. Alle möglichen Leute seiner Familie kamen darin vor: seine Eltern, sein Onkel, der eine kleine Kapelle und einen Betstuhl hatte, die Großeltern, die Mütter der Katholischen Könige, die ihnen – wie er sich ausdrückte – den rechten Weg gezeigt hätten.

Und da sagte er dann, arme Maria … was ich anfangs nicht so recht begriffen hatte, weil er es zusammen mit anderen Dingen sagte. Und noch einmal die Mütter der Katholischen Könige, und dass wir vielleicht schon bald heiraten könnten, weil zwei Freunde von ihm bereits nach einer Wohnung für uns suchen würden. Und dann würde er die Möbel bauen, und Möbel sollten es werden, wie ich sie mein Lebtag noch nicht gesehen hätte, denn wozu sei er denn schließlich Tischler, und eigentlich sei ja alles so, als ob er der heilige Joseph und ich die Jungfrau Maria sei.

Er war ganz zufrieden, als er mir das erzählte; aber ich dachte die ganze Zeit bloß darüber nach, was er wohl mit dem gemeint haben mochte, arme Maria, und in mir wurde es dunkel, so wie der Himmel dunkel wurde, und die Amsel kam immer wieder zum Vorschein und kletterte den einen Baum hoch, hüpfte hinüber auf den anderen und tauchte dann nach einer Weile wieder unten auf, und es war, als ob eine ganze Menge Amseln da wären, die immer wieder das gleiche Spiel trieben.

»Und einen Kleiderschrank werde ich uns bauen, zweiteilig und aus Buchenholz. Und wenn die Möbel alle fertig sind, dann mach ich die Wiege für unseren Jungen.«

Er sagte, dass ihm Kinder gefallen und auch wieder nicht gefallen würden; das käme ganz darauf an. Die Sonne ging unter, und wo sie nicht mehr hinkam, wurden die Schatten langsam blau, und es sah ganz seltsam aus. Und Quimet erzählte mir von allen möglichen Holzarten, von Jakaranda, von Mahagoni, von Steineiche, von Roteiche und von was weiß ich noch ... Und dann, das werde ich nie vergessen, dann gab er mir einen Kuss, und wie er eben dabei war, mir den Kuss zu geben, da sah ich unseren Heiland vor mir, ganz hoch oben in seinem Reich, wie er mitten in einer dicken, weißen Wolke stand, umgeben von einem orangen Streifen, der auf der einen Seite ein wenig blasser war als auf der anderen, und unser Heiland breitete die Arme aus, und sie waren sehr lang, und dann nahm er eine Wolke und verschwand darin wie in einem Schrank.

»Wir hätten heute nicht hierherkommen sollen.«

Und er gab mir noch einen Kuss, und noch einen, und am Himmel zogen Wolken auf. Und die eine Wolke verschwand nach und nach, und es kamen neue Wolken zum Vorschein, die kleiner waren, und alle zogen der dicken hinterher, der, in der unser Heiland verschwunden war, und Quimet schmeckte nach Milchkaffee. Und dann rief er plötzlich, jetzt machen die schon zu!

»Wieso denn?«

»Hast du denn das Pfeifen nicht gehört?«

Wir standen auf, die Amsel flog erschrocken davon, mein Rock flatterte im Wind ... und wir gingen den Weg hinunter. Wir kamen an einer steinernen Bank vorbei, auf der ein kleines Mädchen saß und mit dem Finger in der Nase bohrte. Dann fuhr es mit dem Finger über einen achteckigen Mosaikstern, der in die Lehne der Bank eingelassen war. Sie trug ein Kleid in derselben Farbe wie meines, und ich sagte es Quimet. Er antwortete mir nicht. Als wir unten auf der Straße waren, sagte ich, da gehen ja immer noch Leute in den Park ... und er sagte, ich solle mir nichts daraus machen, man schicke sie bestimmt gleich wieder raus. Wir gingen die Straße hinunter, und als ich ihm eben sagen wollte, dass ich mit Pere Schluss gemacht hatte, blieb er plötzlich stehen, genau vor mir, nahm mich bei den Armen und sagte zu mir, mit einer Miene, als hätte ich Gott weiß was verbrochen, arme Maria …

Ich war drauf und dran, ihm zu sagen, dass er es doch nicht so ernst nehmen solle und mir sagen solle, was überhaupt mit der Maria passiert sei … Aber dann hatte ich keinen Mut dazu. Er ließ meine Arme los, ging wieder an meiner Seite, und so liefen wir bis zur Diagonal Ecke Passeig de Gràcia. Und immer weiter, um viele Häuserblocks, und ich konnte kaum mehr. Nach einer halben Stunde blieb er ein zweites Mal stehen, unter einer Laterne, nahm mich wieder bei den Armen, und ich dachte schon, dass er jetzt wieder arme Maria sagen würde, und ich hielt schon den Atem an und wartete darauf, aber dann sagte er nur voller Wut zu mir:

»Wenn wir nicht so schnell von da oben heruntergelaufen wären, ich weiß nicht, was passiert wäre, mit der Amsel, und überhaupt … Aber das kannst du mir glauben: Wenn ich dich kriege, werd ich es dir schon zeigen!«

Und wir liefen weiter um die Häuser herum, es war schon acht, und wir sagten kein Wort zueinander, als ob wir beide von Geburt an stumm wären. Als ich dann allein war, sah ich zum Himmel hinauf, aber der war nur ganz einfach schwarz. Und ich weiß nicht … alles war ganz seltsam …

Übersetzt von Hans Weiss

Ramon Solsona

Bittgebet für die Olympischen Spiele

Bis um sieben Uhr abends, wenn die Eröffnungsfeier für die Olympischen Spiele beginnt, haben wir noch Zeit, mitzuhelfen, damit alles glattgeht. Wir alle können zu ihrem Gelingen beitragen, indem wir das folgende Bittgebet sprechen, ein-, zwei-, drei- oder hundertmal, entweder allein oder im Kreise unserer Lieben, zu Hause, im Auto, im Aufzug oder in der Kapelle des heiligen Filippo Neri.

O Herr, lass Tiefdruckgebiete, Kältestürze, stürmische Ostwinde und Regenschauer an den Austragungsorten der Olympischen Spiele vorüberziehen. Beschütze vor allem das Stadion auf dem Montjuïc und mach, dass Sant Jordi von seinem benachbarten Palast aus siegreich den Drachen des Blitzes und des Donners bekämpft. *Wir bitten dich, erhöre uns.*

Lass aber auch nicht die Sonne vom Himmel brennen, dass der Asphalt erweicht; mach, dass angenehme Temperaturen herrschen und eine sanfte Brise vom Meer her weht. *Wir bitten dich, erhöre uns.*

Mach, dass bei der Eröffnungsfeier nichts schiefgeht. Verleihe den *Castellers** mehr Kraft, Gleichgewichtssinn, Mut und Besonnenheit denn je. Lass den Fackelträger nicht auf den letzten Metern stolpern. Und lass den brennenden Pfeil des

* *Castells*, »menschliche Türme«, zu bauen, ist in Katalonien eine bis ins 18. Jahrhundert zurückreichende Tradition. Sie können bis zu neun Etagen hoch werden. Von Juni bis November gibt es Wettkämpfe, bei denen die *Castellers* in verschiedenen *collas* (Mannschaften) gegeneinander antreten. Bis zu 100 Menschen sind an einem solchen Turm beteiligt.

Bogenschützen genau die Schale für das olympische Feuer treffen, und wenn er dabei schon jemandem das Auge ausschießen muss, so lass es keinen der ausländischen Zuschauer sein. *Wir bitten dich, erhöre uns.*

Mach, dass die Würdenträger sich nicht gegen eine frisch gestrichene Wand lehnen, lass keine der Decken einstürzen, die noch in letzter Minute eingezogen worden sind, und mach, dass die Telefone ausnahmsweise funktionieren. *Wir bitten dich, erhöre uns.*

Verleih den Zuschauern im Stadion Vernunft, auf dass keine Pfeifkonzerte ertönen, die dermaßen ausarten, dass sich das Missfallen auf die Präsidentenloge überträgt und der König Àngel Colom niedermacht, Pujol Felipe González und Vidal-Quadras Maragall.* *Wir bitten dich, erhöre uns.*

Mach, dass man uns für die Spiele nicht das Geld aus der Tasche zieht. Mäßige das Ungestüm unseres Finanzministers Carlos Solchaga und mach, dass er aufhört zu spintisieren und endlich kapiert, dass das Motto »Schneller, höher, weiter« – vor allem das »weiter« – sich ausschließlich auf den Sport bezieht. *Wir bitten dich, erhöre uns.*

Erleuchte auch die Polizisten; lass sie begreifen, dass auch wir Katalanen Geschöpfe Gottes sind. Mach, dass die Fernsehsender der Welt die Olympischen Spiele von Barcelona nicht mit Sevillanas und Flamencomusik untermalen. *Wir bitten dich, erhöre uns.*

Erwecke die Palmen auf der Stadtautobahn zu neuem Leben und hilf Einheimischen wie Fremden sich nicht zu verfahren. Lass sie nicht den ganzen Vormittag ratlos um Bellvitge herum-

* Àngel Colom: einflussreicher katalanischer Politiker der nationalistischen Partei Esquerra Republicana; Jordi Pujol: 1980–2003 katalanischer Ministerpräsident; Alejo Vidal-Quadras: Politiker der konservativen Partido Popular; Pasqual Maragall: 1992–1997 sozialistischer Bürgermeister von Barcelona, 2003–2006 katalanischer Ministerpräsident.

kurven, wenn sie eigentlich nach Badalona wollen.* *Wir bitten dich, erhöre uns.*

Lass die ausländischen Gäste, die unser Leitungswasser trinken, nicht glauben, wir wollten sie vergiften. *Wir bitten dich, erhöre uns.*

Mach, dass die Athleten im olympischen Dorf sauber und ordentlich sind. Lass sie nicht vergessen, dass diese Wohnungen viel Geld gekostet haben und dass es schwer sein wird, sie hinterher an den Mann zu bringen. *Wir bitten dich, erhöre uns.*

Nur um eins können wir dich leider nicht bitten, o Herr: die Wohnungspreise zu senken. Denn es ist erwiesen, dass dies nicht einmal Gott zuwege bringt.

Übersetzt von Kirsten Brandt

* Badalona und Bellvitge: Vororte von Barcelona und Austragungsstätten der olympischen Wettkämpfe. Um den Stadtverkehr zu entlasten, baute man eine Ringautobahn rund um Barcelona. Die Mittelstreifen dieser *Rondes* wurden mit Palmen bepflanzt, von denen die meisten jedoch schon vor Beginn der Spiele eingegangen waren.

Pere Guixà

Ein Stadtviertel im Jahre Null

Die Stadt bekommt zwei neue Viertel. Israel und Sara werden ganz nah am Meer wohnen. Dank einer Übereinkunft zwischen dem Bauträger und dem Stadtbauamt dürfen sie bereits vor der offiziellen Eröffnung einziehen. Sie fahren durch leere Straßen, in denen die Türen und Fenster der Gebäude noch vernagelt sind, bis sie zu der Wohnung kommen, die sie gekauft haben. So wie es sich für einen gänzlich neu errichteten Stadtteil gehört, klebt der Asphalt ein bisschen, sind die eisernen Rollläden der Geschäfte heruntergelassen und die Ampeln, Müllcontainer und Parkuhren stecken noch in Plastikhüllen, auf denen das Wappen der Stadt prangt.

In den ersten Tagen läuft alles wunderbar. Israel und Sara richten die Zimmer ein, hängen Bilder auf, streichen Wände und bringen ein Schild mit ihren Namen am Briefkasten an. Während des Abendbrots erzählen sie einander von ihrer Arbeit, und nachdem sie Liebe gemacht haben, sehen sie sich das Viertel an, in dem das Kind, das sie sich wünschen, einmal leben wird. Auf den Straßen ist kein Mensch zu sehen. Israels und Saras Blick fällt auf das Baugrundstück direkt gegenüber ihrem Haus (das Fundament ist gegossen und vier Stützpfeiler sind schon hochgezogen) und auf die sich dahinter abzeichnende Linie des Meeres. Der Strand liegt in ungefähr zweihundert Metern Entfernung.

Am nächsten Tag installieren sie den Computer und schließen ihre Stereoanlage an, räumen ein Bücherbrett für den wichtigen Papierkram frei, gießen die Pflanzen, und nach dem Abendessen holt Sara einen Notizblock und stellt eine Liste mit den Leuten auf, denen sie die Wohnung

zeigen möchte. Als sie in die Küche geht, um Kaffee zu kochen, meint Israel, dass er seine Freunde ja später einmal einladen könne, woraufhin Sara süffisant lächelt, als wolle sie sagen: »Was für Freunde?« Vom hoch über der Stadt liegenden Tibidabo wird ein Laserstrahl über das Viertel geworfen, ein Laser, da sind sie sich einig, den bestimmt jemand als Geburtstagsgeschenk in Auftrag gegeben hat und der, so sagen sie sich, ein paar Kilometer weiter draußen aufs Meer treffen wird.

Am Morgen geht Israel als Erster zur Arbeit; Sara muss etwas später los. Beide verbringen den Tag außer Haus und beide essen auf der Arbeit zu Mittag, Israel in der Küche des Restaurants, Sara in ihrer Imageberatung. Kurz vor acht kommen sie nach Hause, sehen ein bisschen fern und machen sich dann etwas zum Abendessen. Nach dem Kaffee fällt Israel auf dem Balkon über Sara her, wobei die Weingläser, das Besteck und die Dessertteller auf die Straße fallen. Israel fragt, ob sie hinuntergehen und alles aufsammeln sollten. Sara zuckt mit den Schultern. Während sie eingehend den Abdruck der Balkonbrüstung auf ihren Hüften und einer ihrer Hinterbacken betrachtet, sagt sie, dass sich die Müllabfuhr gewiss darum kümmern wird, auch wenn sie gar nicht weiß, ob der Müllwagen schon durchs Viertel kommt oder nicht.

Als sie am nächsten Morgen zur Arbeit gehen, liegen die kaputten Teller und Gläser noch immer da. Am Abend lieben sich Israel und Sara auf dem Treppenabsatz, am darauffolgenden Tag treiben sie es vor der Eingangstür ihres Wohnblocks, wo nach wie vor die kaputten Gläser, Teller und das Besteck liegen, und ein paar Tage später beginnen sie auf der Höhe der Hausnummer 147 und hören bei Hausnummer 153 b auf, wo bald eine Autowerkstatt oder eine Waschstraße aufmachen wird. Ein neutraler Beobachter würde bei den Geschlechtsakten von Israel und Sara weder Anfang noch Ende klar erkennen können. Seit sie sich kennen, seit sie beschlossen haben, zusammenzuziehen und in diesem Viertel wohnen, ist der Sex eine zuverlässige Konstante in ihrem Leben. Israel ahnt zwar, dass Sara nicht die richtige Frau für ihn ist, weiß aber auch nicht so genau, wie er sich sein Leben eigentlich vorstellt.

An einem Abend geht er nach dem Essen noch einmal hinaus, um eine Runde durchs Viertel zu drehen. Da er sehr dicht an den Gebäuden entlangschlendert, kann er den Geruch der frisch hochgezogenen Häuserwände und des neuen Materials wahrnehmen. Als er mitten auf einer Kreuzung stehen bleibt, sieht er, wie die Ampeln entlang der Straße eine nach der anderen umschalten, bis hin zu dem Platz, der das Viertel begrenzt. An einer Hausecke entdeckt er ein Schild von der Stadtverwaltung, das markiert, wo in Zukunft ein Straßenmusiker stehen darf, direkt daneben ein unbebautes, von einer Baufirma umzäuntes Gelände – es scheint ein Fußballplatz zu sein – und etwas weiter weg einen Spielplatz. Rutschbahnen und Schaukeln sind wie alle anderen Spielgeräte mit Plastikplanen der Stadtverwaltung abgedeckt. An der U-Bahn-Station sieht er durch das herabgelassene Gitter die metallenen, mit Luftpolsterfolie und Isolierband umwickelten Kontrollschranken. Dann ist er an der Bodega angelangt und geht hinein, aber niemand begrüßt ihn, wie an all den anderen Tagen auch, an denen er hier schon vorbeigekommen ist. Er nimmt die graue Äderung des an den Kanten abgerundeten Marmortresens in Augenschein, betrachtet die Ansammlung von Trichtern und Gefäßen zum Ausschenken von Wein, Essig und Öl. Schließlich ruft er laut. Er bekommt keine Antwort. Auf dem Weg nach Hause hält er nach einer anderen Kneipe Ausschau. Er findet keine, die offen ist; alle haben nagelneue Markisen und Schilder, aber die Rollläden sind überall noch heruntergelassen.

In der Wohnung brennt kein Licht. Sara ist nicht mehr da. Israel streckt sich auf dem Sofa aus, schaltet den Fernseher ein und dreht den Ton leiser. Das Licht der Mattscheibe lässt die Kanten und Ecken der Möbel flimmern. Im Halb-

schlaf, vielleicht auch bedingt durch die hypnotische Kraft der Bildröhre, er weiß es nicht genau, sieht er, wie ein Mann eine Pistole hebt. Es ist eine Startpistole, wie sie in der Leichtathletik verwendet wird, eine mit einem sehr dicken Lauf, über dem ein zweiter, dünnerer sitzt. Eine Menge Menschen warten auf diesen Startschuss. Kaum hat der Mann abgedrückt, rennen alle zu ihren Autos und Motorrädern und Taxis und Kombis, die sie gemietet haben, wie der Fernsehreporter in dem Bericht erklärt, und fahren los. Das passiert ganz in der Nähe von Israels Viertel, mitten im Zentrum der Stadt. Der Sprecher schweigt daraufhin einige Minuten, während sich der Rauch der Waffe über den Köpfen des Bürgermeisters und der ihn umstehenden Menschen verflüchtigt, doch dauert es nicht lange, bis der Lärm in Israels Viertel den Lärm der im Fernsehen losfahrenden Fahrzeuge übertönt. Eines der Autos hat einen Aufbau wie einer der Planwagen, mit denen die amerikanischen Siedler seinerzeit von Saint Louis in Richtung Westen aufbrachen. Israel tritt auf den Balkon hinaus. Ein mit Taschen und Koffern beladener Mann betritt das inzwischen fertiggestellte Gebäude gegenüber. Auf dem Bürgersteig parken immer mehr Umzugswagen. In den Geschäften stellen Handwerker Regale, Ladentische, Vitrinen und Registrierkassen auf. Das muss die Stunde Null sein, denkt Israel, in der alle, heterosexuelle wie homosexuelle Paare, Singles mit Hypotheken oder Mietvertrag, Ladenbesitzer wie auch Familien, die ihr angestammtes Viertel verlassen haben, sich beeilen, ihren neuen Lebensraum zu erobern.

Schlagartig beginnt das Leben im Viertel zu pulsieren. Die Geschäfte öffnen, in den Wohnblöcken gehen die Lichter an, die städtischen Einrichtungen werden aktiv, an den Schulen beginnt der Unterricht, auf den Straßen sind immer mehr Autos und Motorräder unterwegs und Busse und U-Bahn verkehren regelmäßig.

Vom Esszimmer aus hört Israel den Fahrstuhl und die Gespräche der Nachbarn. Und auf dem Balkon das Stimmengewirr aus einem Blumengeschäft, das offensichtlich an diesem Tag eröffnet wird (selbstverständlich mit Canapés, Champagner und viel Gelächter). Durch den Luftschacht dringen das ganze Wochenende lang seltsame Geräusche zu ihm, so als ob jemand Bettwäsche oder Laken zerreißt.

Bei der ersten Eigentümerversammlung gibt es einige Verwirrung, weil niemand genau weiß, ob die Hausnummern 145 und 147 zur gleichen Hausgemeinschaft gehören oder ob jede Nummer eine eigene bildet. Die Frage ist bald geklärt, da die 145 eine eigene Tiefgarage hat und die 147 auch, die 145 einen Aufzug hat und die 147 auch, die 145 eigene Briefkästen hat und die 147 auch. Dennoch beschließen sie, sich zusammenzutun, um sich bei nachbarschaftlichen Problemen zu helfen.

Jeden Tag, bevor er den Schlüssel ins Türschloss steckt, wirft Israel noch einen Blick auf den mit einem Bauzaun umgebenen Block an der Ecke. Das Viertel wächst und wächst, sagt er sich. Wenn die Kinder mittags aus der Schule kommen, lässt ein städtischer Polizist ein paar von ihnen eine Weste mit dem Emblem der Verkehrswacht anziehen, und dann regeln die Schüler per Handzeichen den Verkehr an der Ampel. An der Straßenecke warten die Eltern; manchmal reden sie mit dem Mann in Uniform, manchmal nicht.

Zur Einweihungsparty eines Hotels gehen eine Menge Menschen. Es gehört zu einer Kette mit einer klaren Philosophie, wie Israel einem Werbeprospekt in seinem Briefkasten entnimmt: Man werde keinem potentiellen Gast die Tür weisen. Die Preise sind günstig und es soll nicht nur Touristen und Durchreisende beherbergen.

In den ersten Tagen liegt der nächste Supermarkt für Israel noch drei Straßen weiter, dann eröffnet einer gegenüber von seinem Wohnblock und neuerdings befindet sich auch einer an der Straßenecke, wo es alles gibt: ständig wechselnde Sonderangebote, TÜV-geprüfte Motorradhelme oder

Packungen mit Plastikfeuerzeugen in Rot, Lila und Gelb. In der Lebensmittelabteilung findet man Sardinenbüchsen aus Griechenland und fettarmen Joghurt, Zwei-Kilo-Packungen mit Trockenfrüchten, Sojawürste, Mandelmilch in Pulverform, Zahnstocher, auf denen eine nahezu unsichtbare, mit chinesischer Tinte gezeichnete Linie zu sehen ist, ach, und auch Räucherstäbchen mit liebevoll bemalten Stäbchenhaltern. Das ist doch keine Lebensmittelabteilung mehr, denkt Israel.

In den Kneipen und Friseurläden versuchen Vertreter Rasiersets und Taschenrechner von Texas Instruments zu verkaufen. Manche Austräger der ›Gelben Seiten‹ arbeiten zu einem Festpreis und von dem Geld, das sie damit verdienen, leisten sie sich zwei Wochen Urlaub auf den Balearen. Mit einer Verfügung der Stadt geht man gegen die Besitzer der Autos vor, an deren Heckscheibe ein Zettel mit der Aufschrift »Zu verkaufen« klebt, und die Anwälte und die Haushaltshilfen werden an dem Tag, an dem in Europa die Uhren eine Stunde zurückgestellt werden, eigens informiert. Bevor er sein Haus betritt, schaut Israel jeden Abend hinüber zur Baustelle. Das Viertel wächst, sagt er sich dann.

Am Brückentag nach Mariä Empfängnis bleibt Israel im Bett, bis es Zeit zum Mittagessen ist. Es hat den ganzen Vormittag geregnet, und als er die Wäsche abnimmt, entdeckt er auf dem verglasten Balkon gegenüber ein Kind. Der Junge geht in die Wohnung und kommt mit einem Hocker zurück, auf den er nun klettert. Er sieht aus, als würde er sich gerade eine Dummheit ausdenken.

Das letzte Mal, dass Israel Sara gesehen hatte, war in einer Kneipe an der Travessera de les Corts gewesen (Sara lebt jetzt bei ihrer Schwester und ihrem Schwager in Andorra). Sara und ihre Eltern hatten beschlossen, dass Israel vorerst in der Wohnung bleiben konnte, er später dafür aber die Hypothek auf Sara überschreiben sollte. Das mit den Scheidungspapieren kriegt ihr schon geregelt, hatte Saras Vater gesagt und dann dem Kellner ein Zeichen gegeben, dass er zahlen wollte. Israel war diese Geste – eine dieser Gesten, in denen sich manchmal ein ganzes Leben spiegelt, hatte er gedacht – sehr geheimnisvoll vorgekommen, aber sowie die Familie die Kneipe verlassen hatte (die drei gingen im Gänsemarsch die Straße hinunter), kam Israel dieses Geheimnis schon nicht mehr ganz so geheimnisvoll vor.

Auf dem Hocker lässt der Junge erst die Hosen und dann die Unterhose runter – und pinkelt vom Balkon. Klar, kombiniert Israel, der Urin vermischt sich mit dem Regenwasser, und so merkt kein Mensch, dass das, was ihm auf den Kopf tropft, kein Regen ist, sondern mit Regenwasser vermischter Urin. Durch den Regenschauer ruft Israel dem Kleinen zu: »Pass bloß auf, wenn ich rüberkomme!« und droht ihm mit der Hand eine Ohrfeige an.

Da packt jemand den Jungen am Arm und holt ihn in die Wohnung zurück, zieht den Vorhang zu, lässt den Rollladen herab und schaltet das Licht aus.

Übersetzt von Sophia Simon

Landschaften und Charakter

»An jenem Tag erkannte ich, dass Sant Sebastià für mich die Ewigkeit bedeutet«, schreibt der wichtigste katalanische Schriftsteller des 20. Jahrhunderts, Josep Pla, im Essay zu seinem Genius Loci, dem Schutzgeist zu seinem Platz auf dieser Welt: dem im Nordosten Kataloniens gelegenen Empordà.

Neben der Sprache und der Geschichte bestimmt die katalanische Kultur und den Charakter der Katalanen zweifellos die Landschaft. Vielmehr die Landschaften, gibt es hier doch gleich mehrere, völlig unterschiedliche zu entdecken. So wie man hier auch mehrere Grenzen finden kann, wenn man die Karte der *Comunitat Autònoma de Catalunya* mit einer historischen Landkarte vergleicht, die bis Mitte des 17. Jahrhunderts die nördlich der Pyrenäen gelegenen Teile Kataloniens (das heutige Catalunya Nord) mit einschließt, oder mit der Karte von den Gebieten, in denen man überall die katalanische Sprache spricht, auch wenn sie dort manchmal anders bezeichnet wird: von Sales in Frankreich über den Zwergenstaat Andorra, wo es alleinige Amtssprache ist, bis nach Guardamar im Süden der Region Valencia, woher der Schriftsteller Joan Francesc Mira stammt, und von Fraga, der Hauptstadt der *Franja de Ponent* in Aragón – wo Jesús Moncadas Geschichte ›Fußball am Fluss‹ spielt – bis nach Mao auf Menorca, nicht zu vergessen die Stadt Alguer auf Sardinien, letztes Zeugnis der mittelalterlichen katalanisch-aragonesischen Herrschaft im Mittelmeer.

Die *Comunitat Autònoma de Catalunya* im eigentlichen Sinne umfasst hingegen ein wesentlich kleineres Gebiet; sie gliedert sich in 41 *comarques*, »Landkreise«, die nach

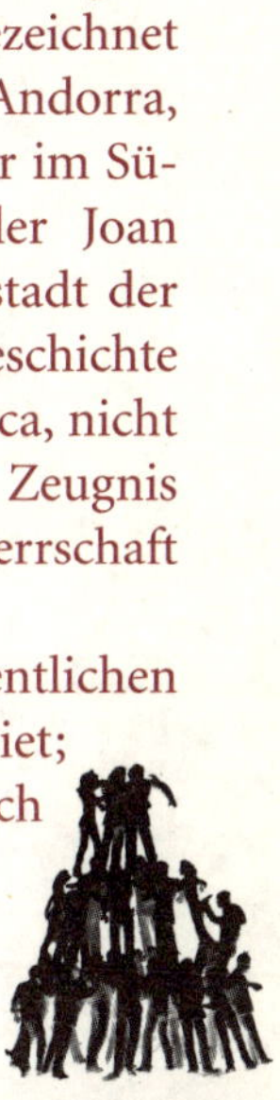

dem neuen Autonomiestatut die 1833 von Madrid eingeführte Einteilung in die vier Provinzen Barcelona, Girona, Lleida und Tarragona ganz ablösen sollen. Aber selbst auf diesem nur etwa 32 000 km² großen Territorium (eine Fläche vergleichbar mit Belgien) findet man eine beeindruckende landschaftliche Vielfalt. Kataloniens Landschaften sind wild in den Höhen, an den Küsten herb, aber auch sanft, es gibt das Meer und die hohen Berge der Pyrenäen, Feucht- und Trockengebiete, enge Gebirgstäler – wohin Josep Vallverdú Dr. Watson reisen lässt – und mediterrane weitläufige Strauchheiden. Und mittendrin befindet sich die dynamische, kosmopolitische Hauptstadt Barcelona, um die sich in konzentrischen Kreisen die Vorstädte drängen, wo mehr als die Hälfte der katalanischen Bevölkerung lebt und in die wir den Engländer Matthew Tree begleiten, der seit 1984 in Katalonien lebt und seine Erzählungen und Romane ausschließlich auf Katalanisch schreibt.

Josep Pla

Der Genius Loci für mich persönlich und in meinem literarischen Werk

Ich sehe mich selbst noch vor mir zu der Zeit, als ich sechzehn oder siebzehn Jahre alt war und wegen der Grippe die Universität schließen musste. Damals habe ich den ganzen Herbst und einen Teil des Winters in Palafrugell verbracht. Nach dem Mittagessen stromerte ich durch die Gegend. Zumeist stieg ich hinauf nach Sant Sebastià, und bei diesen Streifzügen kam meine erbärmliche Berufung zum Schriftsteller zum Vorschein. Ich war noch sehr jung, und alle meine Geistesformen waren die eines Jugendlichen. Ich liebte es zu träumen, zu bewundern und geriet leicht in Verzückung. Der Flug eines Vogels konnte mich erstarren lassen. Und die Betrachtung von Olivenhainen konnte mich derart entrücken, dass ich spürte, wie sich beim Atmen meine Lungenflügel weiteten und wieder zusammenzogen und mein Herz auf unwirkliche, bedrückende Weise hämmerte. Andere Male ließ ich mich allein am Meer nieder, schloss halb die Augen und dachte an seine Ewigkeit. Der erste Bartflaum zeigte sich auf meinem Gesicht, dessen Züge sich noch nicht ausgeprägt hatten. Nicht dass ich hinter den Bäumen Nymphen gesehen hätte. Ich habe nie eine Nymphe gesehen. Nein, ich entdeckte schlicht die Welt außerhalb meines Ichs. Ohne dafür allzu sensibel sein zu müssen, war uns allen damals der Tod gegenwärtig. Die Grippeepidemie forderte viele Opfer, die liebsten Freunde starben und die Häuser waren voller Kranker. Vielleicht waren wir sogar alle etwas fiebrig.

Vermutlich war es die Hellsichtigkeit, wie sie zuweilen die Angst vor dem Tod hervorruft, die mich das Wun-

der erkennen ließ, das ich vor mir hatte. Der Himmel war wolkenlos und das Licht ideal. Mein Blick schweifte über Ruhepunkte, sanfte Wegbiegungen und volle Kurven, die in mir ein schwer fassbares Gefühl von unverwüstlicher Gesundheit und Selbstsicherheit hervorriefen. Die Landstraße nach Sant Sebastià wurde für mich zu einem Vorwand für wunderbare, alltägliche Entdeckungen. Ohne zu wissen, wie mir geschah, hatte ich eines Tages einen Bleistift und ein Heft in der Hand und begann, vor jeden Pinienwald, jedes Stück Feld und jedes Zipfelchen Meer Adjektive zu stellen. Ich versuchte, die Gefühle festzuhalten, die mich beim Anblick des abwechslungsreichen Landes und des vor mir ausgebreiteten blauen Meeres überkamen. Bei jeder dieser Schreibübungen war ich von Überschwang beseelt. Nie werde ich mich jemals wieder so verlieben, nicht einmal in eine Göttin oder eine Melodie, wie ich mich damals in diese Dinge verliebte. In meiner Verblendung glaubte ich, sie mir mühelos aneignen zu können. Ich armer Tor! Manchmal zerriss ich schon nach einer halben niedergeschriebenen Zeile das Papier. Und versuchte es erneut … wieder und wieder. Die Unruhe meines Bemühens – eine Abfolge von scheinbarer Hochstimmung und wirklicher Verzweiflung – füllte meine Nachmittage. Die kindische, lächerliche Liebe zu diesem bitteren Metier hatte von mir bereits Besitz ergriffen.

Ich weiß nicht, ob ich diese Landschaft jemals wieder mit der Unschuld jener vergangenen Jahre betrachten kann. Wenn man jahrelang Tag für Tag geschrieben hat, ist die berufliche Prägung so stark, dass es einen fürchterliche Mühe kostet, die Welt nicht nur in Form von Essays zu sehen. Und doch fühle ich nach wie vor die Lebendigkeit jener Landschaft. Während ich den Blick schweifen lasse, vermittelt mir die Ordnung, die zahllose Generationen dort hinterlassen haben, ein Bild von ungezwungener, natürlicher Eleganz. Ich betrachte Boet, nun im Herbst. Es ist das Stück Erde, das mir von allem, was ich bisher gesehen habe, am besten gefällt. Es ist eine ländliche Gegend mit Weinreben und Olivenhainen, die nichts Besonderes an sich hätte, gäbe es dort nicht die sanftesten, zartesten, lebhaftesten und sensibelsten Kurven, die man sich nur vorstellen kann. Die Menschen lesen ihre Trauben und die Weinstöcke werden allmählich trocken und das Weinlaub golden. Die ersten Regenschauer haben das Grün der Luzerne und des Süßklees wieder frisch werden lassen und die Ackerkrumen haben wieder ihre ursprüngliche, kräftige Farbe. Vögel kreisen in Schwärmen über den Feigenbäumen voller Früchte. Lehmgelb ist der vorherrschende Farbton, doch kann man diesem noch die warmen, glühenden Farben der Weinstöcke hinzufügen, die apfelgrünen Schattierungen der Felder und die sanfte, helle Färbung der alten Olivenbäume. Die Erde ist wie ein Teppich, hell und heiter, eingerahmt von Pinien, eine bunte, ländliche Idylle. Auf jedem Grundstück stehen ein geweißeltes Haus, ein Brunnen und ein Trog für den Sulfatdünger. Es sind an die hundert … Und darüber schwebt zu dieser zarten, verzauberten Nachmittagsstunde wie ein Juwel eine weiße Wolke, die einen rosafarbenen, wandernden Schatten wirft.

An einer Stelle der Landstraße namens Les Pasteres werden die Dinge komplizierter. Vor einem öffnet sich ein Panorama, dass einem fast die Sinne schwinden. Man sieht viel Land – und das Meer. Von hier aus kann man sich nach Herzenslust umsehen. Vor mir liegt die Ebene von Palafrugell, dessen Schornsteine rauchen. Jenseits des Ortes geht die Landschaft weiter, von der man jedoch nichts sieht, weshalb sich an klaren Tagen der Kirchturm vor dem enormen Canigó-Massiv abzeichnet, das verschneit in der Ferne aufragt. Im Westen erblickt man die Hügel der Gavarres und im Süden das Meer bis nach Tossa hinter dem vagen und weiten Horizont. Nach Les Pasteres macht die Landstraße eine Schleife – weißes Band zwischen den Pinien – und dann liegt Sant Sebastià vor einem, Kataloniens herrlichster Aussichtspunkt und

der exakteste rechte Winkel, den Land und Meer nur bilden können.

Sant Sebastià ist eine Einsiedelei, die von Unendlichkeit umgeben ist, auch wenn sie nicht sonderlich hoch liegt. Es ist eine große, von Maurern des 18. Jahrhunderts errichtete Klause mit sanften Formen und einem großen, charmanten Innenhof von verschwimmenden Linien. Wenn man vor dem Tor in Richtung Sonnenaufgang sieht, entdeckt man rechts ein Wegkreuz und links einen von gestutzten Zypressen gesäumten Weg. Das Panorama im Rücken, steigt man die drei Stufen hoch zum Torbogen, der einem wie die großen Triumphbögen der Antike einen Hauch der Unendlichkeit fühlen lässt. Überqueren Sie den Hof, und Sie gelangen auf eine über dem Meer gelegene Terrasse, die dem Besucher einen der romantischsten Ausblicke bietet, die es gibt. Wenn Sie Ihr Mittagessen mitgebracht haben, ist dies ein Ausblick, der Sie wahre Freudenschreie ausstoßen lässt, der kulinarische und sinnliche Höhepunkt gleichermaßen. Wenn Sie hingegen nur zum Schauen gekommen sind, packt Sie die Harmonie dieser Umgebung, Ihre Stimme versagt, Sie bekommen Stielaugen und Ihr Herz beginnt zu flattern. Frauen drehen anmutig den Hals, ihre Nase wird lang und sie legen ihre seidenweiche Wange auf die Brust des Geliebten. Wer könnte ernsthaft der Betrachtung des Meeres in Sant Sebastià widerstehen? Es ist dies ein Ort, der nicht nach menschlichem Maß geschaffen ist, er ist gewissermaßen unmenschlich.

Inzwischen ist es schwierig geworden, in Sant Sebastià noch allein zu sein. Es ist ein Touristenort, und es gibt daher immer irgendjemanden, der seine gefräßigen Eingeweide hierher schleppt. Noch bis vor zehn Jahren war hier niemand bis auf die Eremiten, die Feuer im Kamin machten. Man trat ein und streifte allein durch die Klause, als wäre sie ein verzaubertes Schloss. Der Wind pfiff um die Fenster, Türen und Dachziegel, strich über die bronzenen Glocken, die einen schwachen

Klang von sich gaben. Man trat auf die Aussichtsterrasse und entdeckte ein Schiff, das inmitten der Unendlichkeit auf und ab schaukelte.

Es trieb mich von der Terrasse weg. Voller Schwermut setzte ich mich auf die Stufen des Portals oder ging in die einsame Kirche hinein, deren Votivbilder ein strenges und stolzes Relief hatten. Ich öffnete ein schmales Fenster und vor mir erstreckte sich die irdische Unendlichkeit. So verbrachte ich die langen Stunden bis zum Sonnenuntergang. Eines Tages brachte mich der Ausblick dazu, in den Boden vor mir die vier Himmelsrichtungen zu zeichnen. An jeder Spitze lag ein Dorf der Ebene und von jedem Dorf konnte ich den Friedhof erkennen – die mir allesamt vertraut waren ... An jenem Tag fühlte ich mich an der Wegkreuzung des Todes, mit bleibenden Fesseln an diesen Landstrich gebunden. Von allen Tagen meines Lebens war dieser vielleicht der wichtigste für mich. An jenem Tag erkannte ich, dass Sant Sebastià für mich die Ewigkeit bedeutet.

Übersetzt von Roger Friedlein

Jesús Moncada
Fußball am Fluss

Eigentlich enthielt die Fotografie keinen Hinweis, kein ungewöhnliches Merkmal, das es erlaubt hätte, das außerordentliche Ereignis vorauszuahnen, das sich begab, kurz nachdem Ladislau Saboga – Hochzeiten und Kommunionen, Qualitätsporträts, exotische Reportagen – an jenem Nachmittag des Jahres 1958, der in die Sportgeschichte unseres Ortes eingehen sollte, den Auslöser seiner abgenutzten Leica betätigt hatte. Der ein wenig vergilbte Abzug, der im »Cafè de la Granota« zwischen dem Saisonkalender der Fußballliga und der verstaubten Reklame eines tropischen Likörs an der Wand hing, zeigte das typische Bild einer Fußballmannschaft, die für die Nachwelt posiert, bevor sie in ein heikles Spiel geht: elf junge Kerle in steifer, leicht überheblicher Haltung und mit starrem Blick, ein Ball, so belanglos wie jeder andere, und ein Mann mit einem Handtuch um den Hals. Ein eher glanzloses, langweiliges, keineswegs ereignisschwangeres Bild.

»Trotzdem, diese Burschen waren die Helden der Geschichte«, erklärte mir der alte Cristòfol zwanzig Jahre danach, während er mit dem Finger über das Glas strich, das die Fotografie schützte, und ihn dann zerstreut auf dem Ohr von Justinià Costera ruhen ließ, dem dritten von rechts und Kapitän jener Mannschaft von Felukenschiffern, Schiffszimmermännern und Bergarbeitern, die seinerzeit die Farben der Ortschaft trugen und noch durch einen Krämer und einen Maurer verstärkt wurden. Es sei hier jedoch darauf hingewiesen, dass diese denkwürdige Begebenheit nirgendwo anders als auf unserem Fußballplatz hätte geschehen können. Der Fußballplatz unseres Ortes war nämlich zweifellos etwas Besonderes.

Einige Jahre vor dem Bürgerkrieg hatte ein Hochwasser des Segre den Gemüsegarten von Ramon de Tamariu verwüstet, der an dem Zipfel unseres Ortes lag, wo Ebre und Segre zusammenfließen. Damals beschloss man, das Schlammfeld, in das sich das überschwemmte Gartenland verwandelt hatte, zur Anlage eines Sportplatzes zu nutzen. Bis dahin hatten die Fußballspiele auf der am rechten Flussufer des Ebre gelegenen Tenne nahe dem Uferstreifen stattgefunden, wo die Schiffszimmermänner bei Teergestank und Rauch Feluken und Lastkähne instand setzten. Die Anhängerschaft jedoch, eine aufopferungsvolle, treue und lautstarke Anhängerschaft, forderte seit langem einen passenderen Ort, sodass der Vorschlag, den neuen Platz im Garten von Ramon anzulegen, von den Fans, die sich zur Abstimmung in der »Bar Esport« versammelt hatten, mit Begeisterungsrufen aufgenommen wurde. Die Baumaßnahmen gingen schnell voran, und der Sportplatz wurde prächtig. Der einzige Schwachpunkt war die Größe des Grundstücks; der Platz war so knapp bemessen, dass der Segre beinahe am östlichen Tor schleckte und eine der Längsseiten direkt am Ebre verlief, sodass die Bälle, die hier ins Aus flogen, in einem der beiden Flüsse oder ihrem Zusammenfluss landeten. Um zu vermeiden, dass das magere Budget des Klubs in Form verloren gegangener Bälle den Bach beziehungsweise den Fluss hinunterging, ernannte man einen Verantwortlichen, der mit einem besonders langstieligen Kescher und einem Boot ausgerüstet wurde. Die Bälle, die nahe dem Ufer ins Wasser fielen, fischte er mit dem Kescher heraus; diejenigen jedoch, die weiter flusseinwärts landeten, hatte er per Ruderschlag einzuholen, und man erinnerte sich an harte Spiele, bei denen der arme Kerl vor lauter Hin und Her mit dem Boot am Ende fix und fertig war. Ungeachtet aller Vorsichtsmaßnahmen trieb dennoch gelegentlich ein Ball den Fluss hinunter. Im Jahre 1960 wurde einmal einer von der Gemeindeverwaltung eines flussabwärts gelegenen Dor-

fes zurückgegeben: Die Sendung war mit dem Amtssiegel versehen, mit dem der mit der Post betraute Beamte jenes Bürgermeisteramts bestätigte, dass die Sendung ausschließlich amtliche Briefpost enthielt.

Die außergewöhnliche Lage des Fußballplatzes gab auch Anlass zu einem hartnäckigen und weitverbreiteten Gerücht, demzufolge wir die Schiedsrichter in den Fluss würfen, wenn ihre Entscheidungen unser Missfallen hervorriefen. Der Chronist will hier nicht abstreiten, dass bei der einen oder anderen Gelegenheit ein oder mehrere unbeherrschte Fans, wenn nicht sogar alle Zuschauer den Schiedsrichter mit einem unfreiwilligen Bad bedroht hätten; auch muss ich einräumen, dass hin und wieder in Gegenwart des Meisters dieser Zunft wie zufällig Bemerkungen gemacht wurden über die Schwierigkeiten, die es mit sich brachte, die Leichen der Bedauernswerten zu bergen, die das Pech gehabt hätten, in den Zusammenfluss von Segre und Ebre zu fallen. Tatsache ist jedoch, dass zu keiner Zeit ein Schiedsrichter im Wasser gelandet ist und unsere Anspielungen niemals etwas anderes waren als eine gewitzte psychologische Kriegslist.

Wie dem auch sei, die besonderen Eigenheiten des Platzes sind nie so offen hervorgetreten wie an jenem Sonntag des Jahres 1958.

Dem alten Cristòfol zufolge, der jeden Dorfhund in Erinnerung behielt, war es ein klarer Tag Ende März gewesen; ein steifer Nordwestwind hatte die Wolken aus dem Flusstal getrieben, und um vier Uhr nachmittags war der Himmel blank und die Sonne schien warm vom Himmel herab. Es war Fußballzeit. Die örtlichen Kneipen begannen sich zu leeren, und ein ungeduldiger Zug von Menschen in steifer Sonntagskleidung, die sich niemals richtig weiten würde, machte sich auf den Weg zum Platz und hinterließ in den Straßen Tabakgeruch und Gesprächsfetzen. Sogar der »Scheitel«, der Friseur, der keinerlei Hang zu diesem Sport verspürte, obgleich seine

Stammkundschaft die ganze Woche beinahe über nichts anderes redete, ging hin, allein deshalb, um nicht mutterseelenallein im »Cafè de la Granota« sitzen zu bleiben. Die Gastmannschaft aus einer Gemeinde in den Monegres-Bergen war bereits auf einem Lastwagen eingetroffen, und alle Spieler warteten in der Umkleidekabine auf den Anpfiff. Der Segre war angeschwollen. Das dumpfe Rauschen des trüben, aber flink dahinfließenden Wassers mischte sich mit den Kommentaren der Zuschauer, die in Scharen lärmend auf den Platz strömten.

Pünktlich und nur wenige Minuten, nachdem Ladislau Saboga die Fotografie gemacht hatte, die Praxedes, der Besitzer des »Cafè de la Granota«, einrahmen und in seinem Lokal als Erinnerung an das Geschehen aufhängen würde, pfiff der Schiedsrichter das Spiel an. Vom ersten Augenblick an war sonnenklar, dass die Auswärtigen, robuste Kerle aus dem Bergland, eine sehr eigenwillige Vorstellung von Fußball vertraten: Offenbar hatte man sie darauf trainiert, die Beine ihrer Gegner zu Kleinholz zu machen, wie es unsere Spieler umgehend zu spüren bekamen, die aus jedem Zusammenstoß lädierter hervorgingen. Obendrein stellte sich der Schiedsrichter schamlos auf die Seite der Auswärtigen, sodass die Gemüter der Zuschauer in Wallung gerieten. Nach einer halben Stunde erhitzten Kampfes setzten uns die anderen aus einem klaren Abseits einen Ball ins Netz, und es erhob sich ein furchtbarer Tumult.

»Gleich schluckst du deine Pfeife!«, brüllte die vollzählig anwesende Besatzung der Feluke »Soledat«.

»Hornochse!«

»In den Fluss mit ihm, hängt ihn auf, hackt ihn in Stücke!«, schrie das feiste Weibsstück und leidenschaftliche Anhängerin der Mannschaft, Teresa Planas, die in der nachfolgenden Saison in der Umkleidekabine des Platzes ein prächtiges Balg zur Welt bringen sollte, eine Woche zu früh in-

folge einer Heimniederlage, die ihr einen ordentlichen Tiefschlag versetzt hatte.

»Halunke! Rindvieh!«

»Schlappschwanz!«

»Du Blödian! Trottel! Hohlkopf!«, begehrte Tomàs Valldabó, besser bekannt als *Tomasa la Torera*, mit seiner Fistelstimme auf.

»Was dieser Schiedsrichter treibt, sollte mit einer gerichtlichen Strafe belegt werden«, sagte der Gerichtsschreiber ernsthaft und selbstzufrieden zum Gemeindepfarrer.

»Mit der ewigen Verdammnis, Herr Gerichtsschreiber!«

Zehn Minuten später, als unsere Mannschaft mit einem offensichtlich ungerechtfertigten Elfmeter bestraft wurde, erreichte das Gebrüll seinen Höhepunkt – um plötzlich einer bleiernen und gespannten Stille zu weichen, in der nichts als das immer heftigere Rauschen des Segre zu hören war. Die Männer der Guardia Civil wurden unruhig: Die Erfahrung hatte sie gelehrt, in diesem Verstummen die Ruhe vor dem Sturm zu wittern, weshalb ihre Dreispitze bald wie skurrile Vögel aus schwarzem Leder zwischen den Köpfen der Leute zu sehen waren in dem vergeblichen Versuch, den Aufruhr einzudämmen, der losbrach, nachdem der sich verzweifelt am Zaun festkrallende Oliveri Castells mit der ganzen Macht seiner Stimmbänder gebrüllt hatte:

»Tod der Wiederaufforstung!«

Während sich die auswärtige Mannschaft für den Elfmeter aufstellt, will der Chronist die Zeit nutzen, um klarzustellen, dass Oliveri Castells keinen Rechtsstreit mit dem Landwirtschaftsministerium ausfocht und seine Vorstellung davon, was es mit der Wiederaufforstung auf sich hatte, eher ungenau und nebulös war. Sei's drum, aus Gründen, die an den örtlichen Stammtischen nie geklärt werden konnten, hielt Oliveri seinen Schlachtruf für überaus gewagt und subversiv, und zwar in solchem Maße, dass er, sobald sich das Gezeter über das Spiel und sein Zorn gelegt hatten, dem alten Cristòfol im »Cafè de la Granota« gestand:

»Ich weiß, dass ich mich bremsen müsste und mich von der Wut nicht so hinreißen lassen sollte, aber ich kann es nicht. Ich habe nun mal ein stürmisches Temperament und bin waghalsig! Ich kann den Mund nicht halten, auch wenn es mir schadet. Denk nicht, mir wäre nicht klar, was ich dabei alles aufs Spiel setze: Eines schönen Tages kommen sie mich holen und schmeißen mich ins Kittchen, und dann heißt es: Leb wohl, Oliveri Castells!«

Subversiv oder nicht, Oliveris Schlachtruf wurde jedenfalls mit der Zeit – und aus Gründen, die sich niemals klären ließen – zur Losung, die der Politisierung der Spiele vorausging, wenn die Dinge übel liefen. Kaum war die Ablehnung der Wiederaufforstung verhallt und hatte den Platz unter Spannung gesetzt, ging das Publikum von Beleidigungen des Schiedsrichters und der Spieler zu einer nahezu lückenlosen, kritischen Durchforstung des Staats und seiner Institutionen über.

So war es auch an jenem Tag: Die jähe Wut entlud sich in tausend Schreien, deren Urheber die Guardia Civil inmitten dieses Hagels von Schmähungen vergebens ausfindig zu machen versuchte.

»Tod der Regierung!«

»Nieder mit der Diktatur!«

»Hoch lebe Lenin!«

»Faschisten in den Fluss!«

Nichts konnte das Unglück verhindern: Der Schiedsrichter pfiff, der Mittelstürmer – ein blonder, abstoßender, angeberischer Lümmel – lief an, schoss und traf, während von der Seitenlinie, wo sich die Umkleidekabinen befanden, versteckt zwischen den Ersatzspielern, der Schrei des Masseurs, seit eh und je Republikaner, erscholl:

»Es lebe der vierzehnte April!«

»Wir haben damals gewonnen«, sagte der alte Cris-

tòfol, nachdem er einen Schluck Rum genommen hatte, ohne die Fotografie aus den Augen zu lassen. »Wir haben sechs zu zwei gewonnen, als wir schon glaubten, sie hätten uns in die Pfanne gehauen. So geht es oft im Leben, und im Fußball auch: Wenn du am wenigsten damit rechnest, wendet sich das Blatt. Denn wer hätte gedacht, dass der Segre nach diesem Elfmeter auf einmal ruckzuck anschwellen und das Wasser aus dem Ebre mit der Kraft seiner Strömung zurückdrängen würde? Genau so war's, mein Junge: Aufgestaut von der gewaltigen Wucht des Segre, hat sich der Ebre darangemacht, das Fußballfeld nach und nach mit ruhigem Wellenschlag so weit zu überfluten, dass der größte Teil des Platzes einen halben Spann hoch mit Wasser bedeckt war. Es war nicht das erste Mal, dass das passierte, aber es war noch nie während eines Spiels vorgekommen.

Die Auswärtigen, dürre, zähe Burschen aus dem Trockenland, die noch nie so viel Wasser gesehen hatten, waren entsetzt: Sie sahen sich schon flussabwärts, von diesem läppischen Hochwasser ins Meer gespült. Die meisten von ihnen sind wie der Schiedsrichter aus Angst dort geblieben, wo auf dem abschüssigen Spielfeld das Wasser nicht hinkam. Das war unsere Chance: Wer hätte eine Mannschaft aufhalten können, die den Fluss im Blut hat und auf so einem Platz ganz in ihrem Element ist? So was hatte die Welt noch nicht gesehen: Angefeuert von einem Publikum, das sich, das Wasser auf Knöchelhöhe, in vielstimmigem Gebrüll verausgabte, waren unsere Jungs, ja sogar der Krämer, so wendig wie die Karpfen: Beinahe jeder Angriff war ein sicheres Tor. Beim sechsten hörten wir auf, es ging ja nicht darum, sie zu verhöhnen, wir wollten sie bloß besiegen. Sie hatten es schwer genug, die Armen, weil sie nicht wussten, wozu ein Fluss imstande ist.«

Übersetzt von Roger Friedlein

Josep Vallverdú

Dr. Watson im Vall Fosca

Molinos, 30. August 189...

Mein lieber Holmes,
Du würdest Dich sicher wundern über den Ort, von dem aus ich Dir schreibe, wobei mir durchaus bewusst ist, dass Dein Freund vielleicht in die Baker Street zurückkehrt, noch bevor Dich dieser Brief erreicht, da mein Aufenthalt hier nur von kurzer Dauer sein wird. Dennoch möchte ich Dir gerne einiges über meine Reise berichten.

Ich befinde mich in einem ländlichen Gasthof in einem abgelegenen Winkel der Pyrenäen, die, wie Du wohl weißt, Frankreich von Spanien trennen. Es sind dies Berge, die weitaus höher sind als die, welche wir in England haben, und leider muss ich gestehen, dass der Ben Nevis, Schottlands höchster Gipfel, hier von Dutzenden von Bergspitzen überragt wird. Das ist kein Scherz: Die umliegenden Gipfel haben eine Höhe von 7000 Fuß und mehr. Was zum Teufel treibt mein lieber Watson in dieser wilden Gegend?, wirst Du jetzt sicher denken. Nun, es war dies ein Einfall des Konsuls unserer gnädigen Majestät, Mr Eduard Cutxet (sprich es Kootchét, nicht Kútcht aus). Auf meiner Reise durch Südfrankreich kam ich auf den Gedanken, die Grenze zu passieren, um ein wenig Spanien zu erkunden. In Barcelona fuhr ich zuerst zum Konsulat, wo der äußerst liebenswürdige Sir Eduard mir sagte, ein wissensdurstiger Mann wie ich dürfe sich nicht mit einer Stippvisite in Barcelona begnügen, sondern müsse auch das Umland kennenlernen. Und da er mir als Führer seinen Sohn Maties antrug, einen jungen Advokaten, der ein

großer Freund von Landpartien ist, schlug dieser mir vor, das Vall Fosca zu besuchen.

Du wirst Dich sicher fragen, wie dieses Tal mit den so merkwürdigen Ortsnamen aussieht. Sie sind größtenteils schwer auszusprechen, ein paar wenige aber klingen fast englisch: Espui, Mont-ros, Bellveí, Babdella, Estavill, Antist … und der kleine Weiler hier namens Molinos, was so viel bedeutet wie *mills*. All diese Dörfer bilden zusammen den merkwürdigen Gemeindeverband Vall Fosca, *the dark valley*. Du kannst ja schon mal anfangen, Dir eine Deiner Geschichten mit dem Titel ›Die tausend Geheimnisse des Vall Fosca‹ auszudenken.

Ehrlich gesagt empfand ich die Umgebung, all diese Bergspitzen, die Gebirgsbäche, die hohen Felsen und die gigantisch großen Bäume, am ersten Tag ziemlich bedrückend. Vall Fosca ist ein ziemlich enges Tal, das sich nur ab und zu etwas öffnet, und hier mittendrin ist es wirklich sehr beklemmend, schattig und kühl. Es wird zeitig dunkel, sodass man bereits am frühen Abend Öllampen braucht, in die man hier nicht Petroleum, sondern Olivenöl füllt. Zum Glück regnet es häufig, was mich ein bisschen an unser für die Lungen und die Haut so gesundes Inselklima erinnert. Während der vergangenen Tage habe ich in Barcelona sehr unter der schwülen Hitze gelitten und mich schon ganz ausgetrocknet gefühlt. Es ist das Tor zu Afrika, musst Du wissen, denn Afrika fängt gleich hinter den Pyrenäen an, wie mir die Franzosen gesagt haben.

31. August 189…

Heute setze ich meinen Bericht mit weiteren Einzelheiten fort: Der junge Mr Cutxet erklärte mir, dass das hier katalanisches Territorium sei und Katalonien das gesamte nordöstliche Dreieck der Iberischen Halbinsel einnehme; das heißt, wir befinden uns zwar auf spanischem Boden, vor allem jedoch auf katalanischem. Das ist ein bisschen so wie mit Schottland, das zwar unter britischer Hoheit steht, aber vornehmlich schottisch ist. Wie Du aufgrund Deiner Herkunft weißt, haben sich die Schotten, zumindest ein Teil von ihnen, noch ihre eigene Sprache, das Gälische, bewahrt. Hier hat man auch eine eigene Sprache, das Katalanische. Mit einem Unterschied: In Katalonien spricht wirklich jeder Katalanisch; und auch wenn man hin und wieder Unterhaltungen auf Spanisch hört, bedienen sich die Einheimischen doch vorwiegend des Katalanischen. Selbst Mr Cutxet junior spricht mit den hiesigen Bauern Katalanisch, weshalb er mir das Gespräch immerfort ins Englische übersetzen muss, sobald weitere Personen zugegen sind; ich habe sogar den Verdacht, dass der junge Cutxet ein eifriger Verfechter der katalanischen Sprache ist, die tatsächlich *seine* Sprache zu sein scheint, denn er hat mir mit offenkundiger und sehr südländischer Begeisterung von der *Renaixença* erzählt, einer Bewegung zur Wiederbelebung der katalanischen Literatur und Kultur und der Normierung der Sprache, die seit einigen Jahren bestehe.

Ich würde mir jetzt nur zu gern ein Bier oder einen Scotch zu Gemüte führen, doch hierzulande werden vor allem drei Flüssigkeiten getrunken: Milch, Wasser und Wein. Man kann in meinem Gasthaus aber auch allerlei Schnäpse und verschiedene Sorten Brandy bekommen sowie ein teuflisches, selbstgebrautes Gesöff mit dem obszön klingenden Namen *ratafuia* oder *ratafia*.

Die Einheimischen sind allesamt gastfreundlich und sehr liebenswürdig zu mir, vielleicht weil Mr Cutxet ihnen gesagt hat, dass ich ein bedeutender englischer Arzt sei. Die Kinder – die Knaben haben kurz geschorene Haare und die Mädchen sind von einer herben und urtümlichen Schönheit – bestaunen mich jedenfalls alle. Die Wirtsleute scheinen einem hier jeden Wunsch von den Augen abzulesen. In England erwartet der Herbergsvater oder der Wirt des

Pubs ja vom Gast, dass *er* sich *an ihn* wendet; hierzulande kommen sie einem hingegen immer zuvor, als ob sie schon im Voraus wüssten, was man will. Ich habe auf jeden Fall den Eindruck, dass diese Bergbewohner über einen recht scharfen Verstand verfügen und einige von ihnen Dir bei Deinen Nachforschungen sicher sehr hilfreich sein könnten, höchstwahrscheinlich viel mehr als ich, der nichts aus dem, was Euch so elementar vorkommt, zu folgern vermag.

Der junge Cutxet hat mir gerade verkündet, dass wir einen Ausflug zu den Seen machen werden. Hoch oben in den Bergen, welche das Tal im Norden begrenzen, liegen eine Reihe von Gebirgsseen. Es hängt allerdings davon ab, wie das Wetter wird. Ich nehme mal an, dass es auf über 7000 Fuß Höhe nicht sonderlich gut ist.

Offenbar hat es sich im Dorf wirklich herumgesprochen, dass ich Arzt bin, weswegen das ganze Tal etwas in Aufregung geraten ist. Hier oben gibt es nämlich keinen Doktor, er muss aus dem Flachland heraufkommen, und das sind einige Meilen schlechten Wegs. Die Leute behelfen sich mit ihren Hausmitteln: Absude und Tees aus allerlei Kräutern (Eibisch, Schlafmohn, Lorbeer, Salbei, Lavendel, Kapuzinerkresse), Wickel und Umschläge, Kohlblätter, Aderlässe mit Blutegeln und was weiß ich nicht noch alles. Sehr wichtig sind dabei auch die formelhaften Worte, die unter mehrmaliger Anrufung eines bestimmten Heiligen aufgesagt werden müssen, damit das Mittel die gewünschte Wirkung erzielt. Das mag Aberglaube sein, zeugt aber auch von einer großen Portion gesunden Menschenverstand und Erfahrung. Einige der Frauen, die auf den Wiesen, im Unterholz und zwischen den Felsen Heilkräuter sammeln, werden auch *trementinaires,* »Terpentinherstellerinnen«, genannt, weil sie aus dem Harz der Pinien *essència de trementina,* Terpentinessenz, gewinnen, das in ihrer auf Volksglauben beruhenden Heilkunde von durchschlagender Wirksamkeit ist und gegen allerlei Schmerzen eingesetzt wird.

1. September 189...

Ich hatte ja bereits erwähnt, dass die Kunde, ich sei Arzt, die Ruhe im Tal gestört hat: Heute haben sie mir einen Kranken gebracht, ohne dass ich darum gebeten hätte. Man brachte ihn mir von einer der weit oben westlich der Bergseen gelegenen Sennhütten, auf einer aus dicken Ästen gefertigten Tragbahre, die zwei seiner Söhne trugen. Der Mann hatte ein scheußlich entzündetes Bein und fieberte stark, weshalb ich mich nicht weigern konnte, die Wunde in Augenschein zu nehmen. Danach erklärte ich ihnen, dass die Heilmethoden, die sie bisher angewendet hätten, in einer weniger schlimmen Situation sicher angebracht seien, aber diese Infektion so stark sei, dass ich ihnen riete, sofort zum nächsten Spital aufzubrechen. Anscheinend haben sie kurz darauf eine Tartane – eine Art *buggy* oder *hansom cab* – angespannt, um den Alten hinunter nach Pobla zu bringen. Ein paar Stunden später kannte das ganze Tal die Geschichte. Die Leute waren enttäuscht; ihrer Ansicht nach konnte ich doch kein so bedeutender Arzt sein, weil ich mir einen Kranken vom Hals geschafft hatte, anstatt ihn zu heilen.

Mr Cutxet teilt mir gerade mit, dass es nach Regen aussieht und oben bei den Seen möglicherweise Nebel aufkommen und Schnee fallen wird. Wir werden den geplanten Ausflug also verschieben müssen, wie ich schon befürchtet hatte.

Ich habe entdeckt, dass der Wirt gern Schach spielt. Ich habe ihn in den zwei Partien, die wir gespielt haben, geschlagen. Einige Bauern aus der Umgebung, die zugeschaut hatten, werden wohl geurteilt haben, dass, wenn ich schon als Arzt nichts taugte, man mich doch wenigstens in die Kategorie »respektabler Schachspieler« einordnen könne.

Heute Abend hat die Wirtin ankündigt, dass morgen eine Gruppe von Schriftstellern in ihrem Gasthof absteigen wird. Sie wollen in der Gegend eine Zusam-

menkunft abhalten und gehörig schlemmen. Ich habe noch nie Schriftsteller auf einem Haufen versammelt gesehen und schätze mal, dass ich mich gewiss langweilen werde. Aber ich will nichts vorwegnehmen.

Mein lieber Holmes, genieße es, dass ich nicht da bin, und kratze ein wenig auf der Geige …

2. September 189…

Heute bin ich mit Cutxets Sohn zu einigen der zahlreichen Gebirgsschluchten, die dieses Tal auszeichnen, gewandert; von den umliegenden und auch nicht so nahen Gipfeln stürzt das Wasser wild herab, mit einer geradezu rachsüchtigen Wut, so als hätten sich die Tiefen der Klamm irgendeiner gegen die Höhen verübten Missetat schuldig gemacht, die ihnen diese nun heimzahlten. Es gibt dort Stellen, wo das Tal gerade einmal genug Platz für das Bachbett und den angrenzenden Weg lässt und ansonsten auf beiden Seiten steil ansteigt, manchmal sogar so steil, dass man sich nur schwer einigermaßen aufrecht halten kann. Die herabgestürzten Felsbrocken, die mitunter fast so groß wie ein Haus sind, lassen das Wasser des Wildbachs seinen Weg nicht immer ungehindert finden, und so muss es nach links und rechts ausweichen oder aber über die Felsen hinwegspringen. Die Ufer sind mit Büschen und Bäumen bewachsen, die sich weiter oben zu Eichen- und Eschenwäldern verdichten, und dort, wo keine Bäume stehen, finden sich Wiesen.

Auf unserer Wanderung haben wir mehrere Schaf- und Rinderherden getroffen, mit aufgeregten Hunden und gelassenen Schäfern, die uns erklären, dass im Herbst die Wölfe aus Frankreich herunterkämen und die Hunde ihre Nähe spürten.

Als wir, schon auf dem Rückweg, gerade den Wasserfall bestaunten, der unserem Gasthof am nächsten liegt, bloß fünfzig Schritt von seinen Mauern entfernt, vernahmen wir auf einmal ein schallendes Lachen, welches so laut war, dass es sogar das dumpfe Rauschen des Wildbaches in der Klamm übertönte. Die von der Wirtin angekündigten Schriftsteller waren mit einer für ein romanisches Land ungewöhnlichen Pünktlichkeit angekommen. Einer nach dem anderen stiegen sie aus den Tartanen und Phaetons und begrüßten sich mit lauten Rufen und Gelächter. Ich hatte mir eine Reihe von ehrwürdigen und ruhigen, eher älteren Herren vorgestellt, und jetzt sah ich mich bis auf ein paar Ausnahmen jungen Männern gegenüber, die sehr aufgeweckt schienen und sicher auch gern ein wenig auf den Putz hauten. Viele von ihnen waren mit ihren Frauen gekommen, allesamt aufgeschlossene, lebhafte Städterinnen, die so ganz anders wirkten als die Carmen der romantischen Erzählung. Wir begrüßten uns mit einem Kopfnicken am Eingang der Herberge. Man musste sie wohl über meine Person unterrichtet haben, betrachteten sie mich doch mit ungläubigem Staunen, in das sich auch ein Funken Freude mischte.

Als wir vorhin zum Abendessen nach unten gingen, haben wir sie wieder getroffen. Sie standen in kleinen Gruppen beieinander. Einige wenige sprachen ein ganz akzeptables Englisch und versuchten, mit mir ins Gespräch zu kommen, während Mr Cutxet einige andere, die er kannte, begrüßte. Diejenigen, welche mit mir plauderten, wollten Neues erfahren von Sherlock Holmes' Abenteuern, die man hierzulande zu lesen beginnt. Ich habe ihnen erklärt, dass Mr Conan Doyle gerade dabei sei, ›Die Memoiren von Sherlock Holmes‹ niederzuschreiben.

Nach dem Abendessen, das sie gemeinsam an einer langen Tafel eingenommen hatten, der der *mayor* des Landkreises vorstand, während Cutxet und ich einen Nebentisch besetzten, erschien ein korpulenter und energischer Priester, anscheinend eine wichtige Figur innerhalb der

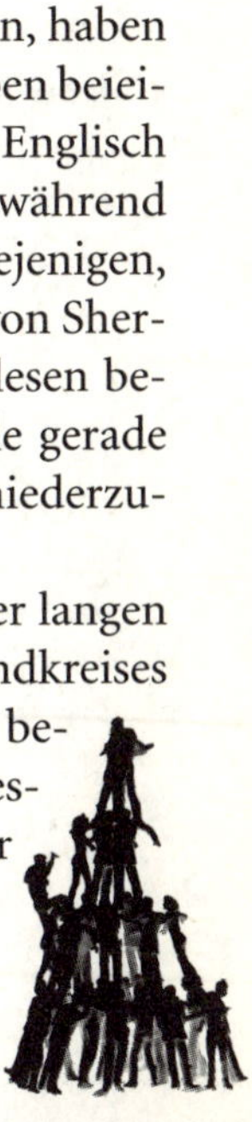

Bewegung jener Wiederbelebung der katalanischen Sprache und Kultur, von der Mr Cutxet mir erzählt hatte: Er heißt Jacint Verdaguer und alle haben ihm Ovationen bereitet. Er las eigene Dichtungen vor und ließ ein paar vorlesen; die Gedichte fanden stürmischen Beifall und wurden auch von Mr Cutxet überschwänglich gelobt, der ein glühender Bewunderer dieses katalanischen Keats ist.

Zu der Dichterlesung wurden Kaffee und Liköre serviert. Ich wollte nicht zurückstehen, und da ich mir keine Tasse Tee bestellen konnte (ein Getränk, das man hier nur in den Städten findet; ach, wie ich den Duft des Ladens von Ferguson & Muirhead vermisse, wo wir einzukaufen pflegen), habe ich Bergtee getrunken, der mir aber überhaupt nicht geschmeckt hat. Zum Glück gab es *ratafuia*, wovon ich (ich muss es gestehen) mehr als ein Glas getrunken habe. Mein lieber Holmes, ich kann Dir versichern, dass, wenn Du herkämst, Du Deinen Absinth gegen jeden der Liköre und Schnäpse eintauschen würdest, die diese aufgeweckten Bergbewohner – robuste und treuherzige Hirten, Fischer, Holzfäller und Jäger und glückliche Gastgeber von Dichtern und Schriftstellern – selbst angesetzt oder gebrannt haben …

Doch mache ich nun Schluss; morgen ist auch noch ein Tag und ich werde noch mehr zu berichten haben.

H. J. Watson, MD

Übersetzt von Christiane Braun

Matthew Tree

L'Hospitalet de Llobregat oder das Ende eines Vorurteils

Ich trug schwer an meinem Rucksack voller Proviant und meinem Laptop, als ich an jenem sonnigen Mittag des 15. Mai 2000 die U-Bahn bestieg. Ich hatte mich von Haus, Freundin und Katze verabschiedet und war ein wenig nervös bei der Aussicht, meine Reise quer durch Katalonien, die dreißig Tage dauern sollte, zu Papier bringen zu müssen. Reichlich versorgt mit Kohletabletten in einer der unzähligen Innentaschen meiner Safari-Jacke und Psychopharmaka zur Stressbewältigung in den Hosentaschen meiner Jeans, stieg ich, bereits recht verschwitzt, nach zehn Minuten in Torrassa, einer Station der roten Linie 1, wieder aus.

Schon ganz krumm unter der Last ging ich dann eine recht abschüssige Straße hinunter zu der Pension, wo mich ein Mann empfing, der, kaum hatte er im Pass meinen Geburtsort gelesen, freudig ausrief, dass er ein großer London-Fan sei. Eine Zeitlang sei er alle zwei Monate hingefahren, damals, als die spanischen Mädchen, die ungewollt schwanger geworden waren, noch in Scharen nach London reisten, um dort abzutreiben. Mir war absolut nicht nach solchen Gesprächen zumute; schließlich hatte ich mich in der kleinen Pension (ein verstaubtes »Gott behüte Euch« an der Wand) nur eingemietet, um Julián, einen Freund aus L'Hospitalet de Llobregat, zu treffen und über ihn noch ein paar andere Leute aus L'Hospitalet kennenzulernen, sodass ich schnell um den Schlüssel bat, hoch ins Zimmer lief, um dort meinen Rucksack abzustellen, und dann auch schon wieder draußen war.

L'Hospitalet de Llobregat hat fast 300 000 Einwohner und ist somit die zweitgrößte Stadt Kataloniens, doch ändert das nichts an der Tatsache, dass sie von allen wie eine Art alzheimerkranke Tante behandelt wird; das heißt, vergessen vom Rest des Landes fristet sie in einer Ecke ihr Dasein, beschwingt und resigniert zugleich, während das eigentliche Leben an ihr vorbeirauscht.

Vor dreißig Jahren war das noch schlimmer: Damals trauten sich hier nicht einmal die Taxifahrer her. So war es zum Beispiel, als der Großvater von Meritxell (eine Sprachlehrerin, deren Familie schon immer in dieser Stadt gelebt hat) bei einem Unfall starke Verbrennungen erlitten hatte, schlichtweg unmöglich gewesen, in L'Hospitalet ein Taxi zu bekommen, sodass er sich zu Fuß bis zur Stadtgrenze von Barcelona schleppen musste – ebenjene Grenze, die heute mit einem grünen Plastikschild wie von einer Tankstelle gekennzeichnet ist: »Herzlich willkommen in L'Hospitalet de Llobregat.«

Ich habe ungefähr sechs Jahre lang Englischunterricht in diesem Grenzgebiet gegeben, ganz in der Nähe des besagten Schildes. Ins Zentrum von L'Hospitalet war ich vor meiner jetzigen Reise jedoch nur ein einziges Mal vorgedrungen, 1995, als die Sender von MTV Europa übereinstimmend beschlossen hatten, eine Reihe einigermaßen seriöser Reportagen über die Arbeitslosigkeit in Europa zu bringen und ich beauftragt wurde, ihnen dafür eine arbeitslose Familie im Stadtgebiet von Barcelona aufzutun. Ich machte eine Familie ausfindig, in der keiner eine feste Anstellung hatte und die in einem dieser *crema-catalana*-gelben Gebäude an der Avinguda Carmen Amaya im Stadtteil Gornal wohnte; eine fünfköpfige Familie, die von 75 000 Peseten im Monat lebte, einem Einkommen, das sie durch die illegale Produktion von irgendwelchen undefinierbaren Plastikobjekten aufbesserten. (Sie wollten nicht, dass ihre Heimarbeit für eine Fabrik von der MTV gefilmt wurde, da sie Angst hatten, aufzufliegen.) Es war eine Familie, die nur einen einzigen Aschenbecher besaß, den sie aus einer alten Regionalbahn gestohlen hatten, und deren Söhne förmlich auf den Wehrdienst brannten, weil sie dadurch aus ihrem Viertel herauskamen; eine spanischsprachige Familie, in der die Kinder die Jugendzeitschrift des FC Barcelona auf Katalanisch lasen und die ihr Katalanentum, allem Widerstand und Spott seitens ihrer Freunde zum Trotz, voller Stolz bejahten. Der Programmdirektor – ein junger Typ, der über Monate in Drei- oder Viersterne-Hotels logierte – hatte die 60-qm-Wohnung der Familie mit der für einen Dokumentarfilmer typischen Abgeklärtheit besichtigt. »Ach du Scheiße«, sagte er, »die Leute hier sind *wirklich* arm.« Als er dann aber noch einen Blick in die Küche warf, verlor er kurz die Kontrolle und stürzte hinaus, so als hätte er gerade eine kopflose Leiche gesehen (einen Monat zuvor hatte er während der Unruhen in Johannesburg im Übrigen tatsächlich einige gesehen). »Dreht bloß nicht in der Küche«, rief er so diskret, wie er nur konnte, allerdings mit äußerst entsetztem Gesichtsausdruck, »da sieht es grauenhaft aus ...« Als die Kamera zu filmen begann, wurde auf Anordnung vom Produzenten als Erstes folgende Frage gestellt (er hatte sie in seinen riesigen, Ton in Ton gehaltenen Büroräumen in London bereits vorformuliert): »Wie beurteilen Sie die allgemeine Lage?« Die Eltern mit ihren verbrauchten, hageren Gesichtern, die sich von dem Medienrummel in ihrer heißen, äußerst karg eingerichteten Wohnung kaum beeindrucken ließen, schwiegen sich zunächst aus, bis der Vater endlich sagte: »Sehr schlecht«, eine Antwort, der die Mutter sofort rückhaltlos zustimmte: »Sehr schlecht«, und mit dieser Stellungnahme waren die beiden in jenem Sommer 1995 für fünf Minuten vor einem Millionenpublikum zu sehen: »Wie beurteilen Sie die allgemeine Lage?« – »Sehr schlecht ...«

Julián holte mich an der U-Bahn-Station Can Serra ab und führte mich in seine Lieblingskneipe im Nachbarviertel Can Vidalet, wo seine Freundin Elda auf uns wartete.

Er kenne die Stadt wie seine Westentasche, doch eigentlich würde er am liebsten so schnell wie möglich fortziehen, wie er mir mit leuchtenden Augen, aber auch einem Anflug von tiefem Groll erklärte. Er wollte schlicht und einfach weg aus L'Hospitalet, da man hier nichts machen könne: Die Leute hier, erläuterte er, bewegen sich nicht aus der Stadt raus, sie gehen mit sechzehn von der Schule ab – bis vor kurzem bereits mit vierzehn – und suchen sich einen Job, sodass sie Geld haben und abends ausgehen können. Wenn du jedoch studieren willst, dann musst du dir das selbst finanzieren. (Und das ist bei allen Studenten aus L'Hospitalet, die ich kennengelernt habe, der Fall; sie stammen zum größten Teil aus andalusischen oder galicischen Arbeiterfamilien, und falls irgendjemand zufällig vergessen haben sollte, was »Arbeiter« bedeutet: Das ist richtige Schufterei, von der man zwar einigermaßen gut leben kann, aber eben doch nicht gut genug, um am Monatsende nicht »leiden« zu müssen, wie es Julián ausdrückte.) Tja, und wenn du gleichzeitig arbeitest und studierst, meinte Julián an jenem Nachmittag, dann gehst du eigentlich nicht mehr aus, gehst auch nicht mehr in die Disko oder reißt irgendjemanden auf und distanzierst dich allmählich von deinen Freunden im Viertel – was in seinem Fall vielleicht so schlecht nicht war, in Anbetracht der Tatsache, dass seine Clique jeden verdrosch, der sie auch nur schief ansah (so wie Jugendliche nun mal sind). Das alles führe dazu, erklärte Julián weiter, dass die Studenten aus L'Hospitalet normalerweise zu den besten des Landes zählen würden, weil ihnen nie etwas auf dem Silbertablett serviert worden sei und sie in der Lage wären, vom ersten Tag an alle Schwierigkeiten zu überwinden. Julián fehlte nicht mehr viel bis zum Abschluss als Ingenieur für Telekommunikationswesen. Seine Freundin Elda studierte und arbeitete ebenfalls und wollte auch weg aus L'Hospitalet, weil »man hier nichts machen kann«. Dann erzählten beide, dass es keine richtigen Theater und Kinos gebe, dass das Kulturzentrum »Farga« privatisiert worden sei und dort seitdem keine kostenlosen Konzerte mehr stattfänden, mit anderen Worten, dass es in L'Hospitalet kein kulturelles Angebot gebe – allerdings auch so gut wie keine Nachfrage. Vor kurzem erst hätten sie in einem Abfallcontainer vor Juliáns Wohnblock eine Tüte voller Bücher gefunden und es wären sogar einige Klassiker darunter gewesen: »Stell dir vor, da wirft jemand ›Schuld und Sühne‹ in den Müll!«, riefen die beiden kopfschüttelnd und mit weit aufgerissenen Augen.

Allerdings hatten sie, als sie irgendwann doch einmal aus ihrer Stadt herausgekommen waren, festgestellt, dass die Barceloniner eine noch schlechtere Meinung von L'Hospitalet hatten als sie selbst. Außenstehende betrachteten die Stadt als Brutstätte der Gewalt, als privaten Tummelplatz einer Horde rassistischer Skins. »Na ja«, erklärte Julián, »nachts musst du natürlich ein bisschen aufpassen; an bestimmten Straßenkreuzungen passen die Skins die Rotphase der Ampeln ab, um die Leute aus ihren Autos zu zerren und mit den Karren dann die Gegend unsicher zu machen.« Während wir uns erhoben, um eine Runde durch die Stadt zu drehen – natürlich ohne Auto –, erzählte er, dass Elda und er viele ihrer Studienfreunde aus Barcelona überredet hätten, mit ihnen mal ein Wochenende lang das Nachtleben von L'Hospitalet auszutesten. Und das Ergebnis? »Die kommen jetzt jedes Wochenende, weil wir hier noch richtig Party machen können.« Und die Skins? »Inzwischen gibt es in L'Hospitalet viel weniger Nazibanden als noch vor einigen Jahren: Früher hielten sie Versammlungen ab, zogen sich Hitler-Videos und so was rein, das hatte irgendjemand richtig organisiert. Mittlerweile sind sie aber ziemlich unpolitisch geworden, das ist jetzt eigentlich nur noch ein Look, mehr nicht. Die

Skins werden außerdem immer weniger. Viele junge Leute schließen sich heute der Gewerkschaft CNT an …«

Aus der Kneipe traten wir hinaus in das orangefarbene Abendlicht, das auf die sanften, mit Häusern und Wohnblöcken übersäten Hügel von L'Hospitalet de Llobregat fiel: niedrige und schöne Gebäude von Anfang des zwanzigsten Jahrhunderts, umgeben von riesigen Wohnsilos aus den siebziger Jahren. Wir gingen wieder zurück in Juliáns Viertel Can Serra, wo der Architekt alles bis ins kleinste Detail geplant hatte, wie Julián sagte: »Hier ein Park, dort der Platz für die kleinen Drogendealer, zu unserer Rechten die Hecken, hinter denen sich die Junkies in aller Ruhe spritzen können, und direkt davor die Kneipe, wohin sich die Bullen nach zehn Uhr abends verziehen, wenn es auf den Straßen anfängt, kriminell zu werden.«

Nach unserer Runde um die Hochhäuser von Can Serra gingen wir runter zur Rambla Just Oliveres, der einzigen Gegend der Stadt, wo es ihrer Meinung nach nicht ungewöhnlich war, die Leute Katalanisch reden zu hören, eine Sprache, die die beiden und alle ihre Freunde perfekt beherrschten.

»Du würdest also sagen, dass die Leute von L'Hospitalet nicht generell eine antikatalanische Einstellung haben?«

»Mann, wie kommst du denn da drauf? Wenn sich hier irgendwer als Katalane fühlen kann, dann doch unsereiner! Wir wechseln ständig von einer Sprache in die andere. Und du kannst in L'Hospitalet mit jedem Katalanisch sprechen, das verstehen alle. Das, was immer erzählt wird, von wegen, es gäbe hier Probleme und so, das ist alles erfundenes Zeug; wir Immigrantenkinder – und in meinem Viertel Can Serra stammt ein Großteil aus Andalusien – sprechen alle Katalanisch.«

»Genau«, fügte Elda hinzu, »die Leute hier sind Katalonien regelrecht dankbar, schließlich haben sie hier Arbeit gefunden und konnten sich eine Wohnung kaufen und eine Familie gründen; wir in L'Hospitalet sind Katalonien gegenüber sehr positiv eingestellt …«

Sie sagten das, als sei es die klarste Sache der Welt, und ich musste an all die Zugezogenen aus dem Ausland denken, die die Existenz von L'Hospitalet stets als Beweis dafür anführten, dass Katalonien bei weitem nicht überall gleich ist. L'Hospitalet war für diese Ausländer immer das Paradebeispiel dafür, dass es nicht nötig war, Katalanisch zu lernen. »Ich bin voll auf der Seite der Spanier, die in L'Hospitalet leben«, hatte mir neulich Abend eine Deutsche mit verkniffenem Gesicht erklärt, oder: »Du solltest mal nach L'Hospitalet fahren«, hatte mir irgendein anderer Deutscher oder Engländer oder Australier oder Schweizer, vermutlich auf der gleichen Party, empfohlen (diese Ausländer-Feten sind irgendwie alle ähnlich, überall die gleiche Mischung aus billigem Wein und vermeintlicher Wahnsinnsstimmung).

Nach unserem Spaziergang über die Rambla lud uns Julián zu einem Hotdog ins Max Center, dem größten Einkaufszentrum der Stadt, ein, wo er mir dann von seinem Freund Isaac erzählte, der sich ohne fremde Hilfe das Studium an einer Schauspielschule finanzierte, und das hinter dem Rücken seiner Eltern, denn Schauspielern war in L'Hospitalet grundsätzlich nicht gern gesehen: Man betrachtete das als etwas für die anderen, aber nicht für die Einheimischen. Aber trotz allem hatte Isaac nicht nur seine Ausbildung vorangetrieben, sondern war sogar auch schon einmal zu einem internationalen Wettbewerb eingeladen worden. Damit niemand etwas davon mitbekam, hatte er seinen Eltern gegenüber behauptet, er würde zum Zelten fahren, und war deshalb mit Rucksack und Campingausrüstung auf dem Flughafen erschienen, sehr zum Erstaunen seiner Lehrer, die völlig verständnislos meinten: »Was soll das denn? Wir haben dir doch ein Hotelzimmer reserviert ...«

Wenig später holten Elda, Julián und ich besagten Isaac ab, der ein zurückhaltender, aber gleichzeitig getrieben wirkender junger Mann war und sich mit ent-

waffnender Präzision auszudrücken vermochte. Wir gingen alle zusammen wieder nach Can Vidalet, wo wir uns an einen Tisch vor jener Kneipe setzten, wohin Julián mich am Anfang geführt hatte. Im Laufe der Stunden, während denen die jungen Leute mir von ihren Ambitionen und Plänen, den Problemen mit ihren Familien und ihren zum Teil katastrophalen Liebesgeschichten erzählten, fühlte ich mich immer mehr in die Zeit zurückversetzt, als ich selbst noch Mitte zwanzig war, die Gesichter von Isaac, Julián und Elda verwandelten sich in die meiner Freunde von damals, und plötzlich überkam mich ein zäher Schmerz, eine unbezähmbare Wehmut, da ich mich auf einmal wieder an alles erinnerte, als sei es erst gestern gewesen: daran, wie glatt sich unsere Haut und die unserer tatsächlichen oder ersehnten Geliebten angefühlt hatte, wie lebenswichtig Freundschaft für uns gewesen war, wenn wir davon sprachen, was wir später machen würden, und wie uns bei diesen Gesprächen die Angst und ein unbändiger Trotz den Hals zugeschnürt hatten, weil wir nicht wussten, was passieren würde, was die Zeit aus unseren Vorsätzen machen und was aus der ganzen Liebe werden würde, mit der wir bald dieses, bald jenes Mädchen überschütteten, so wie dies auch die Mädchen mehr oder weniger gutgläubig taten; keiner von uns wusste mehr, als dass es notwendig war, Stellung zu beziehen angesichts einer Zukunft, die uns ziemlich feindselig und erbärmlich erschien und die wir insgeheim wie kläglich maunzende Katzen vor dem leeren Futternapf anflehten: »Bitte, bitte, sei lieb zu mir …«

Doch es wird Zeit, die drei Freunde zu verlassen, die sich in der gemeinsamen Stammkneipe ihre Flucht aus L'Hospitalet bis ins Kleinste ausmalen, die Flucht aus dieser Stadt, die sich über eine Handvoll sanfter Hügel unter dem inzwischen schwarzen Himmel erstreckt, dieser Stadt, in der es mehr Tapa-Bars gibt als in jeder anderen katalanischen Stadt, Tapa-

Bars, wie es sie bis vor etwa zehn Jahren auch noch in Barcelona gegeben hat – mit Tresen aus Zink, über denen vergilbte Fotos zeigen, was es für belegte Brötchen und Tapas gibt – und durch die die alten Leute ziehen, so wie sie es Jahrzehnte zuvor in ihren Dörfern im Süden getan haben, den Dörfern, in die sie nach wie vor jeden Sommer fahren, ohne Umweg über Sevilla oder Jaén. Es ist an der Zeit, die schäbigen Kurzwarenläden mit den altmodischen, mit Reißzwecken auf der Auslage befestigten Damenschlüpfern hinter sich zu lassen, die Cliquen tödlich gelangweilter Jugendlicher auf den Bänken und die Bergketten, die zwischen den roten und gelben Wohnblöcken zu erahnen sind und über denen der dunkle, wolkenlose Himmel bereits langsam heller wird … Ich sitze im Morgengrauen in meinem Pensionszimmer, eingezwängt zwischen Bett und Nachttisch, und schreibe all das nieder, während der Gast nebenan – der mich um vier geweckt hat, als er, wie ein Wahnsinniger lachend, in Begleitung einer Professionellen in ebenso ausgelassener Stimmung in sein Zimmer schwankte – wie ein krankes Pferd ins Waschbecken kotzt. Es ist jetzt an der Zeit, den Zug zu nehmen, der mich zur Grenzlinie des Baix Llobregat bringen wird, vorbei an den Städten Cornellà, Sant Josep Despí (direkt neben dem Bahnhof steht ein plumper, farbenfroher Jugendstil-Bau und eine sternenbesetzte Fahne weht im Innenhof eines baufälligen Hauses, der auf die Gleise hinausgeht), Sant Feliu de Llobregat (wo man abends absolut nichts unternehmen kann außer zum Chinesen zu gehen) und Martorell mit seiner Teufelsbrücke, bis die ersten Weinstöcke wie ein Heer zwergenhafter Vogelscheuchen die nächste Station ankündigen, Vilafranca del Penedès, die Stadt des Weines, die ich zehn lange Jahre gemieden habe.

Übersetzt von Sophia Simon

Joan Francesc Mira

Artenvielfalt*

Nach so vielen mehr oder weniger gut gelebten Jahren, zwei beinahe erwachsenen Kindern, fünfzehn oder zwanzig geschriebenen Büchern und unzähligen gepflanzten Bäumen habe ich über das Leben immer noch keine Theorie. Weder über das Leben. Noch über die Menschen. Noch über Barcelona. Und ich kann auch keine über die Rambla vorweisen oder über die Menschen, die auf der Rambla flanieren. Es ist ein Desaster: Ich hätte liebend gern eine Theorie gehabt, irgendeine noch zu verifizierende Hypothese, die ich hier hervorragend hätte anwenden können. Es ist nämlich so, dass *theoria* im Griechischen so viel wie »Betrachtung« heißt. Wenn mir Thesen und Hypothesen fehlen – oder ich sie nicht zu formulieren vermag –, so nicht, weil es mir an Muße zur Betrachtung mangelt: Ich widme mich ihr, der *theoria*, in schöner Regelmäßigkeit, manchmal verbringe ich sogar ganze Monate ausschließlich damit. Aber aus dem Betrachten der Menschen und Dinge ziehe ich immer weniger Schlüsse. So wie jetzt, während ich schreibe und dabei überlege, was man aus der einzigen Stunde, die ich dieses Stück von einem berühmten Boulevard aufmerksam betrachten soll, folgern kann. Vielleicht habe ich eine kleine Offenbarung erwartet, eine be-

* Dieser literarische Essay ist im Rahmen eines ungewöhnlichen Projekts entstanden: 24 Stunden lang sollten 24 katalanische Autoren das Leben auf der Rambla beschreiben. Vom Balkon eines Hotels aus beobachtete jeder von ihnen eine Stunde lang das Treiben auf Barcelonas weltberühmter Flaniermeile, dieser Bühne unter offenem Himmel. Der valencianische Schriftsteller Joan Francesc Mira tat dies von 17 bis 18 Uhr.

merkenswerte, wenn nicht gar einzigartige Eingebung, um zu irgendeiner neuen und scharfsinnigen Erkenntnis über die Menschheit zu kommen, wie sie sich mir in jener Stunde und an jenem Ort darbot. Aber nein. Mehr noch: Ich befürchtete schon, überhaupt keine typische Szene vorzufinden. Einige Minuten vor 17 Uhr sinne ich in der Hotelbar darüber nach, ob man die Rambla, das heißt das, was man die *Conditio humana* nennt, überhaupt von einem so erhabenen Punkt aus wie diesem Balkon erklären kann. Nein, sicher kann man das nicht, weder von hier oben, noch, wenn man hinuntergeht und sich unter die Passanten mischt und ihnen in die Augen schaut oder auf allen vieren zwischen ihren Beinen herumkriecht. Also lasse ich die von vornherein zum Scheitern verurteilte Idee auf sich beruhen und versuche stattdessen, mich wie ein Fremder zu fühlen – was ich de facto auch überall bin, aus Gründen, die hier nicht von Belang sind –, und mich auf die bescheidene Aufgabe zu beschränken, das zu beschreiben, was ich sehe.

In einem grünen Heft, das mir die liebenswerte Verlegerin überreicht hat, werde ich in sechzig Minuten fünfzehn Seiten mit meinen Notizen vollgekritzelt haben. Beginnend mit dem Gedanken, den ich hatte, bevor ich auf den Hotelbalkon hinaustrat, nämlich seit wie vielen Jahren ich bereits nach Barcelona komme. Wahrscheinlich sind es schon über dreißig, und in Anbetracht der Tatsache, dass es deutlich mehr als ein Dutzend Mal im Jahr sind, dass ich nach Barcelona fahre, ergibt das schon eine ganze Menge. Das bedeutet, dass ich, der Fremde, dieses Stück Rambla, das ich jetzt beschreiben soll, schon viele hundert Male entlanggegangen bin, und das zu allen Tages- und Nachtzeiten. Denn das Einzige, das ich unbeirrbar und wirklich jedes Mal in Barcelona gemacht habe, ist, die Rambla hoch und runter zu spazieren. Dieser Boulevard soll vornehmlich zu diesem Zweck erbaut worden sein, zum Zeitvertreib für die

Einheimischen und Fremden, und wenn meine Erfahrung zählt, muss es wohl der Wahrheit entsprechen.

Woher rührt die Anziehungskraft der Rambla von Barcelona? Dafür gibt es sicher viele Gründe. Jedenfalls ist es offensichtlich, dass der Reiz der Rambla nicht in ihrer Architektur liegt. Der größte Teil der Häuser, die diese Straße säumen, ist – mit Verlaub und ohne den Barcelonінern zu nahetreten zu wollen – ziemlich hässlich. Ich fand ihre Fassaden immer schmutzig, was ja in Barcelona und Valencia normal ist, doch selbst wenn man sie reinigte, könnten viele ihren Charme nicht zurückgewinnen, weil sie nie einen besessen haben. Auf der Rambla sollte man sich nicht die Häuser anschauen, sondern die Menschen. Genau das Gegenteil beispielsweise zu der Carrer de la Pau in Valencia, wo die Menschen vollkommen vernachlässigbar sind, die Architektur hingegen alles ausmacht. Letztendlich sind in fast allen Straßen der Welt die Häuser so überflüssig wie die Menschen, und wo dies nicht der Fall ist, muss es sich um eine ganz besondere Straße handeln. Die Rambla von Barcelona wird also nicht von ihren Häusern geprägt, sondern von ihren Bäumen, Vogelkäfigen, Kiosken, Blumenständen, und vor allem von den Menschen, die darauf spazieren gehen. Ich kenne keine andere Straße in Europa oder Amerika – ich meine, eine richtig große Straße in einer Stadt oder einer größeren Ortschaft –, die von dermaßen unbedeutenden Dingen gekennzeichnet ist.

Nun gut, es ist 17.20 Uhr an diesem Nachmittag im fortgeschrittenen Frühling, fast schon im Sommer, und die Sonnenstrahlen fallen schräg auf den Hotelbalkon und in das Gesicht des Betrachters. Eine schlechte Uhrzeit. Aber nach den ungeschriebenen Regeln dieses literarischen Experiments darf ich nun für einen Moment auf die Straße hinuntergehen. In Dreier- oder Vierergruppen schlendern dort italienische Matrosen an mir vorbei, auf deren Mützen »Nave Andrea Doria« steht. Auf der Rambla muss es immer Matrosen geben, in Uniform oder mit Tätowierungen, das heißt von der Marine oder einem Frachter, und die naivsten, die Armen, sind immer die in Uniform. Den Tischen der Straßencafés nach zu urteilen, ist anscheinend gerade die Zeit von Eiskrem und *granissat de llima,* einer Zitronenlimonade mit zerstoßenem Eis. An eine Laterne gelehnt, liest ein großer grauhaariger Schwarzer in weißem T-Shirt gleichmütig die ›Herald Tribune‹. Es gibt schwarze Amerikaner mit grauen Haaren und ohne Jackett, Hemd und Krawatte, die eine körperliche, wahrlich bischöfliche Würde ausstrahlen.

Eigentlich bin ich wegen der Zeitungskioske hinunter auf die Straße gegangen, auch wenn alle Kioske auf der Rambla die Wiederholung ein und desselben sind und ich ihre Auslagen in- und auswendig kenne. Nie kann ich einen dieser Stände auslassen: Sie faszinieren mich, ziehen mich unweigerlich an. Stets bleibe ich stehen, um sie mir anzuschauen, und zwar jeden einzelnen. Die Städte der Welt sind voll von Kiosken, aber keine andere hat Kioske mit so umfassenden, offenen, überbordenden Auslagen. Nirgends sonst auf der Welt stellen die Straßenkioske eine so riesige und sorgfältig getroffene Auswahl an Druckerzeugnissen zur Schau: Zeitungen, Zeitschriften und Bücher, Horror und Esoterik, Bestseller und Fachbücher über Chemietechnik, Pornographie in all ihren Spielarten, Bildbände zu romanischer Kunst und Sammelhefte über angewandte Metaphysik. Der allgemeine Bildungshunger kann hier bekanntlich in vielen Sprachen gestillt werden, nur nicht auf Katalanisch; die Erde ist schon ein sonderbarer Planet, wo so merkwürdige Dinge passieren. Schaut man von der Straßenmitte aus die Rambla hoch, gegen die im Westen sinkende Sonne, sieht man einen Strom von Menschenköpfen unter dem Schatten der Platanen. Wenn ich auf einen Stuhl stiege, könnte ich die wogende Menge besser sehen, doch sie würden mich alle anschauen, dessen bin ich mir gewiss.

Kommen all diese Frauen mit einem halben Dutzend Rosen im Arm wegen der Blumen auf die Rambla oder haben sie sie nur gekauft, weil sie gerade an den Blumenständen vorbeikamen? Der kleine, schwarz gekleidete Mann, der die Zirkusnummer aufführt, sich mitten durch ein Rad aus Messern zu stürzen, wirft sich jetzt in Positur, schätzt die Schritte ab, bekreuzigt sich und springt – mitten auf Mirós Bodenmosaik »Pla de l'Os«. Der Kreis von Zuschauern, der sich um ihn gebildet hat, hat wohl gewusst, was passieren würde, sie applaudieren deshalb nur schwach und gehen dann weiter.

Gern wäre ich wirklich fremd auf der Rambla, ganz und gar fremd, ein ortsunkundiger, naiver Betrachter. Wie die Frau vom Land, die zum Arzt in die Hauptstadt fährt, oder der Madrilene, der geschäftlich in Barcelona zu tun hat, oder ein deutscher Urlauber, ein Japaner oder italienischer Matrose. Überhaupt nichts wissen über die Rambla. Als sähe ich sie zum ersten Mal. Mich fragen, warum hier so viele Menschen sind, die den Boulevard ohne ersichtlichen Grund hinauf- und hinabschlendern. Das wär's.

Ich gehe wieder hinauf auf den Balkon des Hotels, wo ein paar Journalisten, ein Fotograf, die Herausgeber und zwei Schriftstellerkollegen mich beobachten, wie ich die Straße beobachte. Unten zwischen den Kiosken und den Passanten hat man den Autolärm nicht so bemerkt, aber oben auf dem Balkon begreife ich, dass zu dieser Tageszeit auf der Rambla übermäßig viel Verkehr herrscht. Es dringen ein unangenehmes kontinuierliches Knattern und der Gestank von Autobussen und Lieferwagen herauf. Betrachtet man es jedoch anders, so scheinen der Verkehr und der Lärm links und rechts der Straßenmitte eine Leitplanke zu bilden, die die auf der Promenade unter den Bäumen flanierende Menschheit kanalisiert. Zwischen Fahrzeugreihen, Kiosken und Bäumen zieht ungeordnet die doch sehr erschöpfliche Artenvielfalt dahin. Sie besteht aus Individuen wie ich, die sich beim Blick in den Spiegel als vollkommen gewöhnlich empfinden.

Zu dieser Tageszeit ist ein Großteil der Bevölkerung noch bei der Arbeit, weshalb in der Mitte der Rambla eine endlose Ausflugsgruppe von Rentnern und Schülern unterwegs ist, oder besser gesagt zwei endlose Ausflugsgruppen, eine, die die Rambla hinunterschlendert und eine, die sie hinaufzieht, ohne dass sie zusammenstoßen, friedlich, aufmerksam und gleichzeitig entspannt. Um 17.35 Uhr bildet sich direkt unter dem Balkon ein kurzzeitiges Verkehrsloch: Auf der leeren Straße radelt mit offenem Haar ein prächtiges Geschöpf, die perfekte Frau. Schnell bewegen sich ihre langen Beine und sie lächelt vor sich hin; ihr scheint es gleichgültig zu sein, ob man sie anschaut oder nicht.

So viele alte Damen mit Blumen. Ob sie einen Spaziergang vor dem Nachmittagskaffee machen? Nun wird mir bewusst, dass ich insgeheim doch auf etwas gewartet habe, einen ungewöhnlichen Anblick, eine außerordentliche Situation oder eine fremdartig aussehende Person. Doch ist nichts dabei rausgekommen. Es ist auch viel lehrreicher, diese behände, wenig schwerfällige Masse zu betrachten, die vollkommene Normalität, das Gewöhnliche, das das Treiben auf dieser sonst so einzigartigen Straße hat: Das könnte die Essenz der Rambla sein, genau in diesem Augenblick. Es gibt keine hübschen oder auffälligen Menschen, zumindest sehe ich keine. Ich hätte nie gedacht, dass so viele ländlich aussehende Gestalten in Barcelona unterwegs sind, vielleicht kommen aber auch alle nur her, um über die Rambla zu schlendern. Grüppchen von Männern lehnen am Treppengeländer hinunter zur U-Bahn, sie plaudern miteinander und rauchen wie auf einem Dorfplatz. Alles könnte man woandershin verlagern und wiederholen. Um 17.50 Uhr überschlage ich grob die Zahl der Menschen, die ich in dieser Stunde gesehen haben muss: Ohne die Bürgersteige am Straßenrand mitzu-

zählen, gehen auf der Promenade in der Straßenmitte durchschnittlich 90 Personen pro Minute vorbei. Multipliziert mit 60 Minuten ergibt das an die 5500 Menschen, und jeder war mehr oder weniger austauschbar. So wenig vielfältig ist die Vielfalt unserer Art? Es kann aber auch an der Uhrzeit liegen, die ich zugeteilt bekommen habe, eine stille und sanfte Uhrzeit. Unter den Platanen liegt ein zottiger, schwarzer Hund mit Schlappohren, der die Passanten, die Zirkusnummer mit den Messern, die Matrosen und Omas mit den Blumen nicht weiter beachtet. Er streckt die Pfoten aus, reckt den Kopf, krümmt den Rücken und leckt sich dort, wo es ihm am besten gefällt. Die Rentner- und Schülergruppen sind nun lebhafter und dichter geworden; wahrscheinlich kehren sie zu den Reisebussen zurück. Sie tragen alle die *united colors of the world*, in unterschiedlichen, leuchtenden Farben und doch alle gleich, und am Ende einer solchen Reisegruppe entdecke ich fünf Querschnittsgelähmte mit ihren Rollstühlen. Und jetzt weiß ich auch, woher die vielen Frauen mit ihren Blumen kommen: Sie haben der heiligen Rita eine Kerze angezündet, der Tagesheiligen und Schutzpatronin in aussichtslosen Anliegen. Von drei oder vier Kirchturmuhren schlägt es sechs.

Übersetzt von Frank Savelsberg

Das Katalanische und die Katalanen

Was ist das eigentlich, das Katalanische? Und wer ist Katalane? Logische, aber auch verfängliche Fragen. Beginnen wir einmal so: Katalanen waren sowohl das Architekturgenie Antoni Gaudí, der Katalonien so gut wie nie verließ, wie auch der begnadete Cellist Pau Casals, den der Ausgang des Spanischen Bürgerkriegs ins lebenslange Exil zwang. Katalanin war die weltberühmte Flamencotänzerin Carmen Amaya, die in einer Barackensiedlung geboren wurde, dort, wo sich heute die Touristen am Olympiahafen tummeln, und Katalane der Schweizer Hans »Joan« Gamper, der 1899 den FC Barcelona, *El Barça,* gründete. Katalanen waren Francesc Boix, der »Fotograf von Mauthausen« und Hauptzeuge bei den Nürnberger Prozessen; die Anarchistin Federica Montseny, die als erste Frau in der Geschichte Westeuropas ein Ministeramt bekleidete; Trotzkis Mörder Ramon Mercader; Miquel Biada, der in Amerika zu Geld gekommen war, mit dem er 1848 zwischen Mataró und Barcelona die erste Eisenbahn auf der Iberischen Halbinsel baute, und Narcís Monturiol, der 1859 sein U-Boot, eines der ersten der Welt, im Hafen von Barcelona ausprobierte. Es gibt sogar Menschen, die behaupten, Kolumbus sei Katalane gewesen, wie Ihnen Ramon Solsona zeigen wird. Und Katalanisch? Das ist die Sprache, in der die Mallorquinerin Maria del Mar Bonet das Mittelmeer besingt, die Salvador Dalí zu Hause im Empordà sprach und in der Joan Matorell Ende des 15. Jahrhunderts in Vàlencia den Ritterroman ›Tirant lo Blanc‹ verfasste, der als einziger von Don Quijotes Büchern nicht verbrannt wurde, war es Cervantes zufolge doch das »beste Buch der Welt«.

Unsere Sprache, von Josep M. de Sagarra und Màrius Serra thematisiert, unsere Geschichte, unser Gemeinschaftsempfinden, unsere Kultur und das Bedürfnis, uns zu definieren, das sind die wesentlichen, manchmal geradezu obsessiven Bestandteile des Nährbodens, auf dem die katalanische Identität gewachsen ist und auch weiterhin gedeiht, eine Identität, die vielgestaltiger und entwicklungsfreudiger ist, als wir Katalanen uns dies selbst oft bewusst machen. Wir sind ein Land in und umgeben von anderen Ländern, eine Nation ohne Staat, die sich allein über das Bekenntnis zu ihrer Sprache, Kultur und Geschichte definiert. All das zwingt uns dazu, immer komplexere Definitionen für das zu finden, was uns ausmacht, lässt uns für das alte Europa aber in gleichem Maße ein lebendiges Beispiel sein für eine friedliche Koexistenz jenseits jeglichen Uniformismus.

Dieser Winkel Europas ist jedoch auch sehr zerbrechlich, wie es der von außen blickende Ire Colm Tóibín richtig erkannt hat, und zudem, der Geschichte Salvador Esprius zufolge, mit Melancholie erfüllt. Wohl weil wir Katalanen eine Grenzmark bewohnen, wie uns gleich der renommierteste aller katalanischen Autoren, Josep Pla, erklären wird, was eine produktive lebendige Spannung erzeugt und einen Menschenschlag mit einem besonderen Instinkt für das rechte Maß hervorgebracht hat, der es von jeher gewohnt ist, zu paktieren. Und dennoch sind wir ausgeprägte Individualisten, die hin und wieder aufbegehren, wie Sie im Lauf unserer Reise noch entdecken werden.

Das Katalanische und die Katalanen: Das ist das eigensinnige Vermächtnis der Geschichte, ein außerordentliches Beispiel für Kontinuität mit dicken Wurzeln in der Romanisierung, die uns unsere eigene Sprache, die Straßen und ein nach wie vor geltendes Recht hinterließ, im 9. Jahrhundert, als Graf Wilfried der Haarige mehrere Grafschaften zu einem weitgehend autonomen Reich vereinte, im späten Mittelalter, mit katalanisch-aragonesischen Schiffen auf dem ganzen Mittelmeer, sowie in der Industriellen Revolution. Es sind uralte Wurzeln, und sie zeigen sich mal diskret, mal starrköpfig, mal unbequem, oftmals auch ironisch und fast immer hierher verpflanzt. Katalanische Wurzeln eben.

Salvador Espriu

Das sterbende Land

Das Land, das seine Seele verloren hatte, saß mit leeren Händen am Hafen und blickte traurig in das faulige Wasser, als ich vorbeikam.

»Bald bin ich so tot wie dieses Wasser. Schau mich an, ich drücke nichts mehr aus, nichts von meinem wahren Selbst. Ich bin bald wie dieses Wasser, ein gleichgültiger Spiegel«, jammerte es.

»Nein, ganz im Gegenteil!«, entgegnete ich. »Du bist ein großes, ein wundervolles Land.«

»Woran siehst du das?«, rief das arme alte Land schon ein wenig lebhafter, denn niemand ist so leicht in kurzlebige Wallungen zu bringen wie die armen alten Länder. »Sag, woran siehst du das?«, seufzte es erneut in verzweifeltem Ton. »Ich bin nur noch ein Schatten, ein Gerippe. Da, schau ihn dir an, er war Ursprung und Wegbereiter meines Ruhms«, wimmerte das Land und deutete auf den Hafen. »Von hier brachen die Schiffe zu den Eroberungen auf, die weisen Gesetze der Weltmeere, unsere stolze Fahne. Jetzt ist der Hafen alt und am Ende so wie ich, und seine und meine Runzeln liegen verdeckt unter einer schmucken Schicht Adjektive. Auch der Rhythmus meiner imperialen Sprache ist verloren gegangen. Jetzt schreit man sie, ohne die Sätze zu beenden, benutzt sie für Gotteslästerungen und steinzeitliche Gebärden. Wie Volapük klingt sie in meinen Ohren, ohne Tiefgang noch Eleganz, bar aller Nuancen, verhärtet durch dunkle, kalte, pedantische, unerträgliche Worte. Niemand liest sie mehr, und das verbliebene Quäntchen Literatur ist rachitisch, formlos, grau, ohne Persönlichkeit und Leidenschaft und dient

schon zu nichts anderem mehr als zu Wahlkampfreden. Fürs Geistesleben haben meine Kinder keinen Sinn, und Kultur und Feingefühl sind ihnen abhandengekommen. Sie sind Materialisten und äffen nur die Technik der anderen nach. Ich bin ein Land ohne Seele. Und ausgerechnet jetzt, müde und dem Tode nah, muss ich diese groteske Maske tragen, den Traum eines ehrgeizigen Hirns, eine schändliche Fratze. Ein anachronistischer Schatten des Mittelalters bin ich, weiter nichts.«

»Nein, zum Kuckuck! Du bist ein großes Land, ein zukunftsträchtiges Land!«, unterbrach ich es. »Ein Schatten des Mittelalters? Na und? Weißt du nicht, wie wichtig das für dich ist? Liest du nicht Spengler, Berdjajew, die Zeitung, die Leute, die Gott geschaut haben, die Nachkommen der Propheten an den Universitäten? Deine Stunde ist gekommen, die Stunde deines Meeres, deiner Sprache, deines Imperiums, deines Ruhms, deiner Erfahrung.«

»Das beste Land der Welt«, rief von ferne ein patriotischer Chor.

»Du bist reich, du bist gebildet«, fuhr ich fort. »Was sagst du zu deinem Tanz?«

»Der anmutigste der Welt«, frohlockte der Chor.

»Und deinen Volksliedern?«

»Ohnegleichen, la, la, la«, sang der Chor.

»Und was sagst du zu deinen fortschrittlichen Krankenhäusern, deinem Landesfrieden, den Manieren deiner Bürger, der Gutmütigkeit deiner Landbevölkerung? Du kannst nicht *noch* mehr spucken, du kannst nicht *noch* mehr Bettler auftreiben und *noch* weniger als nichts kannst du beim besten Willen nicht wissen. Alles hat seine Grenzen, du hast deine erreicht, deine Möglichkeiten hast du restlos ausgeschöpft. Du – am Ende? Wer hätte nicht gerne deine Gesundheit, deinen Elan! Du willst Beweise? Gibt es einen besseren als deine große Stadt: so vorbildlich anarchisch, eingebildet, neureich und ohne jede Bequemlichkeit?«

»Die beste von allen«, jauchzte der Chor.

»Ja, das lässt sich nicht leugnen, keine andere besitzt ein solches Konzerthaus wie ihr Palau de la Música und eine so weitläufige Untergrundbahn«, bestätigte das Land.

»Und vergiss nicht den kritischen Geist ihrer Bewohner, hör sie dir an«, meinte ich zu ihm.

»In dem Kabylenstamm lässt sich nicht leben«, ertönte Lehrer Efrems Stimme. »Was sollen Adler und die Ungarn bloß von uns denken?«

»*Hélas, hélas, la bêtise humaine!*«, rezitierte Pulcre Trompelli mit wohltemperierter Kehle.

»Wir sind ein fünftklassiges, wenn nicht gar ein sechstklassiges Land«, behauptete mit offensichtlicher Befriedigung Ecolampadi Miravitlles. »Vor kurzem haben die Deutschen einen kolossalen Wettbewerb ausgeschrieben. Das Thema lautete: ›Die afrikanischen Ursprünge des Kretinismus bei den Menschen und Völkern.‹ Wir haben gewonnen.«

»Wir waren die Sieger? Welch angenehme, einzigartige Neuigkeit!«, jubelte Aina Cohen[*], die vortreffliche Dichterin. »Hört ihr nicht, wie die Nachtigall den Sieg trillernd verkündet? Dort, auf dem Bauernhof der Alten, während der gute Greis

dem süßen Sang des Vögleins lauscht
und Schlaf auf seine Lider drückt.
Es wippt das edle Haupt, im Takt
der Reis blubb-blubb im Kessel macht.

* Ich habe meiner Gestalt diesen Namen gegeben, weil mir kein anderer so treffend erschien: Aina Cohen, die vorbildliche Schöpfung aus ›Mort de Dama‹, dem hervorragenden Roman des großen mallorquinischen Schriftstellers »Dhey« alias Llorenç Villalonga.

Vergesst nicht, Brüder, wir sind die Lieblinge des Herrn«, fügte die holde Rezitatorin hinzu, nachdem sie begeisterten Applaus entfacht und bekommen hatte.

»Hast du Aina gehört, hast du sie vernommen? Glaubst du es jetzt?«, fragte ich das Land.

»Ja«, seufzte es gerührt. »Aber ich bin so alt! Diese Kälte … alles dreht sich … ich sterbe!«, schrie es plötzlich.

Der Schlaganfall raffte es blitzschnell dahin, sodass jede Hilfe zu spät kam. Platschend fiel der Körper in die ruhigen Fluten. Es geschah an einer entlegenen Stelle und ich war der einzige Zeuge. Soll ich seinetwegen nass werden?, grübelte ich. Nein, wir werden sicher noch ein anderes finden, das uns besser gefällt. Ich muss die Nachricht sofort telegrafieren, das ist wichtiger als ein Rettungsversuch. Die ganze Presse wird sich darum reißen!, dachte ich bei mir und eilte von dannen.

»Was erzählt dieser Simpel da?«, fragten am nächsten Tag die Leute, als sie das Telegramm lasen. »Was meint er damit: ›Altes Land gestern im Hafen ertrunken. Leiche konnte nicht identifiziert werden‹? Hört, hört! Das Land ist tot, hurra! Endlich haben wir ein Land, das uns unter den Händen wegstirbt. Darüber wollen wir mehr erfahren.«

An dem Tag arbeiteten die Redaktionen mit Feuereifer und machten den chronischen Geldmangel der Verlage reichlich wett: Mindestens fünfzig Zeitungsexemplare wurden in unserer Sprache verkauft, in der Sprache, die man später so liebevoll Heimatsprache genannt hat.

Übersetzt von Charlotte Frei

Ramon Solsona

Einer von uns

Der Kolumbusforscher Francesc Albardané vertritt die These, Kolumbus sei Katalane gewesen. Er argumentiert so überzeugend, führt so vieles an, was dafür spricht, widerlegt Hypothesen, die das Gegenteil behaupten, so schlagkräftig, dass man nach der Lektüre seiner Abhandlungen Kolumbus tatsächlich für einen von uns hält.

Sollte sich wirklich zweifelsfrei erweisen, dass Kolumbus Katalane war, würde das vieles ändern. Bisher wurde Kolumbus ja immer mit den Katholischen Königen, Ferdinand II. und Isabella I., in Verbindung gebracht, mit der Einheit Spaniens und der kulturellen und politischen Vereinheitlichung des Landes auf Kosten der Hühneraugen an Spaniens Peripherie, die der Staat einfach nicht loswird.

Wir jedenfalls haben Kolumbus bislang vor allem wegen seiner beeindruckenden Statue am Hafen von Barcelona geschätzt. Dieser Gehrock, der seine Beine frei lässt, diese halblange Mähne und der ausgestreckte Finger – *das* ist unser Kolumbus, der uns eher an die »Monyos«[*] erinnert als an die Gebrüder Pinzón, die Kolumbus auf seiner Fahrt nach Amerika begleiteten. Und wir lieben auch die Löwen, die am Fuße seiner Säule Wacht halten; sie sind nachsichtig mit den Touristen, ertragen stoisch die Autos, die Tag und Nacht das Denkmal umkreisen, und hören verständnisvoll zu, wenn ihnen die

* »La Monyos«, eigentlich Dolors Bonella i Alcanzar (1851–1940), Barceloniner Original, die in den zwanziger Jahren absonderlich herausgeputzt durch die Stadt irrte und auf der Rambla auf und ab spazierte. Ihr wurden viele Lieder, Melodramen und Komödien gewidmet.

Betrunkenen in den frühen Morgenstunden erklären, warum das Leben so traurig ist.

Das Rätselraten um Kolumbus' Herkunft ist sehr unterhaltsam. Genua, das sich gerade darauf vorbereitet, mit Glanz und Gloria den fünfhundertsten Jahrestag der Entdeckung Amerikas zu begehen, würde ziemlich dumm dastehen, wenn bewiesen werden könnte, dass er in Palma de Mallorca, in Montpellier oder im Baskenland geboren wurde. Könnt ihr euch vorstellen, wie es wäre, wenn man euch in eurer Kleinstadt plötzlich sagt: »Kolumbus war einer von euch«? Stellt euch vor, wie viel Aufwand es erfordern würde, vornehme Abendgesellschaften zu veranstalten, auf denen die Damen in luftigen Kleider und die Herren in echten Fräcken erscheinen müssten und man lange Reden mit gewundenen Sätzen halten würde! Die gesamte Heimatforschung müsste sich schleunigst daranmachen, sich mit dem berühmten Sohn der Stadt zu beschäftigen.

Kolumbus ist keiner von uns, solange nicht das Gegenteil bewiesen ist. Sollte es allerdings irgendjemandem gelingen, einen unwiderlegbaren Beweis dafür zu erbringen – tatsächlich bemühen sich einige Geschichtsforscher schon seit Jahren darum, häufig allerdings mit Argumentationen, die eher romantischer als wissenschaftlicher Natur sind –, wird uns eine grenzenlose Kolumbus-Manie ergreifen. Stellt euch das mal vor: Monturiol*, Pau Casals, Salvador Dalí … und Christoph Kolumbus.

Wie bei den Festlichkeiten zum tausendjährigen Bestehen Kataloniens 1988 deutlich wurde, ist die Geschichte das eine, ihre Instrumentalisierung durch die Politik aber etwas ganz anderes. Sowohl die spanischen als auch die katalanischen Po-

* Narcís Monturiol i Estarriol (1819–1885), katalanischer Ingenieur und Erfinder, der das erste U-Boot baute, welches über einen mechanischen Antrieb verfügte.

litiker übernehmen gern die Schirmherrschaft und teilen dafür rückwirkend die Geschehnisse und Persönlichkeiten unter sich auf: Du hast Kaiser Karl V., ich aber König Jaume I., der Valencia und die Balearen erobert hat; du bekommst Menéndez Pelayo, ich dafür Milà i Fontanals; Espartero kannst du behalten, ich habe mit Prim* schon genug. Sollte sich jedoch irgendwann herausstellen, dass Barcelona wirklich Kolumbus' Vaterstadt ist, würde das in ein gewaltiges Kompetenzgerangel ausarten. Das Problem wäre dabei weniger, woher er kommt, als vielmehr, wer sich mit ihm schmücken darf: Spanien oder Katalonien.

Der Geburtsort bedeutender Persönlichkeiten zu sein ist nicht mit Geld aufzuwiegen. Wer würde schon Stratfort-upon-Avon kennen, wenn dort nicht Shakespeare geboren wäre? Und wäre Valldemossa auf Mallorca berühmt, wenn dort nicht Chopin und George Sand zusammen einen Winter verbracht hätten – auch wenn sie vorzeitig abreisen mussten, weil ihnen seitens der Bevölkerung offene Feindseligkeit entgegenschlug? Und jetzt, wo der Gründer des Opus Dei, Josemaría Escrivá de Balaguer, überall so verehrt wird, tun sie in Balaguer so, als wäre er einer der ihren, was aber gar nicht stimmt. Nun, so was kommt vor. Ich jedenfalls bin sehr stolz darauf, aus Barcelona zu stammen, der Stadt der Tennisprofis Sánchez Vicario. Sollte sich aber herausstellen, dass Christoph Kolumbus tatsächlich Katalane war, würde es mich nicht wundern, wenn irgendjemand behaupten würde, er sei Mitglied der republikanischen Linken Esquerra Republicana gewesen.

Übersetzt von Kirsten Brandt

* Marcelino Menéndez Pelayo (1856–1912), spanischer Philologe; Manuel Milà i Fontanals (1818–1884), katalanischer Philologe; Joaquín B. F. Espartero Álvarez de Toro (1792–1879), spanischer General und von 1841–43 Spaniens Regent; Joan Prim i Prats (1814–1870), katalanischer General und Esparteros Gegenspieler.

Josep Pla

Die Grenzmark und das Empordà

Es wäre sicher sehr schwer, dem Historiker Jaume Vicens i Vives etwas entgegenzuhalten, der unser Land, vor allem in seinem Buch ›Notícia de Catalunya‹, als Grenzmark bezeichnet. Katalonien ist in der Tat eine Mark, die – bedingt durch die Pyrenäen im Norden, das heißt durch die Grenze zu Frankreich – hauptsächlich an ihrem nordöstlichen Ende über die Bergrücken der Corbières und der Albères zugänglich ist und folglich eine Art Korridor bildet, durch den die meisten der Invasoren in das Land eingedrungen sind. Als Durchgang konnte man Katalonien leicht benutzen und es sich einverleiben oder es zumindest beherrschen. Die Invasionen von französischer Seite aus waren äußerst zahlreich. In Katalonien fielen die Franken und die Bourbonen ein, und auch in Zeiten der Französischen Revolution, von Napoleon und der Restauration wurde es gewaltsam besetzt. Von der südwestlichen Grenze, von Kastilien aus war die Anzahl der Invasionen ebenfalls beträchtlich, der Leser kann sie in jedem Geschichtsbuch aufgelistet finden. Bedenkt man all diese Eroberungen, ist es nur schwer verständlich, wie dieses Land sich auch nur den Schatten einer Persönlichkeit und einen Funken eigenen Willens bewahren konnte. Es lässt sich nur dadurch erklären, dass sein Wesen aus hartem Holz geschnitzt, robust und undurchdringlich ist. Historisch betrachtet hat Kataloniens geographische Beschaffenheit der Ausbildung seiner Persönlichkeit immer entgegengewirkt.

Ursprünglich wurde Katalonien als eine Art Vorhut der Christenheit gegen die islamische Welt gegründet: die Spanische Mark von Karl dem Großen. Im frühen Mittelalter war es ein Korridor für Mauren und Christen. In den im eigentlichen Sinne nationalen Jahrhunderten schien der Verbund mit Valencia und Mallorca dann ein Ganzes mit halbwegs gesicherten Grenzen zu bilden. Doch sollten wir uns nichts vormachen: Eine der größten Sorgen unserer Herrscher war die ständige Gefahr einer französischen Invasion, die über Montpellier und den katalanischen Grafschaften Rosselló, Conflent und Cerdanya schwebte. Die ›Chronik‹ von Ramon Muntaner beschreibt diesen historischen Moment in einem sensationalistischen Ton, der von heute sein könnte: Kaum hatte Jaume I. sein Herrschaftsgebiet unter seinen Söhnen aufgeteilt und waren Pere zum König von Katalonien-Aragón und Valencia sowie sein Bruder Jaume II. zum König von Mallorca und den Gebieten jenseits der Pyrenäen gesalbt, da erachteten es die beiden Brüder auch schon für notwendig, miteinander zu sprechen. Sie trafen sich in Girona und berieten lange und im Geheimen die allgemeine Lage. Was sie beschlossen, so Muntaner, durfte niemand erfahren, doch behaupteten viele, »dass der König von Katalonien-Aragón dem König von Mallorca zugestand, sich mit dem König von Frankreich gegen ihn zu verbünden, da beide Brüder weise waren und wussten, dass Montpellier und die Grafschaften Rosselló, Conflent und Cerdanya sonst verloren wären«. Und ganz richtig fügt der Chronist hinzu: »Denn das Königshaus von Frankreich hatte und hat diesen Grundsatz: Nichts, was wir im Krieg erobern, geben wir jemals zurück, eher setzen wir den Verlust unseres ganzen Landes aufs Spiel.« Der König von Aragón ermächtigte also seinen Bruder, sich mit seinem natürlichen Feind, dem König von Frankreich, zusammenzutun, um so das katalanische Herrschaftsgebiet zu beschützen, das infolge des wichtigsten Mythos der französischen Geschichte bedroht war: Frankreichs Vorstoß an seine natürlichen Grenzen. Dieser Mythos ist schon etwas Besonderes. Er ist tragisch, aber unabwendbar, wie es die Obsession der

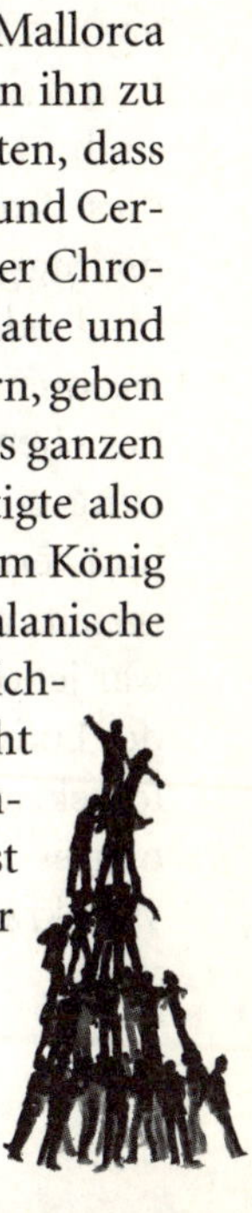

Rechtsgelehrten und Staatsmänner des französischen Herrscherhauses zeigte, die schon lange nach der Angleichung an die Grenzen des mythischen Gallien strebten, des *pré carré* mit den natürlichen Grenzen Pyrenäen, Alpen, Rhein, Mittelmeer und Atlantik. Den katalanischen Königen war dies bewusst. Die permanente Angst, in der sie gelebt haben müssen, ist nicht einfach zu beschreiben. Schon im 13./14. Jahrhundert war der Besitz Montpelliers ein Anachronismus. Eine neue Festsetzung der Grenze entlang der Albères-Berge war unumgänglich. Sicher ist jedenfalls, dass zu Zeiten des großen Chronisten Ramon Muntaner die Gefahr für die katalanischen Grafschaften jenseits der Pyrenäen bereits offen zutage trat.

Als im Zeitalter des Absolutismus dann die beiden Ungetüme Frankreich und Spanien entstanden, befand Katalonien sich mitten in dem Sandwich zwischen den Habsburgern von Madrid und den Bourbonen von Versailles. Unser Land wurde erneut zum Korridor und Kriegsschauplatz der beiden großen, rivalisierenden Herrschergeschlechter. Zu Invasionen kam es vor wie nach dem Pyrenäenfrieden, doch wurde die französisch-spanische Grenze im Rosselló – oder auf Französisch: Roussillon – danach sichtbar befestigt. Was zeigen uns diese französischen Festungsanlagen? Dienten sie zur Verteidigung gegen eine mögliche Invasion von der Iberischen Halbinsel oder bildeten sie Stützpunkte, von denen weitere Invasionen ausgehen sollten? Für uns kann darüber kein Zweifel bestehen: Die Wahrheit findet sich in Letzterem. Die Einsetzung eines Bourbonen in Madrid Jahre später erschütterte und vernichtete die innere Ordnung Kataloniens, hätte andererseits aber auch beruhigende Wirkung haben können. Dem war jedoch nicht so. Der Ausspruch »*Il n'y a pas de Pyrénées*«, der Ludwig XIV. in Folge der Ergebnisse des Spanischen Erbfolgekriegs und der Einsetzung des französischen Herrscherhauses in Madrid zugeschrieben wurde, hatte keine reale Wirkkraft. In jedem Fall blieb die Lage auch späterhin unverändert und Katalonien wurde erneut während der Französischen Revolution, von Napoleon und im Zeitalter der Restauration – die hunderttausend Kinder von Saint Louis – eingenommen. Zur Invasion während der Französischen Revolution kam es anscheinend auf Bestreben von Robespierre, zur napoleonischen durch Talleyrand und für die Invasion der wieder eingesetzten Bourbonen zeichnete der französische Außenminister und Generalbevollmächtigte auf dem Kongress von Verona, Chateaubriand, verantwortlich. Die Bedeutung dieser drei Namen ist sehr unterschiedlich.

Jahrhundertelang war die Grenze Kataloniens zu Frankreich im Norden des Rosselló verlaufen, das heißt entlang der Monts Corbières, der Lagune von Salses und Salses selbst. Über dieser Ortschaft erhebt sich noch heute das Kastell von Salses, mit dem diese katalanische Nordgrenze befestigt worden war. Ein Besuch dieser Festung übt auf Einheimische auch heute noch eine große Wirkung aus. Als der Rosselló, Vallespir, Conflent und die Hälfte der Cerdanya mit dem Pyrenäenfrieden für die spanische Monarchie verloren waren, wurde der östliche Abschnitt der Staatsgrenze weiter nach Süden verlegt: vom Kap Cervera aus verlief sie fortan auf der Wasserscheide der Albères-Kette, wodurch der Empordà zum Eingangstor der katalanischen Grenzmark wurde. Viele Jahrzehnte lang war der Rosselló für den Empordà eine Art Stoßdämpfer gegen die Invasionen gewesen. Nach dem Pyrenäenfrieden trafen es die Stöße direkt. Nachdem Frankreich die Nordgrenze des Empordà zur Nordostgrenze Spaniens gemacht hatte, befestigte man die Stadt Perpignan und erbaute am Fuße der Berge eine Festung im Stile Vaubans, die man heute noch sehen kann. Die spanischen Bourbonen errichteten die Festung von Figueres. Drei Jahrhunderte lang das Eingangstor zur katalanischen Grenzmark gewesen zu sein, dafür kann der Empordà der Geschichte nicht allzu dankbar sein. Der Landstrich hat bei den Invasionen einen guten

Teil seines Rückgrats verloren. Die Grenze zu bilden, schuf für Jahrhunderte eine permanente Unsicherheit, führte in seinen Dörfern zu einer völlig verständlichen Verwahrlosung und schuf eine zutiefst skeptische Bevölkerung. Gut möglich, dass der Empordà noch nicht die Zeit hatte, zu einem normalen Leben zurückzufinden.

In einer Grenzmark zu leben scheint a priori nichts besonders Angenehmes zu sein. In einem Haus ist der Korridor ja auch nur ein rein funktionales Element, der wohnlichste Ort ist er jedenfalls nicht. Es heißt gewöhnlich, ein aus einer Mark stammender Mensch besitze eine große Auffassungsgabe und bringe die Voraussetzungen zum Kosmopolitismus mit. Solche kleinen persönlichen Freuden wiegen aber nicht die Nachteile auf. Von Inselbewohnern einmal abgesehen, kann in bestimmten Situationen sicherlich jeder zum Bewohner einer Mark werden. Man hat zu untermauern versucht, dass die Rechtsgelehrten und Staatsmänner der französischen Monarchie das Konzept der natürlichen Grenzen erfunden haben, um aus dem politischen Kräftespiel die morbide Zerbrechlichkeit der Grenzmarken zu eliminieren. Gegen deren Formbarkeit stellten sie die Unverrückbarkeit geographischer Gegebenheiten wie Flüsse oder Gebirge. Zum Triumph dieser Sichtweise konnte es jedoch nur kommen, wenn man die Vertreter der gegenteiligen Ansichten bezwang – Ansichten, die gleichermaßen respektabel waren, wenn nicht gar noch mehr. Die Eroberung von Grenzmarken und ihre generell erzwungene Einverleibung haben enormen Irrsinn mit sich gebracht. Eine der treibenden Kräfte zur Bildung der großen europäischen Mächte in der Moderne (Deutschland und Italien) war der Groll gewesen, den die Invasionen der Marken aufkommen ließen. Die Geschichte ist eine Abfolge von Racheakten. Schon Tertullian sagte, eines der herrlichsten Vergnügen im Jenseits werde es sein, die römischen Kaiser in der Hölle schmoren zu sehen. Heute scheinen die Dinge langsam besser zu werden. Prophezeiungen haben allerdings in der Historie keinen guten Ruf. Jahrhundertelang – während der Jahrhunderte, die man aufgeklärt nennt – war das Leben in einer Grenzmark jedenfalls gefährlich und unbequem und musste zwangsläufig einen eigenen Charakter prägen, musste ihren Bewohnern gewisse, oftmals brüchige Wesenszüge verleihen.

Nun kann man eine Grenzmark selbstverständlich auf unterschiedliche Art und Weise bewohnen. Es gibt ganze Völker, die in größeren Strukturen aufgegangen sind und assimiliert wurden, obwohl sie nicht wesensverwandt waren. Andere Völker wiederum übten sich im Opportunismus, das heißt, sie entwickelten eine Art Wankelmut, eine Anpassungsfähigkeit, die es ihnen erlaubte, sich abwechselnd an den gerade dominierenden Nachbarn zu halten. Das ist eine etwas triste Art sich einzurichten, letzten Endes aber leicht nachvollziehbar. Zutreffen könnte dies vielleicht auf das Elsass. Opportunismus kann ein Schutzmechanismus der menschlichen Begrenztheit sein, wie ein Liedchen, das die Gefahren einschläfert und aufschiebt, die eine unmittelbare Übermacht in sich birgt.

Das Problem, das durch die politische Einverleibung bestimmter Landstriche entsteht, zunächst mittels Gewalt, dann mittels der Kultur, ist schwer fassbar. Manchmal ist die Einverleibung leicht durchführbar, andere Male wirkt sie kontraproduktiv. Problematisch wird es, wenn das die Mark bewohnende Volk aus unerfindlichen Gründen dazu neigt, seine Eigenart, seinen Charakter zu bewahren. Genau diese Haltung wird nämlich zum Problem. Große Länder mit gewichtiger Erscheinung, die die Weltgeschichte bestimmen und von denen man tagtäglich spricht, halten sich oft für überlegen, das heißt, ihre Bürger haben von sich selbst einen exzellenten Eindruck – manchmal mag das stimmen, oftmals mag das stimmen, doch rechtfertigt dieses »manchmal« nicht, die Überlegenheit zum Dogma zu erheben. Sie halten ihre Kultur für faszinierend und uner-

setzlich, was sie in vielen Fällen gewiss auch ist, wenn auch die Erfahrung lehrt, dass jedes Volk seine Kultur für die allerbeste hält: eine Überzeugung, der nur schwer beizukommen ist, denn Kultur ist keine Sache von Büchern, sondern von Lebensart, Tradition und Gemüt. Das allgemeine Bestreben dieser großen Völker ist es, alles Land in ihrer Reichweite in einfache Provinzen und die Bewohner in reine Provinzler zu verwandeln, entpersonalisiert und verkocht. Bisweilen gelingt ihnen diese völlige Einverleibung auch, denn angesichts der Unvorhersehbarkeit persönlicher Lebenssituationen kann der Niedergang des eigenen Landes für die Betroffenen genauso förderlich sein wie eine neue Blütezeit. Daher ist es für Territorien, die dem Druck von außen ausgesetzt sind – zumal der Druck zuweilen gleichzeitig von zwei Seiten ausgeübt werden kann, wenn die höheren Interessen sich darauf einigen, den Status quo aufrechterhalten zu wollen –, ein ambitioniertes Ziel, ihre Persönlichkeit bewahren zu wollen, das heißt, sie müssen damit rechnen, dass sie mit größten Widrigkeiten zu kämpfen haben. Ich glaube nicht, dass wir Katalanen auf allzu viel stolz sein können. Auf die Bewahrung einer gewissen Persönlichkeit, trotz etlicher buchstäblich apokalyptischer Momente unserer Geschichte, vielleicht aber schon. In den gefährlichen Zeiten, vielleicht ja auch immer haben sich die führenden Geister des Landes mit diesen Schwierigkeiten gequält. Katalonien war und ist ein Land, in dem es sich unbequem lebt, aber noch sind wir nicht untergegangen. Das ist kein brillantes Ergebnis; doch sind ja Zustände, in denen man nicht völlig der Zukunft abschwört, immerhin verbesserungsfähig. Vor dieser konkreten Situation und keiner anderen stehen wir. Infolge der schicksalhaften, todbringenden Momente, die wir durchlebt haben, sind wir Katalanen zu der Schlussfolgerung gekommen, dass alles ein Glücksspiel ist und es auf ein Unglück mehr auch schon nicht mehr ankommt. Das ist jedoch ein Fehlurteil. Wo wir stehen, stehen wir aufgrund ganz konkreter Irrtümer. Katalonien ist eine Grenzmark, die Schwierigkeiten sind daher vorgezeichnet. Wenn wir diesen noch die wissentlichen und unwissentlichen Irrtümer hinzufügen, wohin führt uns dann unser Weg?

Die Frage bräuchte man natürlich gar nicht zu stellen, wenn die Geschichte Europas etwas anderes gewesen wäre als eine Abfolge von sinnlosen Metzeleien. Es scheint in der Tat so, als müsste in einer Gesellschaft, die für kultiviert und zivilisiert gehalten werden will (zumindest war das Streben stets darauf gerichtet: In Frankreich spricht man schon seit Jahrhunderten vom *honnête homme*), all das, was eine kollektive Persönlichkeit ausmacht, wenn schon nicht respektiert, so doch zumindest aufrechterhalten werden. Doch war dem nicht so. Es kam eher zum Gegenteil. Es wurde ein sehr hoher Preis für den Willen bezahlt, unserem Landstrich seine Denk- und Lebensart zu bewahren. Die Bemühungen der führenden intellektuellen Schicht, sich zu hispanisieren, um nur ein Beispiel zu nennen, waren beträchtlich und sollten sehr lange währen. Dass das Ergebnis dieser Anstrengungen eher dürftig war, wäre nicht zu verstehen, wenn man sich nicht vergegenwärtigte, dass das Volk daran völlig unbeteiligt blieb. Es verbarrikadierte sich lieber hinter einem Schweigen, das drei Jahrhunderte andauern sollte. Diese Entscheidung verdient in jedem Fall Anerkennung und Respekt, ist das Bemühen, sich seine Geisteshaltung zu bewahren, doch stets vernünftiger, als das Ideal zu hegen, sich in ein verwaltungstechnisches Nichts zu verwandeln. Auch wenn gerade diese Auslöschung das gesteckte Ziel der Politik gewesen war.

Es gibt heute eine beträchtliche Anzahl von Beobachtern, vor allem in Europa, der Mutter der westlichen Welt, die der Historie resolut den Rücken kehren. Wer könnte sich ihrer auch rühmen? Sie war eine einzige Kraftprobe von beispiellosem, todbringendem Ausmaß, die zu großem Unglück geführt hat. Die Schwere dieser Er-

fahrung scheint einen Mentalitätswandel angestoßen zu haben. Die Ausgangslage scheint nun, unvoreingenommen betrachtet, positiver zu sein. Der unermesslich lange europäische Bürgerkrieg um den Besitz der Grenzmarken hat den Kontinent an die Pforte des Todes geführt. Nun beginnt man anscheinend endlich zu verstehen, dass aus dieser herrlichen Vielfalt, dieser Essenz des Lebens in Europa, eine angemessene und leidenschaftslose europäische Integration entstehen könnte. Eine friedliche Koexistenz kann es jedoch nicht geben, bevor nicht die Leidenschaft, sich anderen überlegen fühlen zu wollen, getilgt ist.

Die Bewohner unseres Landes haben sich etwas Schweres vorgenommen: sich trotz seiner gefährlichen geographischen Lage ihre Persönlichkeit zu bewahren. Welchen Wert auch immer wir unserer Geschichte beimessen, dies scheint zumindest unbestreitbar. Sogar für den Fall, dass die Geschichte vornehmlich ein ständig fortschreitender Prozess des kollektiven Unbewussten wäre – diese Überzeugung verbreitet sich Tag für Tag –, ist unübersehbar, dass dieses eines ihrer ausgeprägtesten Charakteristika ist.

Natürlich waren nicht alle Zeiten gleich. Wir haben bereits auf den Moment der Ermüdung angespielt, infolgedessen gewaltige und vergebliche Anstrengungen unternommen wurden, Katalonien zu hispanisieren. Zu anderen Zeitpunkten hat das Land uns auf bitterste Weise wachgerüttelt. In den letzten Jahrzehnten war der Einfluss der französischen Kultur ganz enorm, und man sagt, dass vieles aus Europa über diese Mark nach Spanien vorgedrungen sei. Man kann sicher nicht leugnen, dass das Französische, von der wissenschaftlichen Reflexion bis hin zur Boulevardliteratur, eine stark verwendete Kultursprache ist. Ich glaube aber nicht, dass dies jemals zu den tiefsten Wurzeln unseres Landes vorgedrungen ist. Mehr als eine gewisse Vorliebe dafür, die aus freiem Willen, der Umstände wegen oder geschmackshalber entstand, fiel letztendlich ein Determinismus ins Gewicht, der seine Wirksamkeit nie verloren hat. Diese Tatsache, die niemand bestreitet und die man ihrer Selbstverständlichkeit wegen nicht einmal mehr erwähnt, ist der Schlüssel zu allem. Sie hat nichts mit Politik zu tun und wäre von vier Jahrhunderten der Einheitsströmung auch untergraben worden und schließlich spurlos verschwunden, wenn sie eine Erfindung der Propaganda oder der Ressentiments gewesen wäre. Sie ist einfach das: eine Tatsache. Manch einer hat sie als Wunder bezeichnet, zweifellos aus der Bequemlichkeit und Schwierigkeit heraus, sie zu erklären. Doch wie könnte man diese Tatsache, diesen Prozess des kollektiven Unbewussten, auch erklären? Der gesunde Menschenverstand würde einem wohl raten, sie als unumstößlich zu akzeptieren und nicht länger darüber zu reden, einfach darüber hinwegzugehen.

Die Sachlage scheint also diese zu sein: Katalonien ist eine Grenzmark, der Katalane ein von dieser Mark geprägter Mensch und der Empordà das nördliche Eingangstor zu dieser Mark. Und zwar ist es ihr wichtigstes Eingangstor. Ich weiß nicht, ob es den Menschen in diesem Landstrich gefällt, auf der Schwelle dieses Eingangstors zu leben, was ihnen die Geschichte beschert hat und sie sich selbst nie gewünscht haben. Möglicherweise waren sie vergnügter, als der Rosselló ihnen noch als Stoßdämpfer gegen die Invasionen diente, die so tiefe Spuren hinterlassen haben. Doch musste man die Lage akzeptieren, und sie hat auch in großem Maß dazu beigetragen, den Empordaner zu formen, den ich von meiner Warte aus mit zwei Gesichtern sehe: Auf der einen Seite ist er im Guten wie im Schlechten eine Art Blaupause des Katalanen, auf der anderen Seite ein Skeptiker, der zuweilen Rauschzustände erlebt, die üblicherweise nicht lange anhalten. Dieser Skeptizismus erklärt vielleicht die Tatsache, dass der Empordà im Allgemeinen einer der am wenigsten politisierten Landkreise Kataloniens ist, was vollkom-

men mit dem politischen Rausch vereinbar bleibt, der im vergangenen Jahrhundert die Stadt Figueres ergriffen hat und eines der wichtigsten Ereignisse darstellt, die sich im Empordà zugetragen haben.

Doch war der Empordà nicht allein die Eingangspforte zu einer Grenzmark, einem Korridor, in den man im Laufe der Geschichte vom Norden wie vom Süden her einmarschiert ist. Auch seine Küste stand seit jeher allen Invasionen offen. Die Einfälle der Griechen und der Römer waren die wichtigsten vor Christi Geburt. Es sieht ganz so aus, als gäbe es an unserer Küste mehr Spuren griechischer Ansiedlungen, als man bisher entdeckt und ausgegraben hat, zumindest behauptet dies ein bedeutender Zweig der archäologischen Forschung. Der römische Einmarsch im heutigen Empúries war der Anfang eines gewaltigen Umbruchs auf der Iberischen Halbinsel. Abgesehen von diesen großen Völkerwanderungen kam es jedoch auch zu sporadischen Einfällen, den jahrhundertelangen Überfällen auf die Küstendörfer durch die Mauren. Solange die Balearen und insbesondere Mallorca islamisch waren, hatten die Grafen von Empúries – die fast den ganzen Küstenstreifen vom Rosselló bis zum Strand von Pals beherrschten – große Mühe, dem Ansturm des Maurenvolks von den Balearen zu trotzen. Vom Expansionsdrang unseres Landes einmal abgesehen, war einer der Hauptgründe für die Eroberung der Inseln durch Jaume I. und seine Nachfolger, die katalanische Küste frei von Plünderungen und Verwüstungen zu halten. Zu Zeiten des großen spanischen Weltreichs – das mit den politischen Wirren auf der italienischen Halbinsel und selbstredend auch mit der türkischen Herrschaft an den griechischen Küsten zusammenfiel – war die Anarchie im Mittelmeerraum immens. Die Raubzüge derer, die wir Berber- und Türkenpiraten nennen, sorgten an unserer Küste für völlige Unsicherheit. Die Wachtürme an der Küste stammen aus alter Zeit. Und die Türme, mit denen viele Bauernhöfe an der Küste ausgestattet sind, dienten den armen Leuten als Schutzraum, denn ihre Dörfer verfügten über keine öffentlichen Verteidigungsanlagen. Diese Türme, die sich heute so diskret in die Landschaft einfügen, waren ausgesprochen nützliche Einrichtungen. Kaiser Karl V. ließ die Festungen von Roses und La Poncella erbauen, um das Küstenland zu verteidigen. Die Verbissenheit des maurischen Piratenvolks war unbeschreiblich. Und so wie zahlreiche Empordaner sich an der Eroberung Mallorcas beteiligten, nahmen auch an der Seeschlacht von Lepanto viele Schiffer und Seeleute aus Sant Feliu de Guíxols teil. Den Turm von Calella de Palafrugell hatte Philipp IV. zu genau diesen Verteidigungszwecken erbauen lassen. Unserem geschätzten Historiker Pella zufolge verschleppten die Piraten noch Anfang des 19. Jahrhunderts Frauen und Kinder aus Begur. Ich glaube nicht, dass dieser lange Zeitraum der Invasionen Auswirkungen auf die Lebensart des Landes gehabt hat. Pellas These, dass die Bewohner einiger maritimer Ansiedlungen vom Meer weggezogen sein sollen, um es beobachten zu können, ohne von den Piraten gesehen zu werden, halte ich doch für sehr gewagt. Dennoch kam es sicher im Küstenland zu einer jahrhundertelangen Situation der Unsicherheit, Angst und Panik, die das Gefühl einer tiefen Einsamkeit hervorrief und die Nutzung des Meeres hinauszögerte. Doch ist der Mensch für das Meer und seine Dimensionen ohnehin noch nicht so lange sensibilisiert – und das gilt für den gesamten Mittelmeerraum.

Wie auch immer, der Empordà war das Tor zu einer Grenzmark und diese stand nach allen vier Himmelsrichtungen hin offen. Und höchstwahrscheinlich ist aus der natürlichen Reaktion gegen die Invasionen vom Meer seine maritime Tradition entstanden. Weil es gefährlich war, wurde das Meer zum großen Geschäft. Kurzum, unser Land ist eine Mark – offen und mit schwerem Leben.

Übersetzt von Roger Friedlein

Colm Tóibín

Ein zerbrechliches Land

Eines Abends in der letzten Aprilwoche saß ich in der Stunde vor Einbruch der Dämmerung auf den Stufen der Kathedrale und beobachtete, wie am Himmel die ersten Mauersegler auf und nieder schossen. Unvermittelt wurden sie schneller und gerieten außer Rand und Band, dann wieder glitten sie eine Zeitlang ruhig über dem Hotel Colón und der Via Laietana dahin.

Mir kam in den Sinn, wie ich sie das erste Mal im April 1977 gesehen hatte, als noch unklar war, wie sich die Dinge hier entwickeln würden, als alle gleichsam den Atem anhielten, vereint durch den gemeinsamen Wunsch nach Autonomie für Katalonien. Es muss am Tag von Sant Jordi gewesen sein, denn auf der Plaça de Sant Jaume wimmelte es von Menschen. An der Wand des Rathauses hing noch immer die Gedenktafel mit der Inschrift, dass der Bürgerkrieg vorüber und die »Rote Armee« von Franco besiegt worden sei. Ich weiß noch, wie jemand sagte, jetzt, da der Platz so voll sei, könne man sie leicht herunterreißen oder verschandeln. An diesem Tag, nur wenige Monate, bevor sich alle in Fraktionen und politische Parteien aufsplittern sollten, erscholl der süße Ruf nach Freiheit. Und genau an diesem Tag waren auch die ersten wackeren Mauersegler in die Stadt zurückgekommen.

Diese Woche im April 1988, elf Jahre später, sollte mir eine Lehre sein, für den Fall, dass ich vergessen haben sollte, wie politisch alles noch immer war. Politik bildete hier die Form, aus der heraus alles seine Gestalt erhielt: von der Kunst bis zur Religion, vom Fußball bis zu einem Besuch des Königs von Spanien.

Letzterer sollte am Vortag des 23. April stattfinden, jenem Festtag zu Ehren von Sant Jordi, dem Drachentöter und Schutzpatron von Katalonien, der im ganzen Land auf Wandteppichen, Buntglasfenstern und Gemälden dargestellt ist. Mit der Anwesenheit des Königs bei einem Empfang im Palau de la Generalitat wollte man Kataloniens tausendjähriges Bestehen feiern, auch wenn niemand so recht an die historische Richtigkeit dieses Jahrtausendjubiläums glaubte, und es war vielleicht kein Zufall, dass der Präsident der Generalitat, Jordi Pujol, der mit seiner Regierung eine dritte Amtsperiode anstrebte, die Wahlen fünf Wochen später gewann.

In der ganzen Stadt hingen Protestplakate gegen den königlichen Besuch. Einige zeigten Pujol, einen schon immer kleinen Mann, wie er auf dem Schoß des Königs saß. Angebracht hatte sie *La Crida,* eine Gruppe extremer Nationalisten, die auch in den Palau de la Generalitat eingebrochen war, um die spanische Flagge herunterzuholen, die sie am nächsten Tag großspurig zurückbrachten. Sie kündigten zudem an, dass sie die Rede des Königs von einem nahe gelegenen Dach aus mit Feuerwerkskörpern stören würden. Und am gleichen Tag entdeckte man bei einer Razzia außerhalb der Stadt Sprengstoff im Auto zweier Mitglieder der kleinen katalanischen Terroristengruppe *Terra Lliure.*

Am Morgen des 22. April standen überall Sicherheitskräfte. Montserrat Caballé, die Königin der katalanischen Kultur, sollte singen, es würde mittelalterliche Musik und etliche Reden geben. Die Stimmung war angespannt. Pujol erklärte später gegenüber Journalisten, dass er, als die Pauken der mittelalterlichen Musik einsetzten, geglaubt habe, es sei eine Bombe. Er und ein Historiker hielten ihre Reden sowohl auf Spanisch als auch auf Katalanisch; Pujol rühmte die einstige Größe Kataloniens, der Historiker umriss in seinem Vortrag den unabhängigen Geist des Landes im zehnten Jahrhundert. Kaum hob der König jedoch

an zu sprechen, setzte das Feuerwerk ein. Es klang wie Artilleriefeuer oder die Explosion einer kleine Bombe, und es kam jedem sehr nah vor, tödlich nah. Der Krach erschütterte das ganze Gebäude. Alle versuchten ihn zu ignorieren, schauten geradeaus und taten so, als ob nichts sei. Jeder wusste, dass es sich nur um das Knallen von Feuerwerkskörpern handelte, doch erinnerten sie jeden an ein anderes Knallen, welches man fünfzig Jahre zuvor in denselben Straßen nur allzu oft gehört hatte. Die in bestimmten Abständen explodierenden Kanonenschläge schienen zu spotten: Seht her, was wir mit euch anstellen könnten, wenn wir nur wollten. Sie hörten erst auf, als man das Dach im Passeig del Crèdit ausfindig gemacht und die Täter festgenommen hatte.

Zu diesem Zeitpunkt pries der König in seiner auf Katalanisch gehaltenen Rede bereits »das Geschick und den Fleiß« des katalanischen Volkes, bezeichnete dessen von Franco verbotene Sprache als »den lebendigen Ausdruck einer großen Kultur« und verwies auf die Verstandeskraft der Katalanen und ihre Nähe zu Europa. Der König schien mit seinen Untertanen in Katalonien zufrieden zu sein und zudem glücklich darüber, sich der Landessprache bedienen zu können, wenn auch mit starkem ausländischem Akzent.

Später wurde im orangenbaumbestandenen Innenhof des Palau de la Generalitat Champagner und Räucherlachs gereicht. Es schien ein heißer Tag zu werden. Gemeinsam mit Pujol ging der König von einer Gruppe zur anderen. Der Innenhof schwirrte von den Gesprächen der geladenen Gäste, die allesamt der Oberschicht angehörten, von der eigentümlichen Grammatik und Morphologie der katalanischen Sprache, diesen abgehackten, harten Lauten, diesem tiefen Ernst, diesem Stolz auf Modernität und Fortschritt. Der König machte einen freundlichen Gesichtsausdruck, er lachte und strahlte. Man hatte sowohl Künstler und bedeutende Persönlichkeiten eingeladen als auch Politiker, jedoch keine Gewerkschaftler. Pujols Partei vertrat die bürgerlichen Werte und konservativen Kräfte. Dies war der Tag, um Stärke und Beständigkeit zu demonstrieren. Der König stand auf ihrer Seite.

Am nächsten Tag feierte man Sant Jordi und bei einer Demonstration auf den Ramblas war auf einem der Plakate der König in seiner früheren Rolle als Francos Erbe zu sehen, wie er in Militäruniform neben dem Diktator marschierte. »*Fora el Rei Borbó*« hieß es auf den Transparenten, »Raus mit dem Bourbonenkönig«. Auch eine lebensgroße Nachbildung von Jordi Pujol, um deren Hals diverse antispanische Losungen hingen, hatten die Demonstranten dabei. Die Trotzkisten, die Grünen, die Schwulenbewegung, ja sogar ein paar Burschen, die Geld für die Böller bei einem bevorstehenden Fußballspiel sammelten – alle hatten sie ihre Stände auf den Ramblas.

Die Hauptsache an diesem Tag war jedoch nicht zu protestieren, sondern die Liebe und die Kultur zu feiern. Sant Jordi ist der Tag des Buches und der Rose, der Tag, an dem jeder Mann seiner Freundin, Frau oder Lebensgefährtin eine Rose und sie ihm ein Buch schenkt oder auch umgekehrt. Die Stadt glich einem einzigen großen Buchladen. Sowohl die spanischen als auch die katalanischen Verlage hatten neue Titel herausgebracht, den Zeitungen waren Literaturbeilagen beigefügt und an allen Rosen waren kleine katalanische Fahnen befestigt. Am Nachmittag wurden auf beiden Seiten der Ramblas, von der Plaça de Catalunya bis hinunter zum Hafen, an Ständen Bücher verkauft. Einige waren auf politische Bücher spezialisiert, andere auf Kinderbücher, Bilderbücher, katalanisch- oder spanischsprachige Neuerscheinungen, und an allen Buden waren die Signierstunden mit den Autoren sehr gefragt.

Jedermann schien diesen Tag hier ernst zu nehmen. Auf den Straßen sah man überall junge Männer, die mit Rosen auf dem Weg zu ihren Liebsten waren. Ein reich aussehender alter Mann trug einen großen Kunstband

unter dem Arm, während seine Frau neben ihm eine prächtige Rose in der Hand hielt. Eine große Menschenmenge wälzte sich die Rambla hinauf und hinunter und begutachtete dabei all die neuen Bücher. Ein Durchkommen war nahezu unmöglich. Ich setzte mich eine Weile vor die Bar del Pi auf die Plaça del Pi, wo ich drei Pärchen Anfang zwanzig beobachtete, die bisher weder Rosen noch Bücher hatten. Endlich zogen die drei Jungen los und kamen bald darauf mit Rosen zurück. Sie küssten die Mädchen in aller Form und überreichten ihnen die Blumen. Es war eine ganz ernste Angelegenheit. Dann gingen die Mädchen, um auf den Ramblas Bücher zu kaufen; und als die Jungen sie ausgepackt hatten, zeigte sich, dass sie alle von Sex handelten, einschließlich eines Titels in Katalanisch darüber, wie man mit einer Frau schläft, und eines neuen pornographischen Romans in Spanisch. Keiner kicherte oder lachte. Die Bücher gingen von Hand zu Hand, und sie wiesen einander auf besonders wichtige Passagen hin.

In der ganzen Stadt hatte man an diesem Tag die katalanische Flagge mit den vier roten Streifen vor gelbem Hintergrund auf den Balkonen gehisst, um zu bekunden, dass es sich um einen katalanischen Feiertag handelte. Vor der Markthalle an den Ramblas, der Boqueria, tanzte man am Nachmittag *Sardana*, den katalanischen Nationaltanz. Für die katalanischsprachige Zeitung ›Avui‹ hatte Salvador Dalí eine Sant-Jordi-Illustration gezeichnet, seine erste seit fünf Jahren, und in der anderen katalanischen Zeitung erschien das Ergebnis einer Umfrage, derzufolge vierzig Prozent aller Katalanen die Unabhängigkeit von Spanien befürworteten.

Ein paar Tage später war das Fest der Madonna von Montserrat, Kataloniens Schutzpatronin. Am Morgen des Feiertags, dem 27. April, fuhr eine große Menschenmenge in Autos und Bussen hinauf nach Santa Maria de Montserrat, eine der heiligen Stätten Kataloniens. Seit dem zwölften Jahrhundert, aus dem die berühmte Schwarze Madonna stammt, ist das Benediktinerkloster ein Wallfahrtsort; seine Bedeutung ist aber nicht nur religiöser Art, es steht wie ein Leuchtfeuer vor der Stadt und ist Kataloniens geistiges Zentrum. Im Laufe der letzten fünfzig Jahre ist das auf dem östlichen Gipfel des gleichnamigen Gebirges gelegene Kloster dank des Wirkens liberaler Äbte für die Katalanen zu einer Art Symbol der Hoffnung und der Freiheit geworden. Jordi Pujols Partei hielt dort 1973 ihr erstes Treffen ab, und 1970 gehörte Joan Miró zu jenen, die aus Protest gegen das Franco-Regime nach Montserrat marschierten.

Die Scheiben des Busses waren beschlagen, als wir uns an diesem nebligen Morgen von der Plaça Universitat aus auf den Weg machten. Ich war der jüngste der Fahrgäste, die anderen waren alle mittleren Alters und redeten durchweg Katalanisch mit mir. Meine Mitreisenden unterschieden sich eindeutig von jenen Katalanen auf dem Empfang für den König, die allesamt Macht, Geld und Zufriedenheit ausgestrahlt hatten, waren aber auch anders als die wesentlich jüngeren Menschen auf den Ramblas, die an Sant Jordi Bücher gekauft hatten und sich in Kleidung, Umgang und Ansichten betont post-franquistisch gaben. Im Bus nach Montserrat saßen dagegen konservative Katalanen aus der unteren Mittelschicht, die Basis von Pujols Anhängerschaft, Büroangestellte und kleine Ladenbesitzer, die sowohl an Gott als auch an Katalonien glaubten. Montserrat war ihr Mekka, obgleich sie, wie es sich für gute Katalanen gehörte, diesbezüglich und auch in allem anderen Diskretion und Zurückhaltung an den Tag legten.

Wenn man den Berg das erste Mal von der Straße aus erblickt, bekommt man einen Schreck, so steil erhebt er sich, so weiß und glatt ist sein Fels, so konisch seine Form; er sieht künstlich aus, so als hätte ihn jemand eigens erbaut. In einer langen Kolonne von Bussen

und Pkws, die alle noch rechtzeitig zur Messe kommen wollten, kroch der Bus die Serpentinen hinauf.

Die Gebäude rings um die Kirche sind funktionell und schmucklos. An diesem Morgen wirkte die ganze Klosteranlage grau und abweisend. Der Nebel war in Nieselregen übergegangen, was bedeutete, dass die Schwebebahn, die zum Gipfel führte, nicht verkehrte. Wir drängten in die Kirche, wo es inzwischen nur noch Stehplätze gab. Die Messe wurde in katalanischer Sprache gelesen; alle kannten die Erwiderungen. Andächtig lauschten die Leute der Predigt, in der die Bedeutung der Religion in Katalonien hervorgehoben und erklärt wurde, dass katalanische Identität und christlicher Glaube miteinander verbunden sind. Es waren nationalistische Worte für eine Zuhörerschaft, die sich geneigt zeigte, die Religion zu einer Facette des in Katalonien wiedererwachenden Nationalbewusstseins zu machen.

Danach bildete sich vor der Schwarzen Madonna hinter dem Hauptaltar eine Schlange aus Gläubigen, die ihre Hand küssen wollten. Anders als es die Spanier mit ihren Heiligenfiguren machten, würde man sie nicht in einer Prozession den Berg hinuntertragen, sondern würdevoll an ihrem Platz lassen. Da der Regen wieder in Nebel überging, schickte sich die Menge an, vor der Kirche Sardana zu tanzen und damit ein weiteres Mal ihre nationale Einheit am Feiertag der Schutzpatronin zu zelebrieren.

Ich wanderte die Serpentinen hinunter. Obwohl der Himmel noch immer wolkenverhangen und grau war, klarte es allmählich auf. Im Hotel Colonia Puig, ein Denkmal vergangener Tage, machte ich Rast, um dort zu Mittag zu essen. Seine großen Säle stammten aus den zwanziger und dreißiger Jahren und waren völlig unverändert, wie auch die Leute in der Kirche und im Bus einer Zeit anzugehören schienen, die längst vorüber war.

Als ich danach weiter den Berg hinunterwanderte, bemerkte

ich auf einer Wiese eine Frau, die Blumen pflückte, und kurz darauf begegnete ich einem Mann, der mich auf Spanisch fragte, ob ich eine Frau mittleren Alters gesehen hätte. Nachdem ich ihm erklärt hatte, wo er sie finden würde, fragte er mich, wohin ich wolle. Nach Barcelona, antwortete ich, ich wüsste aber noch nicht genau wie, worauf er erwiderte, dass er mich in seinem Auto mitnehmen könnte, sobald er seine Frau aufgelesen hätte.

Beide sprachen Spanisch und stammten aus Madrid. Sie erzählten, dass sie Rentner und extra zu dem Wallfahrtstag nach Montserrat gefahren seien. Aber was sie gesehen hätten, sage ihnen gar nicht zu. Der Berg sei sehr schön und die Reise habe ihnen Spaß gemacht, das Problem sei jedoch die Sprache: Sie hätten weder von der Messe noch von der Predigt ein Wort verstanden. Und dabei befänden sie sich doch in ihrem eigenen Land, wie sie betonten. Zu allem Unglück hatte die Frau noch versucht, ein paar Heiligenbilder mit aufgedruckten Gebeten zu kaufen, doch es hatte nur welche auf Katalanisch gegeben, weshalb sie unverrichteter Dinge gehen musste. Sie schüttelte den Kopf und seufzte. Stellen Sie sich das vor, sagte sie, stellen Sie sich das mal vor.

Ob das jetzt überall so sei, fragten sie mich. Ja, antwortete ich. Es gebe einen katalanischen Fernsehsender, mehrere Radioprogramme, zwei Tageszeitungen, katalanische Schilder in den Geschäften und in Barcelona seien sämtliche Straßennamen katalanisch. Der Mann erzählte, dass er das erste Mal 1939 in Barcelona gewesen sei, eine großartige Stadt damals, und ich fragte mich insgeheim, was er 1939 wohl dort gemacht hatte. Er hätte nicht gewusst, dass die Dinge jetzt so schlecht stünden. Das habe er sich nicht vorstellen können, sagte er.

Was wollt ihr Katalanen?, fragte mich seine Frau. Warum müsst ihr unbedingt alles auf Katalanisch haben? Der Mann drehte seinen Kopf zu ihr und sagte, er glaube nicht, dass ich Katalane sei. Aber seine Frau

war sich sicher, bis ich ihr erzählte, dass ich aus Irland komme. Mein Spanisch klang zwar eindeutig nach Ausländer, aber sie hatte angenommen, dass mein Akzent von dieser neuen Ordnung in Katalonien herrühre, die sie und ihr Mann so verwirrend und abstoßend fanden. Einen Augenblick lang hielt sie inne, doch dann fuhr sie fort: Sie könne nicht begreifen, warum die Katalanen nicht nur untereinander Katalanisch sprachen. Bei großen Anlässen wie eben diesem Feiertag von Montserrat müsse es doch wohl möglich sein, Spanisch zu sprechen, die Sprache, die jeder verstehe. Daraufhin sagte sie nichts mehr, und ich fühlte mich angesichts ihrer Härte und Feindseligkeit für den Bruchteil einer Sekunde ebenso machtlos und gekränkt wie sie. Schweigend fuhren wir weiter, bis wir feststellten, dass wir falsch abgebogen waren. Sie wollten nach Madrid zurück und hatten vorgehabt, mich am nächsten Bahnhof abzusetzen, doch inzwischen waren wir zu weit gefahren. Es tat ihnen furchtbar leid und sie zeigten sich aufrichtig besorgt, wie ich denn nun nach Barcelona gelangen würde. Wir verabschiedeten uns auf Spanisch, der Sprache, die sie kannten und liebten, an der Autobahnauffahrt nach Barcelona.

Ich wurde von einem der ersten Autos, die vorbeikamen, mitgenommen. Der Fahrer war allein, Anfang vierzig und Katalane. Als ich ihm erzählte, wo ich herkam, sah er mich an, als sei ich nicht ganz bei Trost. Aus dem Autoradio dröhnte Rockmusik und er trug modische Sachen. Während wir gemeinsam auf die Stadt zurasten, hatte er Montserrat und alles, wofür es stand, schon weit hinter sich gelassen. In den späten siebziger Jahren habe er in einem der vornehmen Barceloniner Außenbezirke eine Bar gekauft, erzählte er mir, eine wahre Marktlücke. Die jungen Katalanen gehörten zu einer neuen Generation, sie würden nicht mehr in altmodische Bars oder laute, gewöhnliche Diskos gehen; sie wünschten sich moderne, coole Locations in einer raffinierten Mischung aus Alt und Neu. Er hätte diesen neuen Typ Bar kreiert, viel Geld hineingesteckt, und jetzt laufe es gut. Seit Francos Tod, erklärte er, hätten sich Barcelona, die Gewohnheiten der Menschen und auch der Markt verändert. Die jungen Leute seien jetzt ganz anders.

So anders, meinte er, dass man seine Idee aufgegriffen habe und nun überall in der Stadt neue Kneipen eröffnet würden. Da habe er eine weitere Marktlücke entdeckt: Er habe seine Bar verkauft (obwohl die Geschäfte noch immer gut gingen, erklärte er, irgendwann solle ich dort ruhig mal vorbeischauen) und begonnen, schickes Mobiliar für die neuen Kneipen zu entwerfen, was ganz gut laufe, er beschäftige eine Menge Angestellte. Barcelona verändere sich praktisch jeden Tag. Damit müsse man Schritt halten. Es machte ihm Spaß, so daherzureden, und ich hatte meinen Spaß, ihm zuzuhören, wie er so voller Überzeugung und Unschuld die Demokratie nach dem Tod des alten Diktators als Marktlücke und eine neue Möglichkeit für Riesengewinne interpretierte. In dieser Woche im April 1988 hatten auch zufällige Begegnungen mit katalanischen Geschäftsleuten politische Nuancen und Nachhall.

Es war die gleiche Woche, in der die riesige Ausstellung »Tàpies: Els anys 80« mit den jüngsten Arbeiten von Antoni Tàpies in den beiden mittelalterlichen Gebäuden an der Plaça del Rei, der Sala Tinell und der Kirche Santa Àgata, ihre Pforten öffnete. Das *Ajuntament*, die Barceloniner Stadtverwaltung, hatte die Schirmherrschaft übernommen und zudem einen prachtvollen 274-seitigen, vierfarbigen Katalog drucken lassen.

Auch Antoni Tàpies' Name stand noch für etwas anderes als Kunst: nämlich für den Geist des Widerstands gegen Franco in den sechziger und siebziger Jahren. Seine Gemälde, so abstrakt und philosophisch sie wirken mochten, beinhalteten oft eine direkte politische Botschaft. Seine Aktionen hatten ebenfalls regelmäßig einen offen

politischen Charakter, wie beispielsweise 1966 die Teilnahme an der Besetzung des Kapuzinerklosters von Sarrià, wegen der er festgenommen und zu einer Geldstrafe verurteilt worden war, die Beteiligung am Protestmarsch nach Montserrat 1970 und sein Engagement bei der Kampagne für Amnestie und Demokratie nach 1975.

»Tàpies' katalanische Identität«, heißt es in einem Aufsatz des Katalogs, »ist eine Konstante seiner Laufbahn, aus der künstlerische Geschlossenheit und Kontinuität seines Schaffens erwachsen ist … An vielen Motiven in Tàpies' Werken sind Bezüge zu seinen katalanischen Wurzeln zu erkennen, aber seine katalanische Identität kann auch noch auf einer tieferen, technischen und formalen Ebene interpretiert werden. Die Bedeutung der Kunstfertigkeit für seine Arbeiten, insbesondere die profunde Kenntnis der verwendeten Materialien, ist im Zusammenhang mit Kataloniens traditioneller Handwerkskunst zu sehen. Und Tàpies' intellektuelle Haltung zum Mystizismus, zum Esoterischen und Magischen erklärt sich schließlich auch durch seine katalanische Identität.« Der Katalog erschien auf Katalanisch mit kleingedruckten Übersetzungen ins Spanische und Englische im Anhang, aber die Titel seiner Arbeiten in der Ausstellung waren nur katalanisch.

Tàpies ist ein zurückhaltender Mensch. Bei der Pressekonferenz zur Eröffnung zuckte er häufig die Schultern und beantwortete die Fragen der Journalisten in abwesendem, sich selbst abwertendem Tonfall. Irgendwann stahl er sich davon, sodass die Organisatoren der Ausstellung die Fragen allein beantworteten. Die ausgestellten Werke bildeten den Rückzug des öffentlichen Antoni Tàpies hin zum privaten Künstler. Die Gemälde waren groß, groß genug für die hohen gotischen Säle an diesem bedeutenden Platz seiner Geburtsstadt.

In einem im Katalog abgedruckten Interview erklärte er: »In der Zeit, als Franco auf der Höhe seiner Macht war, glaubte ich, bestimmte deutlichere politische Botschaften könnten dazu beitragen, die allgemeine Abscheu gegen das Regime zu stärken. Solche Botschaften tauchen seit einigen Jahren nicht mehr auf.« Die Politik hatte ihn der Notwendigkeit enthoben, etwas Politisches zu malen. Es stand ihm jetzt frei, verspielt und obskur zu sein. Francos Tod lag dreizehn Jahre zurück, und dies war sein Vermächtnis: Ein Künstler musste nicht länger protestieren, er konnte den Blick endlich wieder nach innen richten.

An diesem Abend kam die Schickeria zur Vernissage. Tàpies wirkte etwas erschrocken, aber er harrte dennoch aus, selbst als der Bürgermeister von Barcelona schon gegangen war. Mit wirrem, unordentlichem Haar beobachtete er alle eulenhaft und leicht skeptisch. »Der Künstler«, hatte er geschrieben, »muss immer so etwas wie ein einsamer Vogel sein, ein rastloser Geist, der stets für Unruhe sorgt … und das wird er auch in Zeiten des demokratischen Sozialismus tun.«

Die schicken Herrschaften trugen allesamt Designerkleidung, Designerschuhe und Designerbrillen. Langsam, elegant und aufmerksam gingen sie von Gemälde zu Gemälde. Sie fanden nichts Seltsames an den Arbeiten. Niemand winkte einen Freund herbei, damit er das außergewöhnliche Objekt an der Wand betrachtete, bei dem der Künstler zwei Hälften eines zerbrochenen Stuhls in die Leinwand gesteckt hatte. Sie waren seinem Werk gewachsen, dem Gebrauch von altem Schaumstoff, alten Türen, alten Bucheinbänden, von Leim, Zeitungen, Zahlen, Schnörkeln, Klecksen und Kreuzen. Wenn man die Stadt nicht kennen würde, hätte man sich gefragt, woher sie kamen: Spanier konnten es nicht sein, es gab zu viele Blonde und Hellhäutige darunter. Sie mussten von irgendwoher kommen, wo man Design und Modernität schätzte, aus Mailand vielleicht, nur dass einige Gesichter zu dunkel und zu derb aussahen und dass ihre Wachsamkeit und ihr Selbstbewusstsein wohlüberlegt wirkten. Zwei Mädchen trugen hautenge Leggings, aber niemand

machte ihnen schöne Augen oder starrte sie an. Die sexuelle Atmosphäre war kontrolliert und frei von Macho-Idealen. Teilweise verlief die Konversation sehr angeregt, die Leute hörten aufmerksam zu, kräuselten die Lippen, gestikulierten mit den Armen, zuckten die Schultern, berührten einander und niemand sprach Spanisch. Diese Zusammenkunft stellte durch und durch katalanischen Schick zur Schau, ganz so, als sei alles – die Gemälde, der Anlass, das Gebäude, die Kleidung – schon immer so gewesen. Es handelte sich hier nicht nur um ein Zusammentreffen von Menschen, die nach Franco wieder zu sich selbst gefunden und ihn vergessen, sondern die ihn vor allem abgeschüttelt hatten.

Es war die letzte Aprilwoche, und mir erschien das Leben in der Stadt allmählich wie eine lange Reihe von symbolischen Ereignissen, aus denen sich moralische Schlussfolgerungen über den Zustand der nationalen Psyche ziehen ließen. Die Politik sog alles auf, was geschah, um es dann in den Farben der katalanischen Fahne wieder auszuspeien. Es war wie in Irland. Aber hier wie sonst nirgendwo bedeutete der Fußball alles. *El Barça,* der reichste Fußballklub der Welt, fungierte als stärkstes Sinnbild für die Größe der Stadt und Kataloniens Schicksal; es war mächtiger als das Liceu, die Sagrada Familia oder Montserrat, denn seine Geschicke konnten sich wenden: Wenn die Mannschaft verlor, schwächte dies womöglich die Stadt und das Land. Siegte sie aber, dann gewann auch ganz Katalonien mit seiner großen Tradition und glänzenden Zukunft und erstrahlte in hellem Licht.

Ich entsinne mich noch, wie ich an einem Samstag im Frühsommer 1981 in die Stadt gekommen war, mein Gepäck im Hotel abgestellt hatte und ohne irgendeine Zeitung zu kaufen oder irgendwen anzurufen einfach spazieren ging und dabei zufällig an einem Kino vorbeikam, in dem erstmals der von Franco verbotene Fellini-Film ›La Dolce Vita‹ gezeigt wurde. Er war ein bisschen in die Jahre gekommen, aber immer noch sehenswert. Als ich nach dieser sanften Begegnung mit Sex wieder ins Freie trat, schien die Stadt zu brennen. Ich schlenderte hinüber zu den Ramblas, wo sich auf beiden Seiten die Autos stauten, deren Hupen immer wieder im Elf-Töne-Rhythmus des Sieges erklangen. Rasend vor Begeisterung und Jubel gingen die jungen Kerle auf jeden einzelnen Wagen los, trommelten auf das Dach und klopften an die Fensterscheiben. Die Leute im Innern lachten, der Fahrer drückte auf die Hupe, und dann ließen die Burschen von dem Auto ab und wandten sich dem nächsten zu, stellten sich vor die Motorhaube, damit es nicht eher weiterfahren konnte, als bis es von ihnen bearbeitet worden war. Einige der Fahrer hatten wie ich keine Ahnung, was da vorging, und versuchten erschrocken zu beschleunigen und ohne Ärger an ihnen vorbeizukommen, aber auch sie wurden angehalten und erst wieder freigegeben, als der Fahrer schon wütend wurde.

Der FC Barcelona war Meister geworden. Und nicht nur das: Im Camp Nou, El Barças eigenem Stadion, hatte man Real Madrid geschlagen. Das obere Ende der Ramblas war voller jubelnder und schreiender Leute, die katalanische Fahnen schwenkten oder sie um die Schultern trugen. Einige Autos fuhren im Kreis um das Stadtzentrum; die Insassen riefen Siegesparolen, ließen Fahnen flattern und erklärten sich zu Siegern. Dass man Madrid eine Niederlage bereitet hatte, war ein besonderes Vergnügen.

Junge Katalanen kamen mit Flaschen voll billigem Sekt, um sich selbst und ihre Gefährten damit zu begießen, bevor sie danach wieder die Autos stoppten. Nicht einmal kam es während der nächsten zwei Stunden in der Stadt zu irgendwelchen Gewalttaten, keines der Autos wurde beschädigt. Es war die reine, uneingeschränkte Freude, die sich hier bis tief in die Nacht hinein Ausdruck verschaffte.

Sieben Jahre später, im April 1988, umgab El Barça und das Camp Nou eine düstere Atmosphäre. Im Klub

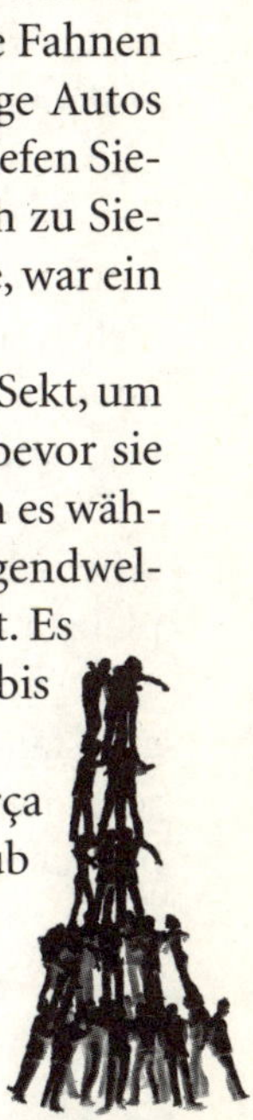

gab es Differenzen, große Meinungsverschiedenheiten zwischen den Spielern und dem Management. Einige beschuldigten die Mannschaft, andere den Vereinspräsidenten Josep Lluis Nuñez. Man drängte sich nicht mehr zu den Spielen im Stadion Camp Nou, die Zuschauermassen blieben aus. Unterhalb der Pressetribüne saßen jene Männer, die den Fußball in dieser Stadt machten, die Besitzer des Vereins. In ihren dunklen Anzügen oder blauen Klubjacken und Segeltuchhosen konnte man sie kaum übersehen; sie hoben sich vom sonstigen Publikum ab. Manche meinten, es würde erst besser werden, wenn der Präsident Nuñez ginge. Andere Kommentatoren schrieben, Fußball sei doch nur ein Sport, das Camp Nou nur ein Fußballplatz und El Barça nur eine Mannschaft aus elf Aktiven; bevor die Katalanen dies nicht erkennen und damit aufhören würden, El Barça als Symbol zu betrachten, käme nichts in Ordnung. Jeder hatte seine Meinung darüber, was mit dem Klub passieren müsste.

In dieser letzten Aprilwoche gaben die Spieler eine Erklärung ab, mit der sie Nuñez das Vertrauen entzogen. Zwar hatten sie in Madrid die *Copa del Rey*, den Königspokal, gewonnen, wonach es auf den Ramblas zu bescheidenen Feiern gekommen war, in der Liga jedoch lagen sie weit hinten, und es gab keine Chance mehr für sie, Meister zu werden. Ende April mussten sie am letzten Spieltag gegen Real Madrid antreten, aber selbst wenn sie gewannen, konnte das nichts mehr ändern. Die Fußballer sollten sich auf das Spiel konzentrieren, fanden manche Leute.

Den einzigen entfernten Anflug von Fußballrandale bescherte Barcelona ein kleines Häufchen auf den vorderen Stehplätzen des Camp Nou. Dort wurde gejubelt, gepfiffen, auf eine Pauke geschlagen und billige Knaller geworfen, wenn es gut stand. Als sich die Gruppe an diesem Abend jedoch zu sehr dem Spielfeldrand näherte oder Böller warf, aus denen bunter Rauch aufstieg, bekam sie es mit der Polizei zu tun.

Aber es handelte sich nur um ein Spiel. Das Niveau der gegen den Präsidenten Nuñez ausgestoßenen Beleidigungen war allerdings ernst. Umringt von seinen Getreuen saß er im Stadion, während sie das ganze Spiel hindurch mit den Fingern auf ihn zeigten, als sei *er* es, der die Spiele verloren habe, als sei *er* ein mieser Politiker, als regiere *er* das Land. Und das tue er ja auch, sagte jemand zu mir, er regiere das Land tatsächlich. Der Klub sei ebenso wichtig wie die Regierung. Das müsse man begreifen.

An diesem Abend in der letzten Aprilwoche, als die ersten Mauersegler am Himmel über der Stadt erschienen, schaute ich mir das Spiel an, sah, wie unsere Mannschaft bei Einbruch der Dunkelheit siegte, aber es war kein Fußball, sondern ein gewaltiger historischer Prunkzug, mit dem ein zerbrechliches Land seine geheiligten Symbole vorführte.

Übersetzt von Reinhard Ulbrich

Josep M. de Sagarra

Die geschmähte Sprache

Es waren einmal zwei Nationen auf dieser jämmerlichen und elenden Welt; die eine spielte die Unterdrückerin, die andere die Unterjochte. Unter den vielen Vorzügen der geknechteten Nation stach die Muttersprache ihrer Bewohner hervor, eine Sprache, die bald so süß und weich wie eine Honigwabe, bald so funkelnd und hart wie ein Diamant war, und immer verströmten die Worte dieser Sprache einen derartigen Duft von feuchter Erde und Meeressalz, dass es einem schier schwindelig wurde.

Dieser Sprache war ein bitteres Los beschieden: In der geknechteten Nation wimmelte es nur so von Pedanten, die sie auf übelste Weise misshandelten, entstellten und verfälschten. Trotz dieses Unglücks hüteten die Einheimischen des unterjochten Landes ihre Sprache wie ihren Augapfel und zeigten sich so von ihr eingenommen, dass sie unentwegt den Zorn der Unterdrücker heraufbeschworen, die bestimmt überglücklich gewesen wären, hätten sie die vortreffliche Sprache mit Stumpf und Stil ausrotten können.

Unter Vorgabe freundschaftlicher Absichten stattete der Sultan der Unterdrückernation der Hauptstadt der Unterjochten eines Tages einen Besuch ab. In seinem Gefolge befand sich auch sein Großwesir, also der oberste Beamte. Bei einem Festessen zu ihren Ehren erging sich der Großwesir, der stämmig und bärbeißig ausgesehen haben soll, in vielen Schmähungen gegen die Sprache der Unterjochten, denn er war ein Großmaul und hielt seine Zunge nie im Zaum. Diese Grobheiten mussten im Rahmen des feierlichen Festaktes als wahre Beleidigungen aufgefasst werden, doch lösten sie bei den geladenen Vertretern des geknechteten Volkes offenbar keinerlei Proteste aus.

Die Wut der Unterdrücker auf die süße Sprache war dermaßen groß, dass sie das wunderlichste Gebaren an den Tag legten und fast immer die lächerlichsten und absurdesten Standpunkte vertraten. Ein im Grunde genommen unbedeutender Vorfall soll verdeutlichen, wie die Unterdrücker jedes Mal ihren gesunden Menschenverstand einbüßten, wenn es um die Sprache der Unterjochten ging. Von diesen heißt es, sie hätten einst auf einem am Meer gelegenen Berg ihrer Hauptstadt große Gärten angelegt und bepflanzt. Man baute die Parkanlagen, weil auf dem Berg eine große Ausstellung mit wunderbaren, geheimnisvollen Dingen aus allen Ländern des Orients stattfinden sollte. In diesen Gärten gab es hübsche Beete mit herrlichen tropischen Blumen, und da das Publikum sehr gemischt war, hatte die Parkverwaltung Schilder in der Sprache der Unterjochten aufgestellt, auf denen die Besucher ermahnt wurden, die Blumenrabatten mit dem gebührenden Respekt zu behandeln. Eines Nachmittags geschah es nun, dass Leibwächter des Sultans der Unterdrückernation durch die Gärten ritten. Als sie die Schilder in der Sprache gewahrten, die ihnen ein so großes Missbehagen bereitete, gaben sie ihren Pferden wutentbrannt die Sporen und zertrampelten und zerstörten die herrlichen Blumen, ohne sich um Allah oder den Teufel zu scheren. Dieser Vorfall empörte natürlich die Gärtner und Besucher, und es kam zu einem furchtbaren Tumult, bis schließlich der Direktor der Gärten erschien und den rücksichtslosen Kriegern, die ihre Tat damit begründeten, die Sprache auf den Schildern nicht zu verstehen, folgende Rede hielt: »Wenn ihr nach Kabul, Samarkand oder Kalkutta reist und dort die Gärten des Sultans besucht, braucht es keine Schilder, um euch daran zu hindern, die Blumen mit den Hufen eurer Pferde zu zertrampeln. Diese Schilder in unserer Sprache richten sich nicht an euch, die ihr zu Anstand

und Rücksichtnahme verpflichtet seid, sondern an die Diebe und das Gesindel, die, wenn man ihnen nicht das strenge Verbot vor Augen stellt, unbedacht handeln und nichts achten. Also, verschwindet mit euren Pferden und hört auf, euch so lächerlich zu benehmen.« Auf diese Worte hin trabten die Krieger davon, und die Leute im Park gingen wieder unbekümmert ihres Wegs, so als wäre nichts geschehen.

Vorfälle dieser Art waren überaus häufig, aber die Bewohner des unterjochten Landes gehörten zu den Nationalisten der bequemen Art: Zuerst veranstalteten sie großes Geschrei, und nachher rührten sie keinen Finger. Der männliche Elan und Kampfgeist dieser Nichtsnutze löste sich sofort in Luft auf, sobald man ihnen einen Teller Reis und ein Glas Wein vorsetzte.

Von diesem Land erzählt man sich etwas sehr Merkwürdiges. Es heißt, dass sich die Bewohner zu einem kolossalen Festessen zusammenfanden, um wieder einmal, wie schon so oft, ihre Unterjochung zu bekräftigen; die einen behaupten, es sollen achttausend gewesen sein, die ihre Tragödie beim Essen und Trinken gefeiert haben, andere wiederum sagen, es seien nicht mehr als fünftausend gewesen. Nun, ob so oder so, die Episode entbehrt jedenfalls nicht einer gewissen Komik.

Geschätzte Leser von ›La Publicitat‹: Ich habe hier die Geschichte eines unbekannten Erzählers aus dem Morgenland zum Besten gegeben, die ich dank meiner Arbeit ans Licht bringen konnte. Man möge mir die fehlende Originalität dieses Artikels verzeihen, aber der Quell der Fantasie sprudelt nicht immer nach unserer Lust und Laune. Ein anderes Mal werden wir vergnüglichere Dinge berichten.

[17. September 1922]

Übersetzt von Charlotte Frei

Màrius Serra

Umbruch (Ein noch zu schreibender Roman)

Er hat mich auf einen Haufen Taschen platziert und eingeschaltet. Es ist nicht das erste Mal, dass er das macht. Der Chef lädt meine Batterien auf, legt einen Sechzig-Minuten-Film ein und drückt auf »Rec«. Er mag es, wenn er selbst in seinen Filmen zu sehen ist. Meistens hat er das Stativ dabei und sucht lange nach dem richtigen Bildausschnitt, bevor er anfängt zu filmen (»Kamera läuft – Action!«, ruft er dann belustigt), aber manchmal ist das Ganze auch etwas improvisierter. So wie heute. Vielleicht hat er das Stativ ja zu Hause vergessen oder er will eine neue Einstellung ausprobieren, eine, in denen die Leute ein bisschen schräg von unten gezeigt werden. Jedenfalls hat er mich so in der beigefarbenen Tasche seiner Frau versenkt, dass nur das Objektiv herausschaut, und diese danach auf den Haufen aus Handtaschen, Umhängetaschen, Herrentaschen, Beuteln und Einkaufskörben gestellt, die der Rest der Truppe in die Mitte des Kreises gelegt hat. Der Chef hat wie immer sein Witzchen gemacht (»Kamera läuft – Action!«) und dann vorsichtig die Hand in die Tasche gesteckt und meinen Aufnahmeknopf gedrückt. Da ich in weniger als einer Sekunde startklar bin, habe ich ihn schon gefilmt, während er noch zu seinem Platz gelaufen ist. Einen Augenblick später, als er zwei Tänzerinnen an den Händen fasst und damit den Kreis schließt, erklingen die ersten Töne der Flabiolflöte, die Tänzer konzentrieren sich und nehmen den Rhythmus der Sardana auf. Schon in jenem Moment war ich mir absolut sicher, dass diese Aufnahme in die Geschichte eingehen würde. Nun, eine Stunde später, kann ich sagen, dass es mir eine große Ehre gewesen

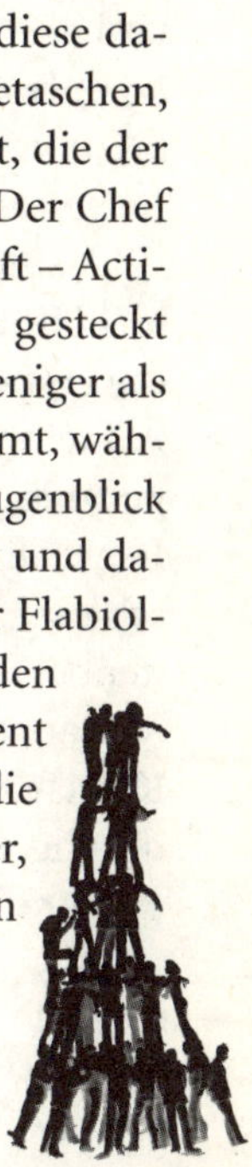

ist, dieses historische Ereignis festzuhalten, auch wenn sicher nie jemand mein Verdienst würdigen wird. Dabei hätte mein Film aus irgendeinem technischen Grund hängenbleiben oder langsamer werden oder sogar reißen können. Oder meine Batterien hätten auf einmal leer sein können, was sehr häufig vorkommt. Aber nein – ich habe in allerbester Bildqualität einen entscheidenden Moment der Geschichte ihres Volkes festgehalten. Dafür werden sie mir gar nicht genug danken können, diese Katalanen …

Der Film dauert lang und ist ziemlich öde. Fünfzig Minuten fast ununterbrochenen Tanzes und dann die berühmten letzten zehn Minuten. Einige Gesichter füllen den Bildschirm für eine Weile ganz aus, bis die Kreisbewegung der Sardana sie wieder aus dem Bild rückt. Andere nur einen kurzen Moment. Die Kameraeinstellung, die Jordi Ticó vor vierzig Jahren gewählt hat, ist nach wie vor ziemlich gut, vor allem, wenn man bedenkt, dass er die Kamera irgendwie auf den Haufen gerichtet lassen musste. Die meisten der Tänzer sind von der Brust an aufwärts zu sehen. Auf und ab hüpfende Oberkörper, die fast eine Stunde lang mit in die Höhe gereckten Armen einen Reigen tanzen. Margarida und Jaume, die beide ziemlich klein sind, sind unter dem Hals abgeschnitten und haben etwas zu viel Himmel über ihren Köpfen, aber alles in allem stimmen die Proportionen. Die Kreisbewegung macht den Film zu einer Art schwindelerregendem Bildband der menschlichen Physiognomie. Die Polizei der *Generalitat,* Kataloniens autonomer Regierung, musste sich ihn damals wieder und wieder anschauen, bis sie die uns überlieferten Berichte mit den Personenbeschreibungen der acht in die Geschichte eingegangenen Sardanatänzer abfassen konnte. Es sind Texte in klassischem Katalanisch, die heute bestimmt kein Übersetzungsexperte so durchgehen lassen würde, aber sie enthalten alle Merkmale, die für die Beschreibung von acht beliebigen Gesichtern nötig sind. Phantombilder mit unterschiedlichen Brillen, Augenbrauen, Wimpern, Augen, Koteletten, Kinn-, Schnauz-, Spitz- oder Vollbärten, Doppelkinnen, mehr oder weniger vorspringenden Backenknochen, Nasen, Mitessern, Leberflecken, Warzen, Falten, Ohrringen, Halsketten und Anhängern, Schminke und Frisuren … Listen über Listen, mit denen sich die *Mossos d'Esquadra* während der ersten fünfzig Minuten des Films die Zeit vertrieben haben mussten, bis sie sich schließlich auf das Durcheinander der letzten zehn konzentrieren konnten. Denn als der Zähler 49:51 anzeigt, spielt die *Cobla,* das katalanische Tanzorchester, den letzten Ton der Sardana und die Tänzer bleiben plötzlich wie versteinert stehen, als habe jemand das Bild eingefroren, und alle halten die ineinander verschlungenen Hände in die Höhe gereckt: Rechts im Bild ist Montserrat zu sehen – aber nur halb, wogegen Jordi Ticó in voller Größe genau im Fokus steht und Marta mit ihrer abgeschnittenen Hand seine linke umklammert. Jordi, der das bemerkt, schaut lächelnd in die Kamera und durchbricht die allgemeine Reglosigkeit, indem er der Nachwelt ein kurzes Augenzwinkern sendet … Nach drei langen Sekunden, während der die Hände wie erstarrt zum Himmel zeigten, fallen die Arme bleischwer auf die Schenkel der Tänzer. Man hört klatschende Geräusche. Nun lösen sich die Hände voneinander und die Füße beginnen sich wieder frei zu bewegen. Montserrat kommt jetzt ganz ins Bild und umarmt ihren Mann, der noch immer Martas Hand festhält. Dann schiebt sich das Hinterteil von Jaume direkt vor das Objektiv. Und als der Bildschirm nur noch ein schwarzes Viereck zeigt, hört man jenen berühmten ersten Satz mit dem Ausdruck, der als eine der wenigen katalanischen Redewendungen noch heute in der Umgangssprache verwendet wird.

»Wir sollten das Kapitel ein für alle Mal beenden.«

Es ist Jaumes Stimme, die dies in jenem verdrossenen Ton sagt, der die Feierlichkeiten der *diada* be-

herrscht, denn an diesem Nationalfeiertag der Katalanen jährt sich auch erstmals der Tag des Anschlags auf das World Trade Center in New York.

»Wie, das Kapitel beenden?«, will Marta wissen.

»Die Segel streichen. Das Ganze einfach vergessen. Nie wieder unseren Nationalfeiertag feiern, das ganze Katalanischgetue ein für alle Mal bleiben lassen und uns so benehmen, als ob wir Spanier wären.«

Jaumes Gesäß verschwindet vom Bildschirm und an seiner Stelle tauchen die Gesichter von Jordi und Montserrat auf – aus dem Fokus und vermutlich auch etwas aus der Fassung geraten.

»Du meinst wohl Kastilier«, sagt Jordi in einem Ton, der keinen Widerspruch duldet.

»Meinetwegen Kastilier«, brummt Jaume. »Kastilier, Spanier, Hispanier – was ist da schon der Unterschied …«

Josefina und Joan erscheinen nun auf der rechten Seite des Bildschirms, etwas näher bei der Kamera als Jordi und Montserrat. Es vergehen keine drei Sekunden und das geblümte Kleid von Margarida schiebt sich dazwischen und verdeckt die beiden.

»Und Sardanas dürfen wir dann auch keine mehr tanzen?«, fragt Josefina.

»Doch, natürlich. Wir haben schließlich nicht einmal unter Franco damit aufgehört! Nein, wir werden auch weiterhin Sardanas tanzen, *Castells* bauen, *Pa amb tomàquet* essen und womöglich Convergència i Unió wählen. Das Einzige, was wir tun müssen, ist, ab morgen nur noch Spanisch zu sprechen, und ihr werdet sehen, plötzlich ist alles viel einfacher.«

»Das machen wir doch sowieso schon«, entgegnet Jordi entrüstet. »Und manche von uns sprechen es sogar ohne Akzent und mischen auch keine katalanischen Wörter darunter.«

»Stimmt, wenn du ein bisschen geübt hast, merkt man dir kaum noch etwas an«, lobt ihn Montserrat.

»Na ja, so aus dem Stand würde mir das Spanisch sprechen wahrscheinlich schon schwerfallen, aber wenn ich eine Weile mit unserer Haushälterin geredet habe, klingt es bei mir sogar fast schon ein bisschen andalusisch.«

Um es den anderen zu demonstrieren, lässt Jordi ein paar Sätze in einer Sprache hören, die wie ein phonetisches Mischmasch aus argentinischem Spanisch und andalusischem und madrilenischem Dialekt klingt. Er sagt solche Sachen wie *reló, verdá, carné didentidá*, wobei er immer den letzten Buchstaben verschluckt, oder *me comío un poio alás* mit typisch andalusischem Akzent. Er ist sichtlich stolz auf sein Spanisch.

»Aber ich meine doch unter uns, Jordi«, erklärt nun Jaume. »Nicht mit den Leuten, mit denen wir ohnehin schon Spanisch sprechen, sondern zu Hause, auf der Arbeit, mit den Freunden ... und auch hier, jeden Sonntag, wenn wir Sardanas tanzen.« Unvermittelt wechselt er ins Spanische: »Stell dir vor, wir würden ab sofort so miteinander reden, Yordi!«

Jordi protestiert wiederum heftig und sagt mit Bestimmtheit, wenn er schon Spanisch mit ihm sprechen solle, dann müsse er ihn auch Jorge nennen und nicht Yordi.

»Bist du dir da sicher?«, fragt seine Frau skeptisch.

»Da hat er völlig recht«, kommt ihm Jaume zu Hilfe. »Jordi heißt schließlich auf Spanisch Jorge, genauso wie Lleida Lérida und Girona Gerona.«

»Und Maçanet de Cabrenys?«, bohrt Montserrat nach, die, als sie noch nicht verheiratet war, dort immer den Sommer verbrachte. »Ihr wollt ja wohl nicht behaupten, dass wir ab jetzt dazu *Demasiadolimpiodecabritos* sagen sollen!«

Alle lachen. Das Gesäß von Jaume verwandelt den Bildschirm wieder in eine große, dunkle Fläche.

»Und kannst du mir auch sagen, was du dir davon

erhoffst?«, hört man nun die Stimme von Josep, der Abgeordneter im katalanischen Parlament ist.

»Es würde alles einfacher machen«, antwortet der Anstifter des Umbruchs.

»Mann, Spanisch ist eine Sprache, die von immer mehr Menschen auf der ganzen Welt gesprochen wird«, erklärt Joan. »Neulich kam was im Fernsehen über einen Manager aus Florida, der seinen Job verloren hat, weil er kein Spanisch konnte.«

»Aber wir können es doch«, wendet Josefina ein.

»Na ja, aber wenn wir es nicht könnten, würden wir vielleicht auch unseren Job verlieren«, piepst Marta.

Die Diskussion dreht sich daraufhin eine Weile um berufliche Fragen, denn Marta, die als Sekretärin beim Gericht angestellt ist und für die Fremdsprachen ein Gräuel sind, findet die Vorstellung furchtbar, dass jemand seine Arbeit verlieren könnte, nur weil er irgendeine Sprachprüfung nicht besteht, in welcher Sprache auch immer, was Margarida nutzt, um sich über das Katalanisch-Zertifikat, Stufe C, auszulassen.

»Die katalanische Orthographie ist viel schwieriger zu erlernen als die spanische«, behauptet Jaume, »so viel ist schon mal sicher.«

Im Folgenden ist das Gespräch schlecht zu verstehen, denn es wird von einem Martinshorn übertönt und außerdem reden eine Zeit lang alle auf einmal.

»Aber wenn wir jetzt plötzlich damit aufhören, wie sollen wir das dann unseren Kindern erklären?«, hört man Marta unerwartet inmitten des Tumults rufen.

Auf ihre Frage tritt Schweigen ein. Es vergehen drei endlose Sekunden.

»Hast du mal drauf geachtet, wie sie sprechen, unsere Kinder? Hast du denen mal gut zugehört?«, erwidert Jaume.

Noch tiefere Stille. Jaumes Gesäß gibt plötzlich die Bildfläche frei. Das blendende Licht des Rechtecks lässt im Hintergrund einen Baum und Männerhosen erahnen.

»Hhm«, murmelt Margarida, die Grundschullehrerin ist.

»Die Hälfte von ihnen würde das nämlich nicht einmal merken!«, macht sich Jaume Luft, in der Gewissheit, einen wunden Punkt zu treffen. »Und die andere Hälfte würde sich innerhalb von drei Tagen daran gewöhnt haben. Da müssen bloß ein paar von ihren Helden den Sprachwechsel mitmachen, und die Sache ist gegessen.«

»Na komm, Jaume, die eifrigsten, die würden sich schon beschweren!«, meint Montserrat.

»Sag das nicht«, erwidert Jaume. »Wir werden ihnen erklären, dass es zum Wohle des Landes ist, dann machen wir ihnen den Wechsel mit ein paar schönen Geschenken schmackhaft, und schon läuft das Ganze wie geschmiert. Die jungen Leute von heute kriegen ihren Hintern doch nur noch hoch, wenn sie Kohle dafür sehen.«

»Und die Alten?«

»Die alten Leute haben das doch schon einmal erlebt, das mit dem Unterdrücken des Katalanischen. Es ist für sie also nichts Neues.«

Josep fängt an, über die großen wirtschaftlichen Gewinne zu spekulieren, die daraus erwachsen würden, wenn man nicht mehr alles ins Katalanische übersetzen und die Schilder zweisprachig bedrucken müsste, wenn man keine Korrektoren mehr anzustellen und kein katalanisches Kino mehr zu subventionieren bräuchte, keine Stellen für katalanische Gerichtsdolmetscher mehr vorgesehen und keine Lehrer bezahlt werden müssten, die den Immigranten, die ja schon Spanisch könnten, Katalanisch beibringen …

»So gesehen ist das vielleicht gar keine so schlechte Idee«, beendet er seine Mutmaßungen, »schließlich ist Spanisch eine Mehrheitensprache, und die Mehrheit hinter sich zu haben, ist das, was zählt.«

Josefina, die in einem Kinderbuchverlag arbeitet, ergänzt, man könne die Kosten erheblich senken,

wenn die Bücher nur noch in einer Sprache herausgebracht werden müssten, und Margarida versichert, dass die Eltern von Schulkindern begeistert wären, wenn sie an den Lehrbüchern sparen könnten. Die allgemeine Begeisterung wächst mit jeder neuen Rechnung, die aufgestellt wird. Dem Geräuschpegel auf dem Video nach zu schließen, sind am Ende alle Feuer und Flamme.

Nur Montserrat hat noch etwas einzuwenden.

»Vielleicht sollten wir mal nicht ganz so materialistisch denken«, ruft sie. »Man sollte doch auch die Gefühle der Menschen berücksichtigen, oder? Nach so vielen Jahren Katalanisch plötzlich so etwas, von einem Tag auf den anderen – ich weiß nicht, ob die Leute einfach so dieses Kapitel beenden oder die Segel streichen können oder wie ihr das auch immer nennen wollt … Und wenn es bloß aus alter Gewohnheit ist.«

Sie nimmt jetzt den halben Bildschirm ein, ihre Augen sind verweint und sie hat die Arme ausgebreitet. Ihr Mann geht zu ihr hin und streicht ihr über die Wange.

»Ach Montse, nimm dir das doch nicht so zu Herzen, das soll ja auch nicht von einem Tag auf den anderen passieren. Wenn wir uns das nicht sofort abverlangen, wenn wir das Katalanische noch ein paar Jahre lang ein bisschen beibehalten, auch wenn es nur minimal ist … vielleicht geben wir es dann ja nach und nach auf, ganz ohne Druck …«

Montserrat fängt an zu wimmern.

»Nein, Jordi«, mischt sich Jaume ein, »mir macht es normalerweise auch keinen Spaß, etwas so durchzuziehen, aber bei so was darf man keine halben Sachen machen. Entweder man macht Ernst damit oder man lässt es ganz bleiben. Vor allem müssen wir Katalanen selbst davon überzeugt sein, denn die anderen Male waren es immer Außenstehende gewesen, die uns unsere Sprache verbieten wollten, und wie ihr wisst, hat das nicht geklappt.«

»Zwar sind der Feinde viel gekommen, doch ’s Haus hat keiner uns genommen«, rezitiert Josep selbstgefällig.

»Wie man sich bettet, so liegt man«, entgegnet Marta noch immer weinerlich.

»Dieses Mal müssen wir selbst einsehen, dass es keinen Sinn hat, wenn wir uns darauf versteifen, unser Leben auf Katalanisch zu führen, nur um diejenigen zu ärgern, die es nicht verstehen«, betont Jaume. »Wenn wir nicht wollen, dass das Katalanische den Aufstieg Spaniens zu einer Weltmacht behindert, bleibt uns Katalanen nichts anderes übrig als ein neues Bewusstsein zu erlangen, unsere Sprache endgültig aufzugeben und uns Aufgaben zu widmen, die wesentlich einträglicher sind für die ganze Gesellschaft.«

»Um ehrlich zu sein, habe ich es auch langsam satt, meinen Schülern immer erklären zu müssen, warum sie Katalanisch lernen sollen. Es wird von Jahr zu Jahr schwieriger, sie davon zu überzeugen.«

»Also – dann lasst uns doch gleich anfangen!«, schlägt Josep vor.

»Wir müssen solidarisch handeln, Kameraden. Gemeinsam sind wir stark! Oder wie war das doch gleich?«

Hier endet das epochale Gespräch. Mit diesen Worten. Der Film ist in der sechzigsten Minute angekommen und bleibt stehen. Der kühne Entschluss, den die acht berühmten Sardanatänzer am ersten Jahrestag des Attentats auf das World Trade Center gefasst hatten, wurde zum Funken, der die Leidenschaft der Katalanen entfachte, eine Leidenschaft, die schließlich der katalanischen Sprache zu neuem Ansehen verhalf und ihr den unbestreitbaren Status einer akademischen Kultursprache verlieh, den sie heute genießt, weit entfernt von den vielen soziolinguistischen und politischen Wechselbädern, denen sie noch vor vierzig Jahren ausgesetzt war. Das Beispiel der Sardanatänzer

aus diesem wegweisenden Film machte blitzschnell Schule, und die eifrigsten Katalanisch-Verfechter der spanischen Gesellschaft setzten einen kompromisslosen Sprachumbruch in Gang, der mit der Zeit Früchte trug. Die Idee war genial: Wenn niemand sie verwendete, würde die katalanische Sprache innerhalb kurzer Zeit zum Weltkulturerbe erhoben werden und zu höchsten Ehren gelangen – und genauso ist es gekommen. Aus der Sicht des Jahres 2002 war diese These vielleicht noch gewagt gewesen, doch die letzten vier Jahrzehnte haben unseren acht desillusionierten Sardanatänzern recht gegeben.

Übersetzt von Sophia Simon

Traditionen und Identitäten

Willkommen in einem Land, in dem die Traditionen noch lebendig sind, das Volkstümliche noch eine hohe symbolische Bedeutung hat und Legenden dazu beigetragen haben, unsere Identität zu finden.

Die katalanische Kultur ist von der katholischen Religion geprägt und unser Jahreskalender wird von religiösen Daten beherrscht, doch sind unsere Feste voll mit unchristlichen Bräuchen wie den Johannisfeuern, skatologischen Elementen wie der Krippenfigur *caganer* und dem *cagatió* zur Adventszeit (von den katalanischen Besonderheiten des Weihnachtsfests werden uns Pere Calders und Narcís Comadira erzählen), Teufeln, Feuer speienden Drachen, Riesen, Pappköpfen und Ungeheuern mythologischen Ursprungs, die bei den jährlich in jeder Stadt und in jedem Dorf stattfindenden Patronatsfesten ihr Unwesen treiben oder bei den Umzügen mitmarschieren. Das über unsere Landesgrenzen hinaus bekannteste Fest dieser Art ist wohl die *Patum* in der unterhalb der Pyrenäen liegenden Kleinstadt Berga, wo Fronleichnam mit großem Getöse und gigantischen Umzügen noch wie im Mittelalter gefeiert wird.

In der mediterranen Kultur ist die Straße öffentlicher Raum und die katalanische Kultur ist diesbezüglich eindeutig mediterran. Das große Fest der Buches am 23. April, dem Namenstag unseres Schutzpatrons Sant Jordi – das in Katalonien zugleich auch das Fest der Liebe ist, an dem sich die Liebenden traditionell mit Rosen und Büchern beschenken, wie Sie in Toni Salas Erzählung ›Wie jedes Jahr‹ sehen werden –, ist de facto ein gigantisches

katalanisches Straßenfest. Egal, was Katalanen feiern: Mitmachen ist alles. Eintauchen ins Gewühl.

Tradition haben in Katalonien aber auch die Vereinigungen Gleichgesinnter: Ein Klischee besagt, dass, wenn zwei Katalanen sich irgendwo auf der Welt treffen, sie sofort einen Verein gründen. Unsere Neigung, uns zusammenzuschließen, wird vielleicht verständlich, wenn man bedenkt, dass die katalanische Kultur im Laufe der Jahrhunderte von Königen und Diktatoren immer wieder unterdrückt worden ist, weshalb sie sich in unauffällige Vereine flüchtete, wie zuletzt unter General Franco. Einer unserer auch international bekannten Vereine ist der FC Barcelona mit seinen 150 000 Mitgliedern, der für viele ein Symbol katalanischen Widerstands gegen das Francoregime war und noch heute Katalonien und katalanisches Bewusstsein symbolisiert. *El Barça* ist *més que un club*, »mehr als ein Fußballclub«, wie Sie dies auch in Josep M. Fonalleras' Geschichte entdecken können. Neben Sport- gehören zur katalanischen Kultur aber ebenso Musik-, Heimat- und Wandervereine (Joan Rendé zeigt Ihnen in seiner hintersinnig-komischen Erzählung unsere Begeisterung fürs Bergsteigen), Parteien- und Wirtschaftsbündnisse, pädagogische Vereinigungen, Clubs und Kooperativen jeglicher Art, ja selbst beim Liceu, Barcelonas Opernhaus, kann man Mitglied werden: Ohne dieses engmaschige Netz aus auf private Initiative hin entstandenen Zusammenschlüssen ist Kataloniens politische wie soziale Dynamik schwer zu verstehen.

Seien Sie willkommen im Land des sprichwörtlichen katalanischen *seny*, einem Gemisch aus Besonnenheit, Skepsis und Ordnungssinn, aber auch im Land der Sprengkraft solcher Genies wie Gaudí, Miró oder Dalí. Willkommen in diesem Land, in dem man Türme aus Menschen bis in schwindelerregende Höhen baut und auf Wasserfontänen ausgeblasene Eier tanzen lässt, in einem Land, das an seinem Nationalfeiertag die schlimmste Niederlage seiner Geschichte feiert, eine

Schwarze Madonna verehrt, sich einen Märtyrer aus Kappadokien zum Schutzpatron auserkoren hat und dessen Bewohner sich sehr europäisch fühlen, auch wenn wir unseren Platz in Europa noch nicht gefunden haben.

Seien Sie willkommen in einem Land, dessen kulinarisches Aushängeschild geröstetes, mit Olivenöl getränktes Brot ist, auf dem man weiche Tomaten zerdrückt, einem Land, in dem man sich alle zehn Finger leckt nach *mona*, *braç de gitano* und *pets de monja* – »Affe«, »Zigeunerarm« und »Nonnenfürze«: sprechende Namen für köstliches süßes Gebäck –, Gerichte wie *Sèpia amb mandonguilles* (Tintenfisch mit Hackfleischbällchen) Meer und Berge in einem Topf vereinen, und man sich den Wein gelegentlich aus einem Glaskolben mit spitz zulaufender Tülle aus gut 30 Zentimetern Höhe in den Mund schüttet oder mit einem eigenen Champagner anstößt, der hierzulande *cava* heißt. Und willkommen auch in dem Winkel Europas, der die höchste Dichte an mit Auszeichnungen überschütteten Restaurants hat, in denen wahre Kochkünstler am Herd stehen, allen voran der vergötterte Starkoch Ferran Adrià.

Herzlich willkommen also in einem Land, dessen Lebensphilosophie ein amerikanischer Kritiker vor kurzem erst als *»joie de vivre along with pandemonium«* bezeichnet hat.

Pere Calders

Stille Nacht

Wir hatten gerade zu Abend gegessen, der Sekt kitzelte noch in der Nase, als es an der Haustür klopfte.

Aus der Küche hörten wir, wie Agustina beim Aufstehen ihren Stuhl umwarf. Von einer seltsamen Vorahnung ergriffen, verstummten wir wie auf Kommando und blickten einander an, während wir auf die schlurfenden Schritte des Dienstmädchens lauschten. Der Riegel quietschte wie immer, Agustinas Aufschrei war hingegen so ungewöhnlich, dass Ernest zur Tür eilen wollte. Aber er kam nicht mehr dazu, denn ein rundlicher, rotgekleideter Weihnachtsmann versperrte ihm den Weg. Er stand in der Tür des Esszimmers und trug einen weißen Sack auf dem Rücken. Die Zotteln seines Bartes ließen ihn zwei-, dreimal niesen.

»Es ist kalt draußen«, sagte er entschuldigend, und noch während er in die Hände klatschte (vielleicht, um seine Muskeln zu lockern oder ein wenig Stimmung zu verbreiten), fragte er auch schon: »Wo sind die Kinder?«

Ernest packte ihn am Ärmel. Die Berührung des Flanells ließ ihn erschaudern.

»Sie sind oben und schlafen. Wenn Sie nicht leiser sprechen, werden Sie sie aufwecken«, sagte er.

»Die Kinder zu wecken gehört zu meinen Aufgaben.«

Isabel reagierte sichtlich ungehalten, gab uns allen aber, wie sie das so gut kann, mit ein paar vernünftigen Worten unsere Selbstsicherheit zurück.

»Man hat Ihnen eine falsche Adresse gegeben. In dieser Familie bringen die Heiligen Drei Könige die Geschenke.«

Mit einer weit ausholenden Geste ihrer rechten Hand zeigte sie auf die Krippe, die die gesamte Zimmerecke einnahm, und blieb so reglos stehen in der Hoffnung, der Besucher werde einsehen, dass er hier nichts verloren hatte.

Der Alte stellte gemächlich den Sack auf den Boden, nahm dann unbekümmert Isabels ausgestreckten Arm herunter und betrachtete eine Zeit lang die Krippe.

»Sie ist albern«, sagte er schließlich geringschätzig.

Man sah ihm an, dass er sich nur mühsam das Lachen verkniff, um uns nicht vor den Kopf zu stoßen. Und doch war ihm bei all der natürlichen Überlegenheit, die er ausstrahlte, anzumerken, dass er sich ärgerte.

Inzwischen waren wir alle aufgestanden, und sobald Schweigen eintrat, merkte man, wie angespannt die Atmosphäre war. Mutter, die fest entschlossen war, sich nicht die weihnachtliche Stimmung verderben zu lassen, wollte die Situation retten, ohne irgendjemandes Gefühle zu verletzen. Sie wandte sich an den Weihnachtsmann und sagte:

»Wenn Sie noch ein Gläschen trinken möchten, bevor Sie gehen …«

Aber er hatte sich in den Kopf gesetzt, uns zu beweisen, dass er sich niemals irrte und durchaus triftige Gründe gehabt hatte, zu uns zu kommen. Es gehe ihm nicht um die Kinder oder Spielsachen, sagte er, sondern darum, zu verhindern, dass die Institution, die er vertrat, in Verruf geriet.

»Sie können mir glauben, dass ich nicht einfach so von Haus zu Haus gehe und frage, ob man vielleicht Holzpferde oder Anziehpuppen braucht.«

»Wer weiß!«, entgegnete Isabel. »Die Protestanten greifen schließlich zu den absurdesten Mitteln, um ihre Lehre zu verbreiten.«

Ihre in anmaßendem Tonfall geäußerten Worte hätten den Weihnachtsmann eigentlich erzürnen müssen. Der erwiderte jedoch ganz ruhig, beinahe mit einem gutmütigen Lächeln:

»Das hat damit nichts zu tun, mein Fräulein. Das wäre ja geradezu albern! Jedes Jahr bringe ich den Neffen eines Bischofs, von dem alle sagen, dass er eines Tages Kardinal wird, Geschenke.«

Enric, der bisher geschwiegen hatte, versuchte zu vermitteln.

»Wir schweifen vom Thema ab. In diesem Haus sind wir liberal; unseretwegen kann jeder denken, was er will. Aber es ist doch so, dass sie uns einen Dienst anbieten, den wir offensichtlich nicht bestellt haben.«

»Mag sein. Ich kann jedoch nicht zulassen, dass es mir so ergeht wie der Feuerwehr. Wenn die aus Versehen oder aus lauter Jux und Tollerei gerufen wird, obwohl es gar nicht brennt, will es hinterher auch keiner gewesen sein.«

Wieder fand Isabel deutliche Worte.

»Wie auch immer, hier handeln Sie jedenfalls eigenmächtig. Wie Sie sehen, gibt es in diesem Haus keinen Christbaum. Was für einen Sinn hat Ihre Gegenwart ohne Baum?«

Der Weihnachtsmann verlor die Fassung. Leichenblass stützte er sich auf den Tisch und blickte sich verloren im Zimmer um.

In diesem Augenblick kamen die beiden Kinder mit weit aufgerissenen Augen herein. Das Mädchen zeigte auf den Alten.

»Was ist denn das für ein komischer Schutzmann?«

»Das ist Santa Claus, du dumme Ziege. Den habe ich dir doch erst vor kurzem in ›The Saturday Evening Post‹ gezeigt«, entgegnete der Junge.

Isabel, die das Auftauchen der Kinder noch wütender gemacht hatte, wandte sich streng und vorwurfsvoll an Ernest.

»Siehst du? Genau deshalb mag ich es nicht, dass du diese Zeitschriften mitbringst.« Und mit einem Seitenblick auf den Weihnachtsmann fügte sie hinzu:

»Beim Durchblättern entdecken die Kinder Ideen, Namen und Gepflogenheiten, die uns völlig fremd sind.«

Unser Besucher richtete sich auf. Ihm schien plötzlich die passende Entgegnung eingefallen zu sein. Er beugte sich vor.

»Hast du dir nicht ein Gewehr gewünscht?«, fragte er den Jungen.

»Ja, hab ich.«

»Da sehen Sie es! Das ist der Beweis, dass ich nicht einfach so mir nichts, dir nichts hier hereingeschneit bin. Ich bringe dem Kleinen das gewünschte Gewehr.«

Aber der Junge, der wie all seine Verwandten einen ausgeprägten Familiensinn besaß, ließ sich nicht so leicht ködern.

»Was für ein Gewehr ist es denn?«

»Ein Luftgewehr, ein automatisches, mit Bleikugeln.«

»O nein! So eins will ich nicht! Davon habe ich schon zwei im Schrank. Die hole ich nur raus, wenn kleine Kinder zum Spielen kommen. Ich habe mir eine *Sanger* gewünscht, mit einem 22er Kaliber und einem Zielfernrohr. Haben Sie so eins auch dabei?«

»Nein.«

Der Junge zuckte die Schultern, als ob es sich nicht lohne, weiter darüber zu sprechen. Unwillkürlich erhellte ein selbstzufriedenes Lächeln unsere Gesichter. Der Weihnachtsmann, der auf den Bildern immer so ruhig und besonnen wirkte, schlug mit der Faust auf den Tisch.

»Jetzt reicht's! Ich bin es nicht gewohnt, dass man mich so unfreundlich empfängt. Wir wollen doch mal sehen, ob ich hier darum betteln muss, dass man ein paar meiner Geschenke annimmt!«

»Wir haben nichts bestellt …«

»Und selbst wenn! Ein Grund mehr, meine Großzügigkeit wertzuschätzen.«

Das werfe ein neues Licht auf die Sache, fand Mutter plötzlich.

»Na ja, wenn der Herr uns unbedingt etwas dalassen will und wir nichts unterschreiben müssen …«

Aber Isabel schnitt ihr das Wort ab.

»*Mamà!* Wir können doch nicht für ein paar Geschenke unsere Gefühle unterdrücken.«

Unser Gast, dessen bis dahin gutmütig wirkende Apfelbäckchen sich nun vor Zorn unbeschreiblich rot färbten, warf Isabel darauf ein paar Worte an den Kopf, die man nur als unverschämt bezeichnen konnte. Da griff Eudald, der junge, hitzköpfige und jähzornige Sportler unserer Familie, ein. Er packte den Weihnachtsmann am Mantel und sagte drohend:

»Wenn Sie nicht diese Uniform anhätten …«

Der Anblick ließ uns alle erschaudern. Man mag glauben, was man will, und einen beschränkten Horizont haben, aber das Schauspiel der Demokratie hat sich nicht umsonst vor unseren Augen abgespielt, und uns ist ein tiefer Respekt vor den Symbolen und Darstellungen des Glaubens der anderen geblieben. Er dauerte uns. Mutter barg ihr Gesicht in einer Serviette und schluchzte, dass wir alle ihr das Weihnachtsfest verdarben.

»*Senyora,* bedenken Sie, dass auch ich unter dieser Situation leide«, sagte der Weihnachtsmann.

Und als ob in diesen Worten alle Grausamkeit, die er uns unterstellte, zum Ausdruck käme, hob er in pathetischem Tonfall zu einer Predigt an. Er sprach von der tieferen Bedeutsamkeit des Weihnachtsfestes und sagte, es sei keine Eitelkeit seinerseits, zu behaupten, dass er zu den sympathischsten Allegorien dieser Festtage gehörte.

»Beinahe überall auf der Welt warten Millionen von Kindern auf den Besuch des von einer heiligen Aura umgebenen alten Mannes, ja selbst die ungehobeltsten Leute empfangen mich mit Kusshand.« (Das war natürlich ein Wink mit dem Zaunpfahl.) »Nehmen wir einmal an«, fuhr er fort, »ich sei nur aus Versehen hier. Oder

gar in einem Anfall von Sendungsbewusstsein. Na und? Ich habe nur edle Absichten. Sie hätten mir wenigstens einen Stuhl anbieten können. Wenn Sie zum Dreikönigsfest selbst den Kamelen der Heiligen Drei Könige einen Teller mit Wasser und Brotkanten hinstellen – habe ich da nicht etwas mehr Aufmerksamkeit verdient?«

Es war beschämend. Mutter läutete Agustina und befahl ihr, Muskateller und Weihnachtsgebäck zu servieren. Mit feuchten Augen streckte Eudald ihm reumütig seine breite Hand hin und stammelte, wenn man ihm freundlich komme, könne man von ihm haben, was man wolle.

Es folgte eine kurze Ruhepause. Wir sahen einander freudig lächelnd an. Eine große Bereitschaft zur Versöhnung machte uns geistig träge. Ernest begann, gedankenverloren mit leiser Stimme ›Stille Nacht‹ zu singen, und keiner achtete mehr darauf, wie die Zeit verging. Wer weiß, wie lange dieser Frieden gedauert hätte, wenn sie der kleine Junge nicht gestört hätte.

»Und wie geht's jetzt weiter? Lassen wir die Heiligen Drei Könige etwa sausen?«

Da war es wieder, das Problem in seiner ganzen durchdringenden Klarheit. Isabel sprang auf und wollte schon mit aller Heftigkeit etwas erwidern, aber unser Gast hielt sie mit einer Handbewegung zurück. Mit der Erhabenheit, die man ihm gemeinhin nachsagt, sprach er:

»Ich gehe schon. Es müssen nicht erst wieder harte Worte fallen. Es lässt sich nicht leugnen, dass mit der Allgemeinen Erklärung der Menschenrechte die Menschen erwachsener geworden sind, ihre Phantasie hat dabei aber auch Schaden gelitten. Heutzutage kann man ohne die ausdrückliche Erlaubnis der Begünstigten keine Wunder mehr wirken. Die Leute sind vom wissenschaftlichen Fortschritt inzwischen so verdorben, dass sie nicht mehr als ein Wunder pro Jahr zulassen ...«

Ich weiß nicht, aufgrund welcher seelischen Verbundenheit er meine Gedanken erriet, seine letzten Worte waren jedenfalls an mich gerichtet. Freundschaftlich klopfte er mir auf den Rücken und sagte:

»Und Sie machen sich mal keine Sorgen. Glauben Sie mir.«

Mutter befahl noch in einem Anfall von Gastlichkeit: »Agustina, helfen Sie dem Herrn, seinen Sack zu schultern«, bevor der Weihnachtsmann ging, wie er gekommen war, wobei er wieder den ganzen Türrahmen ausfüllte.

Kaum waren seine Schritte aber auf dem Kies im Garten verklungen, begann der Junge laut zu plärren, weil er nun doch das Gewehr wollte. Isabel haute ihm eine runter, und dann gaben wir uns wieder der weihnachtlichen Beschaulichkeit hin.

Übersetzt von Kirsten Brandt

Narcís Comadira

Ein Loblied auf den *caganer*

Weihnachten steht vor der Tür, so wie jedes Jahr. Die Krippen sind fast fertig aufgebaut. Von den Korkeichen hat man reichlich Rinde für die Berge geschnitten und dem Moos seine samtigweichen Polster glattgestrichen. Das Heidekraut hat sich hoch aufgerichtet, um ein Gebüsch zu bilden, der Thymian hat sich gekrümmt, um sich für ein paar Tage in einen tausendjährigen Ölbaum zu verwandeln, und die Wolfsmilch will eine gute Palme abgeben. Stechpalme und Mäusedorn schmücken die Krippe mit ihren Beeren. Ja, und das Mehl hat schon die Berge beschneit und aus dem zerknitterten Silberpapier ist ein Bächlein geworden. Auf einem Stausee schwimmt einsam eine Gans. An seinem Ufer klopft die Bäuerin mit einem Holz die Wäsche auf einem flachen Stein. Auf dem Weg aus Sägemehl gehen einige Hirten. Ein paar andere machen in einer Ecke Brotzeit, wobei sie ein Teufelchen mit gestutztem Schwanz belästigt. Weit davon entfernt, auf einem Bergkamm, nähern sich langsam die drei königlichen Kamele. Und, wie kann es anders sein, dort, unter einem hohen Felsvorsprung, ist das Christkind geboren. Jesulein, so nackt und klein. Der heilige Joseph steht starr daneben und grübelt, derweil die Jungfrau Maria an der Krippe wacht. Der Ochse und der Esel schnauben unermüdlich, um die weißen Händchen des Christkinds zu wärmen, die, klein wie sie sind, zittern, während ein Engel, der an einem Faden über ihnen hängt, »Gloria in excelsis Deo« ruft. Es gibt auch eine Spinnerin und weidende Zicklein und Schäfchen und Glucken hinter einer grasbewachsenen Mauer und einen von Scheunen und Strohschobern umgebenen Bauernhof und ganz in der Nähe ein

Wäldchen und ein Weizenfeld und einen Weinberg und eine Böschung mit drei Pappeln. Und schließlich, in einem stillen Winkel, mit seinem durch ein Dornengestrüpp gut geschützten Hinterteil, der *caganer*. Der scheißende Hirtenjunge, den manch einer für vulgär hält, ist ein grundlegender Bestandteil dieser *sacra rappresentazione,* des geistlichen Spiels, das die Weihnachtskrippe darstellt. Es ist eine Krippenfigur voller Hintersinn. In all ihrer Derbheit, mitsamt ihren Ausdünstungen, zeigt sie uns, was »Fleischwerdung« eigentlich bedeutet: zu akzeptieren, dass man den Bedürfnissen seines Körpers willenlos unterworfen ist. Das verdeutlicht uns die Figur des *caganer* auf kluge und unmissverständliche Weise, wenn wir die Weihnachtskrippe anschauen, und sie erinnert uns jedes Jahr von neuem daran.

Heute leben wir jedoch inmitten einer virtuellen Kultur. Die Körper schwitzen nicht mehr; und kann sich noch irgendeiner vorstellen, dass auch Topmodels und Spitzensportler urinieren und Stuhlgang haben? Selbst den Tod haben wir aus unserem Alltag gebannt. Deswegen stört der *caganer* diejenigen, die auf vornehm machen und modern daherkommen, die Bürgerlichen, die politisch Korrekten, das heißt, all die Vogel Strauße, die den Kopf in den Sand der Heuchelei stecken.

Der *caganer* spielt in der biblischen Geschichte eine überaus wichtige Rolle. In der Höhle, unter dem Felsvorsprung, dem Torbogen oder im Stall, wo auch immer, ist die spirituelle Eschatologie dargestellt, das Mysterium der Fleischwerdung Gottes. Hinter dem Dornengestrüpp hingegen sitzt die Skatologie des menschlichen Elends. Erstere, die auf das griechische *εσχατος*, »das Äußerste, das Letzte« zurückgeht, verweist auf das Ende der Menschheit und der Welt, auf die Schöpfungsgeschichte, den Sündenfall, den Tod und die Auferstehung. Die Zweite, die sich von dem ebenfalls griechischen Wort *σκατός*, »Kot«, herleitet, verweist hingegen auf die uns unangenehme animalische

Wirklichkeit. In der Weihnachtskrippe werden durch die augenscheinliche Ausscheidungsfunktion des armen Hirtenjungen beide Lehren miteinander verbunden. Hier offenbart sich auf einfache, aber äußerst wirkungsvolle Weise die erhabenste Theologie, die besagt, dass, um den *caganer* – und somit uns – von dem zu befreien, was dem Skatologischen an Erniedrigendem anhaftet, damit wir eines Tages glorreich von den Toten auferstehen. Der leibhaftige Gott ist vom Himmel herabgestiegen, um Mensch zu werden, um also auch dieses nur allzu menschliche Bedürfnis auf sich zu nehmen. Oder denkt vielleicht irgendjemand, dass das Jesuskind in seinem Bettchen aus Stroh seine Windeln nicht vollgeschissen hat?

Wie man sieht, ist die Weihnachtskrippe ohne den *caganer* nichts. Mag sie noch so vornehm, modern, bürgerlich oder designermäßig sein: Ohne den *caganer* ist sie, theologisch betrachtet, unvollkommen.

Wenn wir also an Weihnachten die Krippe aufstellen, sollten wir uns nicht einwickeln lassen von den betörenden Sirenen der Modernität, der falsch verstandenen Kultur und des spießigen Gemeinsinns. Lasst uns den *caganer* zur Krippe stellen. Wir können das Gestrüpp ruhig schön dicht machen, falls uns irgendwelche Schamgefühle überkommen, aber lasst uns einen *caganer* dazustellen. Jeder kennt doch den der Volksweisheit entsprungenen Vers: »Vorm Kacken wird keiner bewahrt / weder der König noch der Papst.« Der *caganer* wird niemanden befremden, wir tragen damit vielmehr zu unserer wahren Kultivierung bei. Lassen wir uns doch bitte von niemandem dazu überreden, die Weihnachtskrippe in ein sinnloses Spektakel zu verwandeln.

Übersetzt von Christiane Braun

BALTASAR PORCEL

Fastenzeit

Ehe man sich's versieht, ist Fastenzeit. In der Dämmerung des letzten Karnevalsabends, während draußen auf der Straße meine als feine Damen verkleideten Cousinen unter ihren Masken vor Lachen fast erstickten, ging mein Großvater in die geräumige, düstere Speisekammer und holte den Klippfisch. Es waren große Seiten von getrocknetem, strohfarbenem Kabeljau, an denen noch die Salzkörner klebten. Die Katzen stürzten sich darauf und leckten gierig daran, zogen dann aber die Nasen kraus und wichen unsicher zurück. Meine Großmutter schnitt mit einem großen Messer mit schwarzer Klinge den faserigen, gedörrten Fisch in Stücke.

Wenn meine Cousinen hereinkamen, entstand in der Küche ein heilloses Durcheinander von weichen, breitkrempigen Hüten, schillernden, papageienbunten Schultertüchern, langen, gestreiften Bauernröcken, einem Sonnenschirm mit winzigen Glöckchen … Kichernd und lebhaft schwatzend häuften sie die Bonbontüten auf den Tisch – saure Minze, klebrigsüße Schokolade, scharfe Zitrone –, die ihnen junge Kerle in den Cafés und an den Straßenecken geschenkt hatten. Großmutter goss Wasser in eine breite Schüssel und weichte darin den Klippfisch ein. Die Stunden verrannen, und meine Cousinen, zerzaust und verstummt, starrten gedankenverloren in die knisternden Flammen des Herdfeuers. Sie wussten, dass sie während der siebenwöchigen Fastenzeit nicht tanzen gehen durften. Träge lutschten sie ihre Bonbons. Um Mitternacht lagen wir alle im Bett und hörten die dumpfen Schläge, mit denen die Glocken den Beginn der Fastenzeit einläuteten.

Jahrelang lief am darauffolgenden Morgen die alte Verd die Straße auf und ab, das Haar, Gesicht und Schultern voller Asche. Hochgewachsen, mit eingefallenen Wangen, spitzer Nase und vorstehendem Kinn, sah die alte Frau aus wie eine soeben ihrer Gruft entstiegene Leiche, eine Leiche, an der Erde klebte und die schon zu verwesen anfing. Beim Gehen hielt sie die Arme weit von sich gestreckt. Ich lief entsetzt vor ihr weg. Irgendwann kam die Alte ins Irrenhaus, und ich habe nie wieder etwas von ihr gehört.

Wir kauften keinen Ablassbrief und aßen auch zwei- bis dreimal wöchentlich Fleisch, nur nie freitags, denn da gab es immer Klippfisch: mit Bratkartoffeln, mit Tomaten, mit Reis oder mit jungen Saubohnen. Auf den Feldern blähten die Saubohnen ihre Schoten inmitten samtig grüner Blätter und die Erbsen wie auch die Buschbohnen setzten Frucht an. Mit Öl würzten wir dampfende Teller voll Kartoffeln und Blumenkohl. Das Brot war weich und locker, und manchmal knirschte ein steinhartes Weizenkorn zwischen den Zähnen. Im Kupferkessel siedete das Öl, und wir ließen löffelweise den aufgegangenen Hefeteig aus Mehl, Milch und Ei hineingleiten. Spritzend bliesen sich die Krapfen auf, rundeten sich braun und duftend. Noch warm tauchten wir sie in goldgelben, glasklaren Honig. Vom dicksten Deckenbalken baumelte die *Jaia Corema*, eine Puppe, die eine groteske alte Frau mit sieben Beinen darstellte: Jede Woche rissen wir ihr unter fröhlichem Geschrei eines aus, bis wir sie dann am Ostersonntag mit Indianergeheul zerfetzten.

Einmal heiratete in der dritten Fastenwoche der Witwer Salvatella, ein Onkel meines Vaters. Er war Schreiner, fett und litt an Asthma. Damit man ihm kein Ständchen brachte – das heisere Tuten eines Muschelhorns, das harte Scheppern einer Kuhglocke –, hatte Salvatella seine Eheschließung in die besinnliche Fastenzeit gelegt. Seine Zukünftige war klein und die Schwester eines Guardia Civil. Es war noch stockfinster, als wir Angehörigen um sechs Uhr morgens in die Kirche gingen. Die Brautleute, beide in Schwarz, knieten vor dem Altar. Der Witwer schnaufte und rang röchelnd nach Atem, weil er den steilen Aufstieg zur Kirche ohne Pause hatte zurücklegen müssen. Abgesehen von einigen Nonnen und Betschwestern, undeutlichen, wispernden Gestalten, befand sich nur die Hochzeitsgesellschaft im Gotteshaus, die sich in einer Ecke zusammendrängte. Der Lackhelm des Guardia Civil glänzte. Im Dezember darauf, einem Grippedezember mit vielen Toten, wurde Salvatella erneut Witwer. Die Frauen im Dorf munkelten, das Glied des Schreiners wäre wie ein Degen, der sich seinen Frauen in den Magen gebohrt hätte. Vielleicht stimmte das gar nicht.

Der Fastenprediger kam in den Ort. Mit einem Koffer in der Hand stieg er aus dem Linienbus. Es gab den Kapuzinerpater Batxiller, der sich in seiner Predigt lange über den Sittenverfall im Rom der Cäsaren ausließ; den Kanoniker Ricard Camprubí, der mit ausgebreiteten Armen und kehliger Stimme ständig Anspielungen auf die roten Mörder und den gottlosen Präsidenten der Zweiten Republik, Manuel Azaña, machte; einen Vikar der Pfarrei Sant Nicolau aus Palma de Mallorca, der sich in eindringlichem Tonfall und mit einem unablässigen, entrückten Lächeln in vagen Andeutungen erging, sodass am darauffolgenden Sonntag ungewöhnlich viele Gläubige zur Kommunion gingen; den Jesuiten Marià Marquina, der mit lateinischen Brocken um sich warf und düstere Beispiele anführte … Jedes Jahr ein anderer. Am Nachmittag sah man ihn gedankenversunken unter den zu dieser Jahreszeit kahlen Lindenbäumen um das Pfarrhaus wandeln. Dann ging man hin, um ihm die Hand zu küssen, und nahm dabei diesen feinen Schweißgeruch wahr, den Geistliche immer verströmen.

In einem Jahr kam mein Cousin Joan Alemany, der damals Pfarrverweser von Sa Pobla war. Die Familie

erschien vollzählig zu seinen Predigten. In der Kirche war es eiskalt und alle Augen waren auf meinen korpulenten Vetter in seinem weißen Rochett gerichtet, der mitten im gotischen Kirchenschiff stand und in herrischem Ton die Sünden der Menschheit beklagte: Wollust, Geiz, Faulheit … In jener Woche war es sehr stürmisch. Aus den Bergen blies ein kalter, böiger Wind, der die Pinien schüttelte und über den Kirchhügel heulte, als wir im letzten Abendlicht aus der Kirche traten. Mein Großvater wickelte sich fest in seine Windjacke und brummte: »Stürmt es in der Fastenzeit, steht reichlich Korn und Stroh bereit; stößt der Wind zu stark ins Horn, gibt's kein Stroh und auch kein Korn.« Eine Stromleitung riss, peitschte durch die Luft und zeichnete einen Fächer aus Funken in die Dunkelheit.

Über Joan, den Pfarrverweser, pflegte mein Großvater zu sagen: »Wer zum Faulpelz geboren ist, wird Priester oder Polizist.« Und die ganze Woche über aß der spöttische alte Seebär ostentativ Teigtaschen mit Kaninchenfüllung. Vor den empörten Augen des Vetters verspeiste er sie genüsslich und rührte sich auch noch ein Eigelb unter die Fadennudeln. Der Geistliche ließ den Großvater durch die Großmutter tadeln: »Guillem, Joan sagt, wenn du Kaninchen isst, kreuzigst du Jesus Christus unseren Herrn noch einmal.« Worauf der Großvater hustete, seine Frau anblickte: »Maria, sag Joan, er soll mir nicht auf den Sack gehen!«, und sich in den Schritt langte.

Im Garten blühten die Mimosen, gelb und von lieblichem Duft. Und in den Kübeln öffneten sich an einem Tag die Hyazinthen, üppig und rosa, und am nächsten die Narzissen, elfenbeinfarben und zierlich. Und Blau, die Veilchen. Einmal kam am Samstag meine Cousine Isabel mit knallrotem Gesicht, in der Hand einen Strauß Veilchen, den ihr jemand geschenkt hatte. Sie dufteten nur zart, wie Winterblumen. Isabel stellte das Sträußchen in eine Porzellanvase in Form einer Hand, die eine Fackel hielt. Schneeweißes Porzellan auf dem Mahagonischränkchen in der Wohnzimmerecke neben der Wanduhr, die immer falsch schlug: um drei siebenmal, um eins fünfmal. Erst im Sommer, wenn die Luft trocken und heiß ist, verströmen die Blumen ihr warmes, intensives Aroma.

Meine Cousine Isabel brannte mit einem katalanischen Schießbudenbesitzer durch, der an Peter und Paul zum Dorffest gekommen war. Der Katalane verließ seine schöne, in Tränen aufgelöste Gattin und drei blonde Kinder. Die Schießbude machte er zu, und während sich meine Familie mit der verlassenen Frau herumstritt, schoss ich mit einem seiner Luftgewehre auf bunte Papierstreifen. Isabel wurde sehr glücklich mit ihrem Katalanen.

Was ich an der Fastenzeit nicht mag, ist der Klippfisch, dafür mag ich die honigtriefenden Krapfen umso lieber. Ein guter Krapfen muss locker im Teig sein und Geschmack haben. Heidehonig, der nach Johannisbrot und Rosmarin schmeckt, ist, glaube ich, am besten geeignet. Auch stromere ich gern in der sanften Morgensonne über die Felder und Wiesen durch das saftige Grün, wenn Ackerraine und Wegränder mit Margariten übersät sind. Ockerfarbene, weiße, unzählige Margariten.

Übersetzt von Petra Zickmann

Toni Sala

Wie jedes Jahr

Ich bin sehr krank, aber am späten Nachmittag stehe ich dennoch auf, schalte den Fernseher aus und verlasse die Wohnung, denn heute ist Sant Jordi, der Festtag zu Ehren des Schutzpatrons von Katalonien, und ich habe mich mit ihr verabredet, um ihr meine Rose zu überreichen.

Langsam schlendere ich die Straßen hinunter Richtung Stadtzentrum. Ich atme tief ein, öffne meine Lungen weit wie eines dieser zweiflügligen Fenster, damit die warme, salzige Luft des Meeres in mich einströmen kann, der Geruch der frischen Platanenblätter, die den Bürgersteig mit ihrem Schatten liebkosen, und selbst der Gestank nach verbranntem Benzin, der mir nicht unangenehm ist.

Ich komme an einem Zeitungskiosk vorbei, spaziere unter der Markise im dunklen Blau der Tageszeitung ›La Vanguardia‹ hindurch. Im Vorbeigehen werfe ich einen Blick auf die Schlagzeilen. Am letzten Wochenende gab es fünfzehn Tote auf Kataloniens Schnellstraßen. Zwei Attentate im Baskenland, ein Zugunglück in Indien, amerikanische Bombenangriffe.

Ein schöner Sant Jordi. Auf den nachmittäglichen Straßen staut sich der Verkehr. Ein Radfahrer überholt die Autos und Motorräder an einer Ampel, ein Taxi hält an und lässt ein paar Leute aussteigen.

Der obere Teil des Passeig de Gràcia wimmelt von Leuten, die Bücher kaufen oder auch nur an den Ständen stöbern wollen. An den Tischen der Straßencafés unterhalten sich die Gäste, genießen die Sonne, trinken Kaffee oder Mineralwasser und blättern in ihren neuen Büchern. Das polierte Besteck, die Gläser, Tassen und Kaffeelöffel blitzen im grellen Licht.

Wie jedes Jahr haben wir uns vor der Casa Batlló verabredet. Gaudí hat es zu einem mit unzähligen korallenfarbigen Mosaiksteinen überzogenen Haus umgestaltet, mit Balkonen, die wie Karnevalsmasken wirken, durch die das Haus uns Passanten beobachten kann. Was mag so ein Haus wohl denken, von mir und meinem Leben? Die Touristen fotografieren es in einem fort. Das Foto mit mir landet sicherlich in einem amerikanischen Familienalbum, das dann in irgendeine Schublade im Esszimmer weggepackt wird.

Während ich auf sie warte, bleibt mein Blick immer wieder an Menschen hängen, die mir gefallen, und ich sehe ihnen nach, bis sie aus meinem Blickfeld verschwinden. Manch einer trägt heute zum ersten Mal ein neues kurzärmliges Hemd oder T-Shirt; man merkt es an den leuchtenden Farben. Andere wiederum haben schon dunkle Sonnenbrillen auf. Junge Mädchen gehen mit nackten Armen und ihrer Rose in der Hand an mir vorüber, einige tragen Sandalen und haben sich die Fußnägel mit transparentem Lack angemalt. Die Pärchen haben sich um die Taille gefasst; sein rechter und ihr linker Arm kreuzen sich auf ihren Rücken. Alle haben sie Plastiktüten voller Bücher in der Hand. Mir geht es viel schlechter als jedem von euch, denke ich, und ich freue mich für die anderen, was mir sehr gefällt.

Und da ist sie schon. Ich habe sie auf der anderen Straßenseite entdeckt, wie sie an der Ampel darauf wartet, dass es Grün wird. Jetzt überquert sie mit all den anderen Leuten den Zebrastreifen. Schaut, wie ihre Augen größer werden, als sie mich erblickt. Achtet auf ihre schaukelnden Ohrringe, die durchsichtigen Knöpfe an der roten Bluse, auf die Falten des enganliegenden Seidenrocks. Gleich wird sie ein bisschen die Lippen öffnen, sodass die Zähne zu sehen sind. Und genau so geschieht es. Sie breitet die Arme aus, kaum merklich, wenige Zentimeter nur, ihre Handflächen zeigen nach außen, sie spreizt dabei ganz leicht

die Finger. Sie trägt den Ring, den ich ihr geschenkt habe. Nichts hat sie dem Zufall überlassen. Es ist alles perfekt.

Noch bevor sie mich an sich drücken kann, muss ich ihre Freude dämpfen.

»Morgen komme ich ins Krankenhaus«, sage ich zu ihr.

Es tut mir leid, aber sie muss es wissen.

»Jetzt schon?«

Rosa Wolken ziehen über das Dach der Casa Batlló hinweg, das wie der schuppige Rücken eines Drachen aussieht. Hinter ihren wie Masken wirkenden Fenstern glaube ich Augen zu erkennen, oder führen die Fenster etwa direkt zum Geist des Hauses?

»Das war ein Witz!«, sage ich endlich zu ihr. »Merkst du nicht, wie gut ich aussehe?«

Jetzt lächelt sie wieder.

»Also, ich habe es dir geglaubt«, erwidert sie.

Doch sie ist mir nicht böse. Sie umarmt mich und fragt:

»Machen wir einen Spaziergang über die Rambla?«

Während wir weiter den Passeig de Gràcia hinabgehen, sprechen wir über uns, über die Pläne, die wir seit Jahren schmieden – aber wir reden nicht mehr davon, uns eines Tages in eine ideale Familie zu verwandeln. Auf der Plaça Catalunya kommen wir an den Springbrunnen, den steinernen Statuen und den frisch Verliebten dieses Frühlings vorbei, die sich auf den Grünflächen eng umschlungen in der Sonne räkeln. Ihnen gehört die Welt; manche haben sogar die Augen geschlossen, so ruhig und sicher fühlen sie sich. Die Fontäne eines der Springbrunnen spritzt uns ein bisschen nass, als wir vorüberschlendern.

Die Rambla ist voller Bücher- und Rosenstände. Es sind hier so viele Menschen unterwegs, dass ein Durchkommen kaum möglich ist. Wir bahnen uns einen Weg zu einem der Bücherstände, wo wir ein Buch aufschlagen und unsere Nasen hineinstecken, als wären die Seiten Blütenblätter; und ich kaufe es mir, obwohl ich es sicher nicht lesen werde. Danach erfreuen wir uns an den Bergen von Rosen in den wassergefüllten Eimern. Wir bleiben eine Weile stehen und betrachten sie, als wären ihre Blütenblätter Seiten von kleinen, bunten Büchern.

»Wenn meine Mutter die Rosenstöcke beschnitten hat«, erzähle ich ihr, »sind ihre Hände am Ende von den Dornen immer ganz zerkratzt gewesen.«

Wir flanieren weiter die Rambla hinunter, lassen uns von der Menschenmenge treiben. Ganz am Ende des Boulevards deutet die Kolumbusstatue mit dem Finger auf die weißen Kreuzfahrtschiffe im Hafen, die auf ihrer Fahrt durchs Mittelmeer alle größeren Häfen anlaufen. Und jetzt tue ich es doch. Ich suche einen Blumenstand und kaufe ihr einen Strauß mit zwanzig, dreißig, nein vierzig Rosen in allen Farben.

»Ein ganzer Strauß!«, ruft sie und reißt Mund und Augen auf, so als wüsste sie nicht, dass ich nun Geld im Überfluss habe.

Wir spazieren am Meer entlang. Die Leute drehen sich nach ihr um, wenn wir mit dem Strauß an ihnen vorübergehen. Das Buch, das ich gekauft habe, ist ziemlich dick, die Tasche wiegt schwer. Langsam wird es dunkel. Sie begleitet mich zur U-Bahn. Wir geben uns die Hand, um uns Lebewohl zu sagen, wir umarmen uns inniger als je zuvor und küssen uns, bis unsere Münder müde sind.

Ein U-Bahn-Zug fährt unter uns durch, der Boden unter unseren Füßen erzittert. Als wir uns umsehen, merken wir, dass inzwischen in allen Häusern die Lichter angegangen sind.

Während ich die Treppe hinuntergehe, drehe ich mich kurz um und sehe, dass sie immer noch dasteht.

»Wir sehen uns wieder«, verspreche ich ihr.

Übersetzt von Sophia Simon

Joan Rendé

Die Bergtour

Ein internationaler Hersteller von Erfrischungsgetränken, der sich auf eine ansprechende, forsche Art Zugang zum hiesigen Markt verschaffen wollte, hatte einen Bergsteigerwettbewerb ausgeschrieben, der zum höchsten Gipfel führen sollte. Teilnahmebedingung war, dass die Kandidaten ihre absolute Unerfahrenheit in diesem Sport bescheinigen mussten. Der Verlauf des Wettkampfs sollte von der größten Fernsehanstalt täglich zur Hauptsendezeit ausgestrahlt und alles, was sich zwischen den Teilnehmern abspielte, bis ins intimste Detail gezeigt werden, worauf die Zuschauer, je nach Leistung oder Versagen der einzelnen Kandidaten, sich für oder gegen diese entscheiden könnten. Dem Sieger winkte das Zehnfache der erstiegenen Höhenmeter in Euro, wovon er die Hälfte einem wohltätigen Zweck spenden musste.

Nach einer Vorauswahl, die unter notarieller Aufsicht von einem höchst vertrauenswürdigen Marketingunternehmen durchgeführt wurde, gelangte ein Dutzend Kandidaten in die Endrunde, unter denen sich von Anfang an der junge Modest und ein gewisser Màxim hervortaten. Letzterer hatte sich in jenem Sommer einen Namen als Popsänger und Tänzer gemacht, und natürlich verfügte auch Modest dank seines engagierten Kampfes für ausgesetzte Hunde über beachtliches Prestige. Es war offensichtlich, dass die übrigen Kandidaten – obgleich sich unter ihnen einige mit außergewöhnlichem Werdegang befanden – mit diesen beiden in punkto Popularität nicht mithalten konnten, und das Fernsehpublikum erkannte schnell, dass die meisten nur als Statisten dienten, um die Spannung zu erhöhen und der Show mehr Farbe zu geben.

Die erste Aufgabe bestand darin, dass jeder sich auf eigene Faust so viele und so genaue Informationen wie möglich über den höchsten Gipfel verschaffen sollte. Ein Teil der Kandidaten verlor sich in belanglosen Aktionen, sie fragten die Leute auf der Straße aus, erkundigten sich bei der Notrufzentrale und der städtischen Polizei oder zogen allenfalls illustrierte Jahrbücher und Forstwirte zu Rate. Modest und Màxim hingegen surften umgehend im Internet und trafen kurz darauf gleichzeitig in der Bibliothek des *Centre Excursionista de Catalunya* ein.

Nach dieser ersten Aufgabe lagen Modest und Màxim also klar in Führung, in einigem Abstand gefolgt von zwei anderen, die eine aufwendige, unter Mitwirkung der Forstwirte entstandene Dokumentation vorlegten, weshalb einige Umweltfanatiker, die grundsätzlich immer gegen den Strom schwammen, ihnen den Vorzug gaben. Insgesamt schien die Reaktion der Zuschauer jedoch eher unschlüssig, bis ihnen vor Augen geführt wurde, dass Passanten befragen schließlich jeder könne und das doch sehr primitiv sei, worauf sich niemand mit den Dummbeuteln, die auf diese Methoden verfallen waren, auf gleiche Stufe gestellt stehen wollte und die große Mehrheit letzten Endes für die beiden stimmte, die sich als souverän im Umgang mit moderner Technik erwiesen hatten. Eine parallel durchgeführte, von der gleichen Getränkefirma in Auftrag gegebene Marktforschungsstudie ergab, dass diejenigen, die Wert auf gute Manieren, harte Arbeit und Gleichgültigkeit gegenüber der versteckten Kamera legten (die Verhaltensweise von Modest), Menschen waren, die dem breiten Spektrum der gemäßigt fortschrittlich und voluntaristisch denkenden Bevölkerung angehörten, oder junge Paare mit kleinen Hypotheken zu niedrigen variablen Zinssätzen, während diejenigen, deren Sympathie der Gewitztheit, dem geschickten Ellbogeneinsatz und einer theatralischen Gestik vor der Kamera galt (die Verhaltensweise

von Màxim), eher die Kontinuität schätzten, mit dem geltenden Recht konform gingen und riskante Börsengeschäfte tätigten.

Als Nächstes mussten sich die Teilnehmer um die Auswahl und Beschaffung ihrer Ausrüstung kümmern. Die Fernsehbildschirme zeigten Modest, wie er in den Gelben Seiten nach Herstellern, Großhändlern und Secondhandläden suchte, und kurz darauf sah man ihn kreuz und quer durch die Stadt ziehen und Restposten von Seilen, dünnem Stahlkabel und Aluminiumgestänge kaufen, Sauerstoffgeräte aus Kliniken, Bergstiefel und Eispickel aus Militärbeständen und Bahnen wasserdichten Nylonstoffs besorgen. Anschließend wurde er gefilmt, wie er mit handwerklichem Eifer Seile drehte, Strickleitern knüpfte und ein Campingzelt sowie Beutel für Ausrüstung und Proviant nähte – eine wahre Demonstration von Einfallsreichtum, Fingerfertigkeit und Selbständigkeit. Màxim dagegen sah man schnurstracks in die großen namhaften Fachgeschäfte stürzen, wo er sich die Produkte der aktuellsten und meist beworbenen Marken zeigen ließ und darauf achtete, knallige Farben und exotische Formen zu kombinieren, und als er seine Wahl getroffen hatte, zahlte er mit Kreditkarte und ließ sich seinen Einkauf nach Hause liefern. Wieder verteilte sich die Volksgunst sehr gleichmäßig auf die beiden Favoriten, wenn auch aus ganz anderen Gründen. Der Marktforschungsstudie zufolge hatten sich dieses Mal stark die sozialen Unterschiede verwischt, weshalb zu vermuten stand, dass zwischen den Fans des einen und denen des anderen Kandidaten ein wechselseitiger Austausch von Stimmen stattgefunden hatte. Bei der Auswertung nach nicht unmittelbar ideologischen Vorlieben trat dafür ein umso deutlicherer Unterschied zutage: Unter denen, die für Modest gestimmt hatten, fanden sich überdurchschnittlich viele Heimwerker, Sammler, Mitglieder von Verbraucherkooperativen, Befürworter von Fahrradwegen und Leute, die häufig zu Grillfesten und Paella-Essen im Landhäuschen von Freunden gingen, während die, die für Màxim gestimmt hatten, sich durch eine Überzahl von zwanghaften Konsumenten auszeichneten, die ihre Wochenenden in Einkaufszentren verbrachten, Autos mit großem Hubraum fuhren und mit Begeisterung Pauschalreisen auf irgendeine tropische Insel unternahmen. Allem Anschein zum Trotz zählte man in dieser zweiten Gruppe mehr praktizierende, vatikantreue Katholiken als in der ersten.

Nach dieser Aufgabe widmete die Serie eine ganze Sendung einem Interview mit den beiden Finalisten, die sich zum ersten Mal vor den Fernsehzuschauern des ganzen Landes gegenübersaßen. Die junge Moderatorin – ein intelligentes, kompetentes Mädchen, die aber dermaßen aufgetakelt war, als müsse sie das Publikum bei seinen niederen Instinkten packen – fragte die Kandidaten, welches Motto sie sich jeweils für ihr Vorhaben gewählt hätten. »Die Qualität und den Wert einer Handlung erkennt man an ihrer Wirksamkeit: was funktioniert, ist gut, was nicht funktioniert, ist schlecht«, antwortete Màxim überlegen, worauf die Zuschauer im Studio stürmisch Beifall klatschten und, hochrot im Gesicht, drauf und dran waren, vor lauter Begeisterung von ihren Stühlen aufzuspringen. Die Moderatorin, die mit unparteiischer Zurückhaltung ebenfalls applaudiert hatte, erteilte mit einer einladenden Geste dem zweiten Kandidaten das Wort. »Verdienst und Leistung sehe ich eigentlich nicht darin, *dass* ich mein Ziel erreiche, sondern *wie* ich es erreiche. Sollte es die Situation erfordern, würde ich meinem Gegner auch auf den Gipfel hinaufhelfen«, erklärte Modest bescheiden, und das erhitzte Publikum belohnte auch diese treffende Devise mit frenetischem Applaus, wobei erstaunlicherweise dieselben, die erst dem einen zugejubelt hatten, nun auch dem anderen zujubelten. Im Übrigen traf dies nicht nur auf die Studiogäste zu, vielmehr bestätigte die TED-Umfrage ein vergleichbares Verhalten unter den

Fernsehzuschauern, die das Programm von zu Hause aus verfolgten. Und während sich Màxim für die Unterstützung bedankte, indem er wie ein Held ins Publikum grüßte, die Arme schwenkte und Handküsschen warf, beschränkte sich Modest auf die knappe Verbeugung eines Pianisten. Das Drehbuch sah vor, dass die Moderatorin im Anschluss daran einen verbalen Schlagabtausch zwischen den beiden Kandidaten provozieren sollte, aber da zwei sich nicht streiten können, wenn einer nicht will, und Modest kein Kontra gab und sich auf nichts einließ, kam die Diskussion nicht richtig in Gang und blieb ziemlich farblos. Sichtlich gereizt versuchte Màxim seinen Rivalen angesichts dessen passiven Verhaltens zu provozieren, doch war nichts zu machen. Nichtsdestotrotz spendete das hochverehrte Publikum donnernden, rückhaltlosen Applaus.

Das vielleicht wirkungsvollste Ergebnis dieser Programmfolge war, dass bereits am Tag danach in allen einschlägigen Geschäften die Merchandising-Produkte auslagen: gelbgrüne T-Shirts mit dem Limonadenlogo, das Màxim im Studio getragen hatte, und Maskottchen, die ein getreues Abbild des nachlässig gekleideten und nicht sonderlich attraktiven Modest darstellten, natürlich mit einer Flasche des Sponsorengetränks in der Hand. Ein paar Wochen lang galten die wenigen Jugendlichen, die noch kein solches Shirt oder zumindest einen Schlüsselanhänger mit dem Püppchen hatten, als Hinterwäldler und fade Misanthropen. Weil Sommerloch war, befassten sich die Tageszeitungen sogar auf den Titelblättern mit den ungeheuerlichen Verkaufszahlen dieser Gadgets und erörterten in mehreren Kommentaren das Für und Wider, weil sich aus dem müden Streitgespräch kein Skandal ergeben hatte, mit dem sie die Seiten hätten füllen können. Tatsache ist, dass diese Episode und ihre soziokommerziellen Auswirkungen der Serie zu noch höheren Einschaltquoten verhalfen.

Parallel zu diesen Nebeneffekten, die nützliche Selbstläufer waren, hatten die Kameras gleich am Tag nach dem Live-Auftritt begonnen, jeden Schritt der beiden Gipfelstürmer aufzuzeichnen. Mit der Frage, welchen Berg sich die beiden wohl aussuchen würden, hatten die Fernsehanstalt und generell alle Medien eifrig die Neugierde geschürt und sich dabei auch über die diversen Schwierigkeitsgrade und Geländeformen ausgelassen. Doch verpuffte das alles schon mit der ersten Aufstiegsetappe, da es nur einen höchsten Gipfel gab, weshalb die beiden Finalisten, die ja umfassend informiert waren, sich notgedrungen am selben Berg treffen mussten. Beim Basislager stand bereits ein riesiges Reklameschild der Sponsorenfirma, das allerdings nicht groß genug war, um die Unmenge von Seilen, Zeltfetzen und anderen Hinterlassenschaften zu verdecken, mit denen ein halbes Jahrhundert Klettertradition die Gegend verschandelt hatte. Die Kameras konnten nicht umhin, das alles zu zeigen, und obendrein wählten die beiden Bewerber auch noch dieselbe Aufstiegsroute, sodass sie gar nicht wie Rivalen, sondern eher wie eine Seilschaft wirkten, wenn auch eine ziemlich flinke Seilschaft, denn sobald einer einen Schritt zulegte, ging auch der andere schneller und umgekehrt. Um der visuellen Langeweile und dem scheinbaren Mangel an Kampfgeist der beiden Rivalen entgegenzuwirken, befahl die Programmleitung der Moderatorin und den Kameraleuten, den beiden Kletterern ein wenig Dampf zu machen, indem sie ihnen ein unumgängliches Streitmotiv lieferten. Die junge Frau kam auf die Idee, sich in der Nacht zu Màxim ins Zelt zu schleichen und ihm vertraulich mitzuteilen, seitens des Sponsors bestehe ein großes Interesse, die Karriere des jungen Popsängers voranzutreiben, ja man wolle ihm sogar zum Sieg verhelfen, doch müsse Màxim seinen Teil dazu beitragen, indem er irgendeine krasse Taktik ersann, um seinen Kontrahenten zu behindern. Màxim, der zu der Sorte Mann gehörte, die der festen Überzeugung ist, dass, wenn der Schöpfer Adam schon eine Rippe

entnommen hatte, um ihm eine Gefährtin zu geben, man sich keine Gelegenheit entgehen lassen darf, dem Willen des Allmächtigen zu entsprechen, und so fiel er im biblischen Sinne über sie her. Die junge Frau, die mit einer solch einseitigen Reaktion des Sommeridols wohl schon gerechnet hatte, stoppte ihn, indem sie ihm das Knie mitten in die Astgabel des Baums der männlichen Erkenntnis rammte. Er krümmte sich vor Schmerz, ließ aber von seiner lasziven Auslegung des nächtlichen Besuchs dennoch nicht ab. Um von der Programmdirektion ein paar Lorbeeren zu ernten, filmten die Kameraleute das schwankende Zelt, aus dem die Hilfeschreie der Moderatorin und Màxims mannhaftes Gebrüll kamen, bis es einstürzte und nur noch ein wirrer Haufen aus ineinander verschlungenen Gliedmaßen, Planen und Schnüren zu sehen war. Der Aufnahmeleiter befahl ihnen über Kopfhörer, weiter-, nur ja weiterzufilmen, die Einschaltquote steige von Sekunde zu Sekunde. Doch mit einem Mal bemerkte ein Kameramann, wie Modest, statt der jungen Frau zu Hilfe zu eilen, klammheimlich sein Lager abbaute und sich bergan davonstahl, woraus einige Zuschauer schlossen, dass sich die Moderatorin mit dem Flüchtling schon im Vorfeld abgesprochen und ihm gesagt hatte, er solle sich aus dem Staub machen, was immer er auch sehen möge. Aber das waren alles nur unhaltbare Spekulationen einer argwöhnischen Minderheit.

Die Szene mit der Moderatorin und dem Kandidaten, die sich in den Planen und Schnüren verheddert hatten, wurde genau im spannendsten Moment geschnitten, sodass die Fernsehzuschauer der nächsten Folge mit der Zuversicht entgegensehen konnten, dann das unverzichtbare Quäntchen Unanständigkeit präsentiert zu bekommen. Währenddessen interviewte ein unermüdlicher Kameramann Modest bei dessen nächtlichem Aufstieg. Modest sah verschwitzt und müde aus, er hatte wenig geschlafen und schon eine lange Wanderung hinter sich. Einsilbig antwortete er auf die Fragen seines unsichtbaren, hinter der Kamera verborgenen Interviewers, so als wäre er ganz auf seinen Weg konzentriert und hätte von dem Vorfall im Zelt seines Kontrahenten überhaupt nichts mitbekommen. Er erklärte lediglich, einen sicheren Vorsprung herausholen zu wollen, um so die Erwartungen des Publikums und des Sponsors zu erfüllen. Das Objektiv lieferte ein verwackeltes, schlecht ausgeleuchtetes Bild, was einen realistischen, höchst glaubwürdigen Live-Effekt erzeugte.

Die TED-Umfrage ergab, dass der Blutdruck der meisten Zuschauer positiver auf die impulsive und groteske Reaktion des Popidols reagierte als auf Modests nüchterne und vielleicht ein wenig hinterlistige Zielstrebigkeit, doch nichts davon schlug sich im Abstimmungsergebnis nieder, weil die Leute wählten, was sie für korrekt hielten, und nicht, was ihr Blut wirklich in Wallung brachte. Somit war der Punktestand zum Schluss der Sendung ziemlich ausgeglichen.

Die nächste Folge wurde bei Tag gedreht und zeigte Bilder vom Aufstieg, wobei ständig von einem Rivalen zum anderen geschaltet wurde. Da eine beträchtliche Distanz zwischen den beiden lag, ließen sich die Techniken und Strategien, die jeder von ihnen erlernt hatte und nun einsetzte, gut unterscheiden. Szenisch betrachtet, war es eine entspannte Folge, deren besonderer Reiz darin lag, dass es sich um die letzte vor dem Gipfelsturm handelte. Den Höhepunkt der Episode stellte eine Erklärung Màxims dar, der seinem unsichtbaren, unermüdlichen Interviewer mit geradezu olympischem Optimismus versicherte, der Vorsprung seines Kontrahenten mache ihm keine Angst, denn er sei ganz sicher, es letztlich höher hinauf zu schaffen als Modest. Dabei lächelte er vielsagend wie einer, der noch einen Trumpf in der Hinterhand hat. Dieses Versprechen versetzte das Fernsehpublikum ohne Zweifel in knisternde Erregung. Die Kamera richtete sich in schier endlosen Einstellungen

bald auf den Berggipfel, spitz und blank wie eine Schwertklinge, bald auf die öde, raue Landschaft aus Felsbrocken, die von der jahrtausendelangen Reibung in den vereisten Klüften ganz rund geschliffen waren. Auf diesem eintönigen, unfruchtbaren Boden schoben sich abwechselnd die Spitzen von einem Paar Bergstiefel ins Bild: die Füße des anonymen, unermüdlichen Kameramannes. Das Knirschen der Schritte und das Keuchen schwer geforderter Lungen wetteiferten mit dem Pfeifen des Höhenwindes, der sogar das Glas der Fernsehschirme zu durchdringen schien – dies war die einzige Hintergrundmusik zu den Bildern. Allerdings sorgte die Komplexität der filmischen Ausdrucksmittel unter den Zuschauern für Verwirrung und hatte eine beträchtliche Stimmenthaltung zur Folge, wie später der Marktforschungsstudie zu entnehmen war.

Das Finale begann mit den gleichen Aufnahmen der rauen, trostlosen Landschaft, mit denen die vorige Folge zu Ende gegangen war, doch schwenkte das allgegenwärtige Kameraobjektiv nun ohne das hyperrealistische Wackeln des marschierenden Kameramannes hinauf zum letzten Teilstück unter dem Gipfel, wo sich zwei schwankende Pünktchen so klein wie zwei Flöhe über das Schneefeld bergan bewegten. Und als blicke man durch das Auge eines Sperbers, der sich auf sein Opfer stürzt, wurden die beiden Punkte mithilfe des Zoomobjektivs herangeholt, bis man die beiden Gestalten klar erkennen konnte: voran Modest und hinter ihm, im Abstand von nur noch wenigen Metern, Màxim. Aber es kam noch besser: Auf wundersame Weise teilte sich das Bild in zwei Hälften und man sah die verbrannten Gesichter und die gefrorenen Tropfen an Kinn und Nasen der zwei Gipfelstürmer aus nächster Nähe. Modest und Màxim schienen binnen eines einzigen Tages stark gealtert. Doch ihre Augen funkelten, und beide hielten den leuchtenden Blick unverwandt auf die Spitze des Berges geheftet. Bei dieser unmittelbar auf die Mimik der beiden Gegner ausgerichteten Einstellung war der Gipfel selbst nicht im Bild, doch beschworen ihn die eindringlich blickenden Pupillen deutlicher herauf, als wenn er zu sehen gewesen wäre; er verkörperte das heldenhafte Ziel, die Sehnsucht schlechthin, Begierde im Stadium des Deliriums, längst bar aller ethischen Beherrschung. Das Kameraauge entfernte sich ein wenig, bis es wieder beide Männer erfasste, wie sie besessen gegen die Steigung und das Eis ankämpften, das jeden Schritt beschwerlich und unsicher machte. Zuerst konnte Modest seinen Vorsprung leicht ausbauen, dann jedoch glitt er aus und schlitterte Màxim fast vor die Füße, worauf dieser vor Schreck auch ein Stück zurückrutschte, sich aber sofort wieder fing und auf allen vieren aufholte. Ein unsichtbares Mikrophon übertrug live – was eigentlich undenkbar war – das Röcheln der beiden bei ihrem verbissenen Zweikampf. Am rechten Bildschirmrand gab es eine Skala, auf der jeder dieser letzten von insgesamt 8848 Metern grün aufleuchtete, sobald ihn die beiden überwunden hatten. Auf einer zweiten Skala zeigte das Marktforschungsunternehmen, das die soziologische Auswertung machte, parallel dazu in Rot den Grad der fiebrigen Erregung der Zuschauer, die zum einen oder anderen hielten. Wenngleich Modest in Führung blieb, ließ sich an diesem Stimmungsbarometer eine Tendenz des Publikums zugunsten von Màxims kämpferischem Einsatz erkennen. In diesem Moment glaubte man das immer heftiger werdende Schlagen aller Zuschauerherzen des Landes förmlich zu spüren. Doch dann ließ etwas Unerwartetes, Unerhörtes, ja Unglaubliches die Anzeige auf den Skalen schlagartig innehalten: Màxim war stehen geblieben und schlug mit dem Pickel wie verrückt auf einen Eisblock ein. Was machte er da? War er durchgedreht? Sogar Modest wandte sich kurz um, als er die Schläge hörte, und die Nahaufnahme zeigte seine verständnislose Miene. Schließlich hatte Màxim einen drei Spannen dicken Eisbrocken aus dem Berg

gelöst und ihn im Handumdrehen an der unebenen Seite etwas abgeflacht. Dann nahm er seinen Rucksack ab, leerte ihn mit einem energischen Ruck aus und packte den Brocken hinein. Modest hatte indessen einen ziemlich großen Vorsprung gewonnen und war bereits im Begriff, sich bäuchlings auf das kleine Gipfelplateau hinaufzuziehen. Es gelang ihm, ein Knie aufzustützen und dann den Rest des Körpers hochzustemmen. So blieb er kurz liegen, um nach der ungeheuren Anstrengung wieder zu Atem zu kommen. Bevor er sich aufrichtete, blickte er nach unten und staunte nicht schlecht. Die Kamera zeigte es deutlich: Màxim hatte sich den schweren Eisblock auf den Rücken geladen, und ehe er seinen Aufstieg zum Gipfel fortsetzte, stieß er ein schallendes Gelächter aus, in dem ein leicht bedrohlicher Unterton mitschwang. Dann legte er die Hände als Trichter vor den Mund und brüllte: »Jetzt werden wir gleich sehen, wer es höher hinauf schafft!« Modest sah ihm entgegen und ließ unschlüssig die Arme hängen, zweifelnd, ob er sie triumphierend hochwerfen oder vorsichtshalber erst einmal abwarten sollte, bis der andere sein hinterhältiges Vorhaben zu Ende gebracht hatte. Màxim hetzte den Berg hinauf, auch wenn dies in Anbetracht der Last, die er mit sich schleppte, und dem Schwierigkeitsgrad der zu bezwingenden Steilwand vielleicht nicht der richtige Ausdruck ist. Endlich krallte er sich mit allen zehn Fingern seiner behandschuhten Hände an den Rand des Gipfelplateaus. Die Augen quollen ihm aus dem Kopf. Die Skalenzeiger auf den Fernsehschirmen drohten über den höchsten messbaren Wert hinauszuschießen, während Millionen von Bürgern der Atem stockte. Màxim versuchte, sich mit einem Klimmzug auf das Plateau zu hieven. Zu Füßen seines Rivalen verließ ihn unter dem enormen Gewicht seines Rucksacks jedoch die Kraft. Nachdem er ein Steigeisen in die Wand gerammt hatte, um Tritt zu fassen, versuchte er es noch einmal, doch als er die Ellbogen hinaufschwang, zog ihn sein Rucksack wieder abwärts.

Sein vergebliches, hartnäckiges Bemühen war so jämmerlich anzusehen, dass Modest sich schließlich ein wenig vorbeugte und ihm seine Hand hinstreckte. Mit verzweifelter Geste wollte der andere danach greifen, doch kaum hing er nur noch mit einem Arm an der Kante der Plattform, als ihn das Gewicht des Eisblocks aus der Wand riss, sodass er den Steilhang hinunterkugelte wie ein immer schneller werdender Schneeball. Sowohl der Skalenzeiger für die erreichten Höhenmeter als auch das Stimmungsbarometer sackten so ab, dass sie einen konfusen Moment lang gar nichts mehr anzeigten, doch schnellten sie danach sofort wieder in die Höhe und erklärten Modest ganz klar zum Gewinner. Unten am Berghang hatte sich Màxims Körper in der Unmenge von Seilen, Strickleitern und Sauerstoffgeräten der zahllosen Kletterer verfangen, die ihm glücklicherweise bei diesem Abenteuer vorausgegangen waren, und ein Hubschrauber mit dem Logo des Sponsorengetränks erreichte ihn rechtzeitig, um ihn lebend zu bergen. Der Hubschrauber flog weiter zur Bergspitze, wo auch noch der glorreiche Sieger zustieg, und ein paar Minuten später war bereits zu sehen, wie die muntere Moderatorin im Basislager den verwirrten Modest küsste, der zitterte wie Espenlaub. Sie freute sich, wie sich eine Moderatorin zu freuen hat, und lobte überschwänglich die Selbstüberwindung und all die anderen Leistungen des Helden, ja sie zeigte sich so durch und durch positiv, dass sie den Verlierer und sein Befinden nach dem Unfall nicht einmal erwähnte.

Modest spendete die Hälfte seines Preisgeldes, die einem guten Zweck zugeführt werden musste, für die schwierige Wiederherstellung des Knochengerüsts und Selbstwertgefühls seines Kontrahenten. Diese großmütige Geste fand bei der sentimentalen Volksseele großen Anklang.

Trotzdem war der Softdrinkmarke bei weitem kein so großer Erfolg beschieden, wie man aufgrund des betriebenen Werbeaufwands hätte annehmen kön-

nen. Die Presse, die sich dabei auf Quellen aus dem Umfeld des Marktforschungsunternehmens berief, schrieb dies der Tatsache zu, dass die Zuschauer vergebens auf die Aufklärung eines üblen Verdachts gehofft hatten: Wie ein Lauffeuer hatte sich das Gerücht verbreitet, dass nach dem Schlamassel im Basislager, zu dem die Moderatorin gezwungen worden war, um die Spannung der Serie zu erhalten, die Finalisten zu diesem doch ziemlich tragischen Finale regelrecht gedrängt worden seien.

Nachdem alles überstanden war, fragte sich Modest, was ihn wohl bewogen haben mochte, an einem derartigen Wettbewerb teilzunehmen, war aber nicht imstande, darauf eine klare Antwort zu finden.

Übersetzt von Petra Zickmann

Josep M. Fonalleras

Drei Fahrten im Bus

Es wäre doch eigentlich nicht schlecht, wenn in allen Bussen, die irgendwelche Fanclubs zum Stadion fahren, besser noch, in allen Touristen-Reisebussen oder, noch viel besser, in allen Autobussen auf der ganzen Welt am gleichen Tag ein Video verteilt würde mit genauen Anweisungen, in welchem Moment der Reise es einzulegen ist, damit alle Reisenden, ob nun Fußballfans, Touristen oder sonstige Busfahrende, auf der ganzen Welt am gleichen Tag und zur gleichen Uhrzeit während der Fahrt den gleichen Film sehen könnten.

So ist es aber nicht. Der Busfahrer, der immer auf dem neuesten Stand ist, weil er in seiner Firma regelmäßig eine Filmzeitschrift mit den frisch auf den Markt gekommenen Videos durchblättert, geht ab und zu in eine Videothek und leiht sich gesetzlich autorisierte Filme aus. Nicht die Mitreisenden dürfen also das Video auswählen, das während der Fahrt angeschaut wird, und sie dürfen auch nicht einfach eins von zu Hause mitbringen, das sie vielleicht direkt vom Fernseher aufgenommen haben. In diesem Punkt zeigt sich der Busfahrer unnachgiebig. Falls nämlich zufällig einmal eine Kontrolle durchgeführt würde, wäre er derjenige, der eins aufs Dach bekäme. Nicht ganz so genau nimmt er es hingegen mit der Vorschrift, dass wir während der Fahrt nicht aufstehen dürfen, und er erlaubt uns sogar zu rauchen, denn schließlich ist er der Busfahrer, der den Fanclub des FC Barcelona schon seit Jahren zu den Heimspielen des Clubs kutschiert.

Bevor der Fahrer das Video einlegt, zählt Paua die Fahrgäste durch und sammelt das Geld für die Eintrittskarten ein (Fanclub-Mitglieder zahlen einen

Sonderpreis), und wenn der Film dann läuft, geht sie herum und fragt alle, wie das Spiel wohl ausgehen wird. Das ist schon ein Ritual. Alle spielen mit. Jeder wirft zwei Münzen in ein Stoffportemonnaie mit einem gestickten Barça-Wappen darauf und darf dann seinen Tipp abgeben. Auch ich mache mit. Ich bin drauf und dran zu sagen, dass wir verlieren werden (eigentlich mehr aus Spaß), doch mein Sitznachbar warnt mich. Er erzählt, dass einmal einer, der eine Niederlage vorausgesagt hatte, tatsächlich recht behielt, woraufhin Paua ihn nach dem Spiel derartig unter Druck gesetzt habe (»Wir schmeißen dich mitten auf der Autobahn aus!«), dass der Arme schließlich notgedrungen seinen Gewinn herausrückte, damit der Fanclub für die Rückfahrt vom nächsten Spiel Sekt und Kekse kaufen konnte.

Der Film läuft schon. Es seien immer Spionage- oder Kriegsfilme, erklärt man mir; bei der Ankunft in Barcelona würde das Video angehalten, sodass man es nach dem Spiel zu Ende gucken könne, wenn man nicht zu müde oder zu traurig oder zu aufgedreht sei. Aber das heutige Video ist kein Spionagefilm, ja nicht einmal die Parodie eines Spionagefilms, ein Genre, das sich ebenfalls großer Beliebtheit erfreut. Nein, es ist ›Ordet‹.

Ich könnte mir denken, dass es irgendeine finstere Gestalt gibt, die die Filmauswahl in sämtlichen Autobussen der Welt überwacht und beschlossen hat, heute aufs Ganze zu gehen, auch wenn man sie dafür vielleicht mitten auf der Autobahn rausschmeißen würde. Aber das ist reine Phantasie. In Wirklichkeit muss sich der Busfahrer in der Videothek vertan haben oder man hat ihm die Hülle von einem Kriegs- oder Spionagefilm gegeben, ohne zu merken, dass sie eine andere Videokassette enthält. Es ist Dreyers ›Ordet‹, und ich kann mir beim besten Willen nicht vorstellen, dass die Mitglieder dieses Fanclubs (viele tragen die Trikots der Mannschaft und die Kinder haben Fanschals und Hupen dabei, und ich entdecke in ihren Reihen sogar einen Exfußballer, der in der Ersten Liga gespielt hat – er war Verteidiger und sieht auch immer noch so aus, mit diesem ernsten Blick und seinen krummen Beinen –, und ältere Damen, die Klatschzeitschriften lesen, und Pärchen, die sich mit Inbrunst und taktisch geschickt abküssen) den Nerv haben, sich die Geschichte von Johannes Borgen reinzuziehen, der gut und gern ein Däne vom Club »Lokomotive Kierkegaard« sein könnte, den Barça gerade verpflichtet hat.

Einige rufen Paua zu, sie solle den Videorecorder ganz schnell ausmachen, verdammt noch mal, sie würden gleich einschlafen, und ein anderer brüllt, es reiche jetzt, sie hätten nachher im Stadion schließlich genug Zeit zum Schlafen. Ich finde, sie reagieren noch ziemlich gut, denn einen Moment lang hatte ich geglaubt, sie würden gleich den Bus stoppen, die Videokassette verbrennen und den Fahrer an der nächstbesten Raststätte an einer Straßenlampe aufknüpfen, in Montcada zum Beispiel, wo die Busse nachts alle haltmachen, wenn sie nach dem Spiel in Richtung Girona zurückfahren, aber vielleicht haben die Fans dann ja gedacht, dass es sich nur um einen Kurzfilm oder einen Scherz von Paua handelt, und zudem sind wir bereits kurz vor Barcelona, sodass die Gemüter sich bald beruhigt haben.

Ohne es mitzukriegen, werden wir gleich auf der Avinguda Diagonal in Richtung Stadion fahren und Paua wird aus ihrem Rucksack eine Trainingsjacke holen, die sie sich über das Trikot zieht (die Vorderseite ist blaurot gestreift, die Vereinsfarben des FCB, und hinten drauf ist die katalanische Flagge). Das ist dann das Zeichen, auf das ihr Neffe (oder ein Junge, der als solcher herhalten muss) gewartet hat, um dem Busfahrer zu sagen, dass er ›Ordet‹ (oder den Spionage- oder Kriegsfilm oder auch die Parodie mit einem schwarzen, Grimassen schneidenden Polizisten) stoppen und die Musik anmachen soll. Es erklingt die Barça-Hymne und alle im Bus singen mit, und danach läuft noch ein Stück von Rudy Ventura und seiner Combo, währenddessen

alle so tun, als ob sie wie er Trompete spielen würden, und unter den Trompetenklängen fahren wir dann auch schon auf den Busparkplatz des Camp Nou. Paua sagt noch an, dass nach dem Spiel gefälligst niemand rumtrödeln soll, dass »wir uns sofort auf den Heimweg machen und mir bloß keiner den Bus verpasst«, und verkündet übers Mikro (auch das ist ein Ritual), dass sie mit einem Päckchen Ducados in der Hand und Migueli an ihrer Seite vollauf glücklich wäre, dass sie die Ducados schon habe, sich, was Migueli angehe, aber auch mit einem Foto begnüge. Und dann verspricht sie uns, dass wir auf dem Rückweg Radio hören und auf keinen Fall mehr diesen schwachsinnigen Schwarzweißfilm gucken werden, auch wenn die Schwägerin von diesem Johannes Borgen gestorben sei oder gleich von den Toten auferstehe und danach vielleicht eine Runde schwimmen gehe in diesem dunklen See. Sie haben den Film genau in dem Moment ausgemacht, als Johannes – der sich für den Messias hält, einen Bart hat wie Jesus Christus und auch solche Kleidung trägt – in das Zimmer seiner toten Schwägerin kommt und sie tatsächlich vom Tode erweckt. Johannes' Vater, Morten Borgen, der gut den Trainer von »Lokomotive Kierkegaard« abgeben könnte, setzt daraufhin die Uhr wieder in Gang, denn bei Ingers Tod hatten sie das Pendel angehalten und es war, als wäre die Zeit stehengeblieben, aber nun läuft die Zeit wieder, und zwar auch für uns, denn wir betreten gerade das Stadion und das Spiel geht gleich los.

Die Rückfahrt ist dann so wie immer, es gibt Sekt und Plätzchen. Und auch Cola. Sekt und Cola werden in zwei *porrons*, den typischen bauchigen Krügen mit langer Tülle, aus denen eigentlich Rotwein getrunken wird, von Sitz zu Sitz gereicht. Die Kekse sind aus dem Supermarkt »Dia«, eine Gebäckmischung. Als Erstes gehen die mit Schokolade weg, die mit den kleinen Schokosplittern, am Schluss sind nur noch die Butterkekse übrig, die eine Art gelben Knopf in der Mitte haben, wie

Margeriten. Ich esse Plätzchen, trinke Cola und denke an früher, als ich noch jung war und manchmal Cola mit ein paar Donuts gefrühstückt habe.

Statt zur üblichen Zeit ist der Fanclub heute schon am Morgen in Salt losgefahren. Es ist Sonntag und wir haben erst die Sportanlagen auf dem Camp Nou besichtigt und uns dann noch am Rand des Stadionrasens fotografieren lassen. Mit der ganzen Truppe aus dem Bus haben wir uns um eine Europapokal-Attrappe gruppiert, die wir extra von zu Hause mitgebracht hatten. Der Pokal in unserer Mitte wirkt mit seinen beiden Henkeln wie eine griechische Statue im Profil oder wie eine Urne. Wir haben gelacht. Die Kinder haben ein paar Bälle geschossen, aber die Sicherheitsleute haben sie angebrüllt, dass es nicht erlaubt sei, hier herumzubolzen. Beim nächsten Foto haben wir alle auf den falschen Pokal geguckt, und ich habe gesehen, wie eine der älteren Damen, die im Bus zum Zeitvertreib Illustrierte gelesen haben, geweint hat. Auch viele von denen mit Trikots haben geweint. Danach hat man uns aufgefordert, das Stadion zu verlassen, aber irgendjemand hat gebettelt, bitte nur noch ein Foto, eines noch und dann ist es gut. Der Sekretär und der Schatzmeister des Fanclubs sind allerdings nicht mit aufs Foto gekommen, denn sie sind damit beschäftigt gewesen, ein kleines Loch in den Rasen zu graben, gleich neben der Seitenlinie bei der Tribüne, unter einem auf dem Boden ausgebreiteten Werbebanner mit der Aufschrift *Ocaso,* »Abenddämmerung«, einer Sterbeversicherung für alte Leute. Die Sicherheitsleute haben nichts gemerkt, auch nicht, dass der, der einmal in der Ersten Liga gespielt hat, der mit den krummen Verteidigerbeinen und dem ernsten Blick, die Pokalattrappe genommen, sie geschüttelt, den Korken herausgezogen (er war mit Küchenpapier umwickelt, wie man es auch bei Ölkrügen macht) und dann die Asche in das Loch geschüttet hat.

Anschließend haben sie noch einen kleinen Fetzen von der Trainingsjacke in das Loch getan und sich dann große Mühe gegeben, das Rasenstück wieder so gut wie möglich einzusetzen; und zum Schluss haben sie das Ganze mit dem *Ocaso*-Werbebanner überdeckt. Die Truppe aus dem Bus hat die Hymne gesungen, und manche haben sogar so getan, als ob sie die Trompete von Rudy Ventura spielten. Und dann sind wir alle zusammen hoch ins Barça-Museum gegangen; die Kinder haben sich noch ein paar Mal im Souvenirladen fotografieren lassen, manche haben Unterhosen mit der Vereinsflagge drauf gekauft und Handtücher, die größer werden, wenn man sie nass macht, etwas, was ich bis heute nicht verstanden habe.

Inzwischen war es auch schon an der Zeit, zu Mittag zu essen, aber auf einer der Uhren am Eingang sahen wir, dass es gerade einmal elf Uhr war, was uns wieder daran erinnerte, wie Vater Borgen das Uhrpendel in seinem Haus in Dänemark angehalten hat, irgendwo in der Nähe vom Haus der Laudrups. Jedenfalls sind wir essen und danach zum Palau Blaugrana gegangen, wo gerade Handball gespielt wurde, und dann war es auch schon an der Zeit, ins Stadion zu gehen.

Wir haben das Spiel gewonnen, doch das zählt nicht.

Irgendwo habe ich gelesen, dass in der Urne, die sie dir geben, gar nicht die Asche deines Verstorbenen drin ist, also des Verstorbenen, bei dem du Totenwache gehalten hast. Das ist wieder so etwas, was ich nie richtig verstehen werde; ich finde, man hat ein Recht darauf, die Asche *seines* Verstorbenen mit nach Hause zu nehmen und nicht die von irgendjemand anderem. Es ist natürlich nicht so, dass das Bestattungsunternehmen einfach nur Holz oder irgendetwas anderes verbrennen würde, das nicht, aber die Temperatur des Ofens muss ziemlich hoch und immer konstant sein, und es würde sich für sie nicht rechnen, das Feuer jedes Mal wieder anzuzünden, wenn ein neuer Toter in den Ofen geschoben wird. Deswegen wiegt man den Toten vorher und gibt ihn dir dann in Form der seinem Gewicht entsprechenden Menge Asche zurück, aber da kann dann eben die Asche von anderen Verstorbenen daruntergemischt sein, die im gleichen Durchlauf wie deiner verbrannt worden sind.

Einer aus dem Bus, mein Sitznachbar, vertraut mir an, dass Paua von allen sehr vermisst werde und dass es nicht mehr das Gleiche sei wie früher, wenn sie im Stadion ankommen und die Barça-Hymne hören, jetzt, da sie nicht mehr dabei sei. Zwar hätten sie ihre Trainingsjacke aufbewahrt, sie liege immer ganz vorn im Bus auf ihrem Sitz, wie ein Heiligtum, aber es sei eben nicht mehr so wie früher, als sie noch gemeinsam vom Busparkplatz zum Stadion gingen und Paua vorneweg lief und ihnen in ihrer Trainingsjacke den Weg bahnte, so als wären sie ein Stoßtrupp und Paua die Brigadeführerin.

Und er erzählt mir weiter, dass sie an dem Tag, als sie ihre Asche abgeholt hätten – nach zwei oder drei Tagen, »die bestellen einen immer später hin« –, zufällig ein paar Leuten begegnet seien, die auch ihre Asche, das heißt die ihres Toten abholen wollten, der in Salt dem Fanclub von Real Madrid angehört hatte und an einem Herzinfarkt gestorben war, nachdem er sich ein Spiel seiner Mannschaft im Stadion von Espanyol angesehen hatte. Das sei aber nicht weiter schlimm gewesen, erklärt er, jeder habe seine Hymne gesungen, und dann seien sie mit den Urnen in der Bar neben der Leichenhalle ein paar Bier trinken gegangen. Die Fans von El Barça hätten Ducados geraucht und Migueli gehuldigt, worauf die Madrilenen gesagt hätten, dass sie das Gleiche mit Juanito tun würden, der auch tot sei, und die Sache endete mit ein paar gefüllten Oliven und einem Foto von Juanito, das an die Urne des Madrilenen und einem Foto von Migueli, das (wie ein Ritual) an die Urne von Paua geklebt wurde.

Auf dem Spielfeld gewinnen wir gerade, aber darauf kommt es nicht an. Das ist natürlich schon wichtig, ist ja klar, aber eben nicht so wichtig wie das, was ich gerade beobachte: Das *Ocaso*-Werbebanner hat sich soeben in die Luft erhoben, und die Sicherheitsleute setzen alles daran, damit es nicht auf den Rasen flattert. Der Schiedsrichter muss das Spiel für einen Moment unterbrechen, damit sie das Banner einfangen können, aber es steigt immer weiter nach oben, wie eine gelbe Margerite, die in diesem Fall aber kein Butterkeks ist, und zusammen mit Pauas Asche und der des Real-Madrid-Fans fliegt es über den Rasen wie ein Nebelschweif oder wie der Rauch der Knaller, die vor dem Spiel gezündet wurden, ihre Asche, die auch jubeln will wie wir alle, jetzt, wo das Werbebanner wieder dort ist, wo es hingehört, und das Spiel weitergehen kann, jetzt, wo wir ein Tor schießen werden, ein Tor, ja, das Tor, das Johannes Borgen soeben geschossen hat, nach einer Flanke von seinem Cousin Laudrup. Asche, die sich vereint und zu einer Art Trainingsjacke wird (die Vorderseite blaurot gestreift und hinten drauf die katalanische Flagge), die ebenfalls fliegt und Ducados raucht, Asche, die sich mit den anderen Ascheteilchen vermischt bis in alle Ewigkeit wie ein Nebelschweif.

Wir fahren nach Hause und essen Kekse und trinken aus *porrons*, und ich spüle die Margeritenplätzchen mit Cola runter. Irgendjemand stößt auf Paua an, und auf den Monitoren des Busses können wir sie jetzt auch sehen (der Fahrer hat eine Ausnahme gemacht: Es ist ein Video von jenem berühmten Spiel gegen Juventus, 1:0, »mit diesem Wahnsinns-Tor von Julio Alberto«, sagt mein Nachbar zu mir): Sie lacht und raucht und brüllt diejenigen an, die zu spät kommen, droht ihnen, dass sie mitten auf der beschissenen Autobahn rausgeschmissen würden, und es ist, als hätte Johannes Borgen nicht nur das Tor geschossen, sondern auch Paua wieder von den Toten auferstehen lassen, in Schwarz-Weiß und mitten in Dänemark.

Und dann ist plötzlich Ruhe, was ja der stärkste Lärm überhaupt sein kann, und Pauas Neffe (oder einer, der als solcher herhalten muss) sagt, dass die Uhr des Busses nicht richtig gehe und Morten Borgen, der Trainer, der einen Trainingsanzug trägt und in der Ersten Liga gespielt hat (er hat Verteidigerbeine) lässt den Bus an der Raststätte Montcada halten, geht seelenruhig zur Uhr und setzt sie wieder in Gang, denn zuvor hatten sie das Pendel angehalten und es war, als wäre auch die Zeit stehengeblieben, aber nun läuft die Zeit wieder, und zwar auch für uns, denn wir betreten gerade das Stadion und das Spiel geht gleich los.

Übersetzt von Sophia Simon

Eine bewegte Geschichte

Mitte des 19. Jahrhunderts erklärte General Espartero einmal, man müsse Barcelona regelmäßig bombardieren, damit Spanien funktioniere. Und der »Befrieder Spaniens« hat sich auch gewissenhaft daran gehalten. Kriege und Aufstände erschütterten Katalonien unzählige Male. Es war Grenzmark mit arabischen und christlichen Festungen, im Mittelalter Stützpunkt einer mächtigen Kriegsflotte und der gefürchteten Söldnertruppen der *almogàvers*, die bis nach Griechenland und Konstantinopel gelangten. Unsere Nationalhymne erinnert an eine blutige Revolte der verarmten Landbevölkerung gegen die kastilische Regierung während des Dreißigjährigen Krieges, und mit unserem Nationalfeiertag gedenken wir dem 11. September 1714, als im Zuge des Spanischen Erbfolgekrieges Barcelona von Philipp V. von Bourbon erobert wurde und Katalonien sämtliche Freiheitsrechte verlor. Im 19. Jahrhundert war die traditionalistische Bewegung der Karlisten auf dem Land sehr stark; die katalanische Hauptstadt war hingegen eines der Zentren der liberalen Revolution von 1868. In Barcelona fanden Spaniens erster Arbeiterstreik (1855) und der erste Arbeiterkongress (1870) statt; dort wurden die sozialistischen und anarchistischen Gewerkschaften gegründet. Jahrzehntelang kam es immer wieder zu gewaltsamen Zusammenstößen zwischen Brotherren und Arbeitern mit zahlreichen Attentaten (wie z. B. 1893 das Bombenattentat im Liceu), auf die der Staat mit scharfer Repression antwortete. Sehen Sie sich einmal Casas' beeindruckende Gemälde ›Garrote vil‹ (1894) und ›La Càrrega‹ (1902) an. Als Spanien für seinen Marokkofeldzug vor allem

katalanische Arbeiter rekrutierte, riefen die Gewerkschaftsführer in Barcelona 1909 den Generalstreik aus, der in der *Setmana Tràgica,* der »tragischen Woche«, eskalierte: Barrikaden wurden errichtet, Kirchen angezündet – die Zentralregierung ließ die Rebellion blutig niederschlagen und den Reformpädagogen und Begründer der *Escola Moderna,* Francesc Ferrer i Guàrdia, den man beschuldigte, für den Aufstand geistig verantwortlich zu sein, trotz massiver internationaler Proteste hinrichten. 1934 wurde dann die Republik Katalonien ausgerufen – worauf die spanische Zentralregierung das Autonomiestatut von 1932 aufhob und die katalanische Regierung verhaftete. Francos Militäraufstand vom 18. Juli 1936 scheiterte zwar in Barcelona und die nachfolgende soziale Revolution ließ den Internationalen Brigadisten George Orwell ausrufen: »Zum ersten Mal befand ich mich in einer Stadt, in der die Arbeiterklasse regierte …«, im Spanischen Bürgerkrieg war der Ebro dann aber Schauplatz einer der größten Schlachten und die italienische Luftwaffe bombardierte wiederholt katalanische Städte, zum Beispiel Granollers, das zu »unserem Gernika« wurde mit über 200 Todesopfern. Anfang 1939 nahmen Francos Truppen Barcelona ein und eine halbe Million Republikaner flohen nach Frankreich. Von den Tausenden, die in den Konzentrationslagern der Nazis starben, vor allem in Mauthausen, waren ein Großteil Katalanen; ihr Schicksal hat Montserrat Roig in ›Els catalans als camps nazis‹ auf eindringliche Weise geschildert. 1940 wurde der Präsident der Generalitat de Catalunya, Lluís Companys, auf dem Montjuïc erschossen. Die Gestapo hatte ihn Franco ausgeliefert. Lange Zeit totgeschwiegen, steht seine Hinrichtung beispielhaft für Francos methodische Repression in der Nachkriegszeit.

Aufstände, Straßenkämpfe, Bomben, Repression … Betrachtet man unsere bewegte Geschichte, fällt es nicht leicht, den friedlichen und kompromissbereiten Charakter der Katalanen zu verstehen.

Emili Teixidor

Das bekritzelte Ei

Als der Bürgerkrieg zu Ende war, konnten meine Eltern mich im Dorf kaum noch ernähren, da mein Vater im Gefängnis von Vic saß – er wartete noch auf sein Urteil und ihm drohte die Todesstrafe – und meine Mutter sich den ganzen Tag in der Fabrik abrackerte und zusätzlich noch Überstunden machte für einen Lohn, der uns nicht im Entferntesten erlaubte, Weißbrot, Öl vom Ölhändler oder weißen Zucker zu kaufen. Deshalb brachte sie mich zu unseren Verwandten aufs Land.

Der große Bauernhof meiner Großeltern trug den Namen »Bac de Sau« und wurde von meinem Onkel und meiner Tante bewirtschaftet. Meinen Großvater hatte ich nie kennengelernt, er war schon gestorben; Großmutter war indes noch kerngesund, wenn auch schon sehr alt. Meine drei Cousins waren wesentlich älter als ich, aber meine Cousine, ein blondes, aufgewecktes Mädchen, das Elvira hieß, war in meinem Alter.

Elvira und mir trug man kleine Arbeiten auf wie Mais aus den Kolben zu schälen, die Schweineställe auszumisten, das Federvieh zu füttern, die Stute und Ochsen zu tränken, Gras für die Kaninchen zu rupfen, kleine Schnecken für die Enten zu suchen und mit einem Korb die Eier aus den Legenestern einzusammeln, ohne dabei ein einziges fallen zu lassen. Die anspruchsvollste und zugleich angenehmste Aufgabe war letztere, die wir zweimal am Tag erledigen mussten, einmal am späten Vormittag und einmal am Abend.

Ab und zu stießen wir dabei auf eine aufgeplusterte Henne, die sich nicht einmal mit einem kleinen Schubs aus dem Nest vertreiben ließ und ihre gelegten Eier mit dem Schnabel und den Flügeln vehement

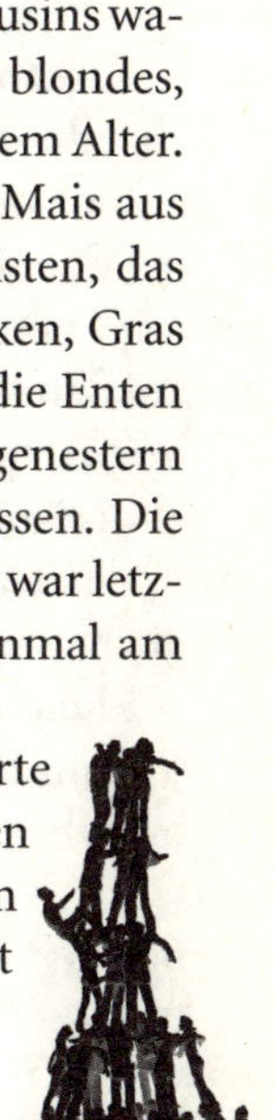

verteidigte, weil sie brütig geworden war. Elvira und ich rannten dann immer los, um es der Tante zu sagen, die sofort ein paar Eier aus einem alten Futtertrog neben dem Brotbackofen holte – zwei Dutzend pflegte sie dort auf sauberem Stroh aufzubewahren –, und mit uns zurück zum Hühnerstall ging, um die Glucke umzuquartieren. Es brüteten stets drei oder vier Hennen gleichzeitig und wir hielten sie fern vom Hühnerstall in einer ruhigen und warmen Kammer, durch die der Kaminschacht führte, mit einem Topf sauberen Wassers und einem Napf mit Körnern und Kleie, falls die Glucken doch etwas fressen wollten.

Die Tante hatte uns erklärt, dass die Hühner hin und wieder von einer Art Fieber befallen und sich dann aufplustern würden und sie dann niemand von ihren Eiern herunterholen könne, ja sie fräßen sogar kaum noch vor lauter Eifer, bis nach drei Wochen die Küken schlüpften. Es grenze an ein Wunder, sagte sie, dass die Glucken ihre Eier nicht platt drückten, aber es gehe kein einziges kaputt, weil sie ihre Eier liebten wie Eltern ihre Kinder.

So lernten wir, dass nicht alle Eier gleich waren: Es gab welche, die man ins Brutnest legen konnte, weil sie im Eigelb so etwas wie das Samenkorn eines Kükens trugen, und welche, bei denen das nicht so war und die nur zum Essen taugten, um Omeletts oder Spiegeleier zu braten oder um sie samstags auf den Markt zu bringen. Je nachdem, ob der Hahn die Henne besprungen hatte oder nicht. Um herauszufinden, welche Eier zum Brüten geeignet waren, befühlte die Tante jedes einzelne und betrachtete es im Gegenlicht, wog es in der Hand und verglich es mit den anderen befruchteten Eiern im Futtertrog.

Manchmal hörte die Glucke plötzlich mit dem Brüten auf und ihr Brutfieber verflog. Dann beeilte sich die Tante, die bebrüteten Eier auf die anderen Brutnester zu verteilen. Wenn wir es nicht rechtzeitig bemerkten oder nicht alle Eier den übrigen Glucken unterschieben konnten, befahl uns meine

Tante, sie auf den Misthaufen werfen, da sie nun nicht mehr zum Essen oder zur Kükenproduktion zu gebrauchen waren. Wir nannten diese Eier *ous gargots,* »bekritzelte Eier«.

Elvira und ich warfen aber nicht alle weg. Einige davon versteckten wir, und wenn niemand nach uns sah – im Sommer während der Mittagsruhe und im Winter in der Abenddämmerung –, stellten wir mit den angebrüteten Eiern merkwürdige Versuche an.

Bei den ersten ritzten wir vorsichtig die Schale ein und pulten dann Stückchen für Stückchen ab, um nachzusehen, was darin war; wir entdeckten aber nur unfertige, schleimige Küken, vor denen wir uns ekelten und die wir vergruben. Danach tauschten wir heimlich ein oder zwei bebrütete Eier gegen ein Paar unserer angebrüteten aus; vorher hatten wir sie dicht ans Ohr gehalten, um zu überprüfen, ob in ihnen noch etwas schwappte. Wir legten sie ins Nest, als die Glucke sich einmal erhob, um ein bisschen Mais zu picken, ganz schnell, damit sie uns keinen Schnabelhieb beibringen konnte, und warteten dann gespannt darauf, dass die Küken schlüpften – was auch alle taten, bis auf die beiden, die wir ausgewechselt hatten, um zu testen, ob die Küken es schafften und lebensfähig wären. Schließlich kamen wir noch auf die Idee, den Leuten vom Dorf, die fast jeden Nachmittag mit einem Weiden- oder Espartograskorb auf den Hof kamen, um ein paar Lebensmittel zu hamstern oder ein Almosen zu erbitten, probehalber ein paar zuzustecken. Uns war dabei vor allem ein verstümmelter Mann aufgefallen, der am Krückstock ging, weil er nur noch einen Fuß hatte, und für ein Abendessen oder ein Vesperbrot den ganzen Nachmittag Gras mähte, sowie eine alte, kreidebleiche Nachbarin, die eine sehr dünne Stimme hatte – sie schien kurz vor einer Ohnmacht zu stehen, doch der Onkel und die Tante wollten ihr nicht einmal zuhören, weil sie sagten, sie habe während des Kriegs so viel Böses getan, dass sie nun zusehen solle, wo sie bleibe.

Wir dachten, dass, wenn sie die angebrüteten Eier äßen, das Gesicht der Alten womöglich wieder eine gesunde Farbe bekäme, und wer weiß, vielleicht wüchse dem Mann sogar der Fuß nach, so wie Fingernägel, Haare oder Haut wieder nachwachsen. In letzter Minute brachten wir es jedoch nicht fertig, denn als wir vor der alten Frau und dem Krüppel standen, wurde uns auf einmal ganz weh ums Herz, richtig eigenartig, und wir ließen es bleiben.

Mutter kam mich fast jeden Sonntag besuchen – bis zum Bauernhof meiner Großeltern waren es drei Stunden Weg –, aß sich bei uns gründlich satt und steckte sich Kartoffeln und Eier für die Woche ein. Mit Großmutter redete sie dann lange über meinen Vater und sagte, dass sie mich mal an einem Samstag – dem Tag, an dem sie ihn besuchen durfte – ins Gefängnis nach Vic mitnehmen würde.

An dem Samstag, als Mutter mich nach Vic mitnahm – Vater sollte zwei Tage später ins *Model*-Gefängnis nach Barcelona gebracht und dort bald abgeurteilt werden –, hatte ich in meiner Hosentasche ein *ou gargot* dabei. Zuerst mussten wir eine ganze Weile draußen auf der Straße warten, inmitten einer großen Menge von Menschen, vor allem Frauen, die alle hinauf zu den hohen Fenstern im zweiten Stock blickten. Als ein paar Schatten hinter den Fenstern vorübergingen, gab es kein Halten mehr und die Leute begannen aufgeregt ihre Taschentücher zu schwenken und laut »Pere!«, »Joan!« und »Andreu!« zu rufen, sodass die Soldaten der Guardia Civil, die die Menge bewachten, ganz ärgerlich wurden und die lange Schlange schließlich ins Gefängnis ließen. Mutter fragte mich die ganze Zeit, ob ich ihn gesehen hätte, dort oben, sie, sie habe ihn gesehen, dort oben, er wäre dabei, und ich begriff gar nichts und wollte nur weit weg sein, auf dem Bauernhof meiner Großeltern, bei Elvira.

Eine lange Eisenstange, hinter der sich die Angehörigen drängten und die den Erwachsenen bis zur Taille reichte, trennte die eine Seite des Raums von den Fenstern, an deren Gitterstäbe sich die Gefangenen klammerten, zwei hinter jedem Fenster. In dem breiten Gang zwischen der Eisenschranke und den Gittern ging ein schwerbewaffneter Wachsoldat auf und ab. Alle redeten und schrien nun durcheinander, und immer wenn die Wache ihnen den Rücken zukehrte, schlüpften Kinder in meinem Alter und auch größere unter der Stange hindurch und rannten los, um die Gefangenen abzuküssen.

Mutter rief schluchzend: »Geht es dir gut? Geht es dir gut?«, und mein Vater, der eine Brille trug wie ein Pfarrer oder wie der Lehrer, der einmal in der Woche zum »Bac de Sau« und den umliegenden Gehöften kam, um uns Kinder zu unterrichten, lächelte, ohne den Mund zu öffnen. Er war unrasiert, oder vielleicht hatte sein Gesicht auch einfach nur eine seltsame Farbe, und er redete nicht sonderlich laut, ich verstand jedenfalls nichts von dem, was er sagte. Sobald die Wache an uns vorbei war, gab Mutter mir einen Schubs, ich rannte zum Gitter, Vater bückte sich und nahm mein Gesicht in seine Hände, und während wir uns einen Kuss gaben, zog ich das angebrütete Ei aus der Hosentasche und drückte es ihm wortlos in die Hand. Als ich zu Mutter zurücklief, war der Wächter schon am anderen Ende des Raumes angelangt und machte gerade kehrt.

Zwei oder drei Wochen danach kam Mutter wieder zum Bauernhof meiner Großeltern. Es war ein Samstag, und sie hatte mich seit dem Tag, an dem wir ins Gefängnis nach Vic gegangen waren, nicht mehr besucht. Ich war mit Elvira gerade in der Scheune und meine Tante rief mich von der Veranda aus ins Haus. Mutter weinte herzzerreißend und meine Großmutter und meine Tante hatten sie untergefasst, als müssten sie eine Kranke stützen, weil sie nicht aufrecht stehen konnte vor lauter Wehgeschrei.

Als wir uns auf die Küchenbank setzten, drückte mich meine Mutter ganz fest an sich und Großmutter

streichelte mir mit ihrer zitternden, alten Hand über den Kopf, so wie es die Pfarrer tun, wenn sie jemanden segnen. Mutter ließ mich nicht los, sodass ich nicht alles verstand, was sie stammelte.

»Mein armer Junge … ach, mein armer Kleiner … mein armer Sohn«, schluchzte sie, »standrechtlich erschossen haben sie ihn … wie einen Verbrecher … allein wie ein Mörder war er … nicht mal im letzten Moment haben sie mich zu ihm gelassen … mein armer Kleiner …«

Auf dem Tisch hinter der Küchenbank lag Vaters Brille, in der sich ein Sonnenstrahl brach, der durch das Fensterchen über dem Spülstein fiel. Diese saubere Brille, deren Gläser in der dunklen Küche wie zwei Diamanten glänzten, ließ mich die ganze Trostlosigkeit des Todes begreifen. Seit jenem Tag spüre ich jedes Mal, wenn ich eine Brille sehe, die irgendwo vergessen auf einem Stuhl oder einem Tisch liegt, die eisige Kälte, die unerbittliche Gegenwart des Todes.

Und neben der Brille lag – das *ou gargot.* Es war wundersamerweise heil geblieben, dieser Sarg aus zerbrechlichem Kalk.

Ich befreite mich aus Mutters Umklammerung, und während die Frauen weiterhin weinend dunkle Andeutungen machten, näherte ich mich langsam dem Tisch und steckte das Ei unauffällig ein.

Elvira wartete am Scheunentor auf mich. Ohne etwas zu sagen, folgte sie mir mit gesenktem Kopf. Wir setzten uns in den Schatten des hohen Pflaumenbaums, und dort holte ich das Ei aus der Hosentasche und begann, es in der Hand hin- und herzudrehen und seine Schale zu betrachten. Ich entdeckte winzige Muster aus blauer und roter Tinte darauf, ein paar Kreise und Striche, aus denen wohl auch einmal Kreise hätten werden sollen, die aber nicht fertig gemalt waren.

Elvira beobachtete mich, sagte aber kein Sterbenswörtchen. Auf einmal sprang ich auf und rannte, dicht gefolgt von meiner Cousine, zu der Kammer, wo die Glucken brüteten. Ohne mich vor ihren Schnabelhieben zu fürchten, packte ich die Glucke, die sich am meisten aufplusterte, zerrte sie von ihrem Nest und zerschlug all ihre Eier mit einem Ziegelstein. Die Glucke gackerte wie verrückt und attackierte mich, sodass ich sie mit Fußtritten abwehren musste. Der Boden wurde dabei ganz nass und glitschig, voll von einer schmutzigen Schmiere wie halb geronnenes Blut.

Derweil hatte Elvira weiße Kieselsteine, die wie Eier aussahen, in ein anderes Brutnest gelegt und brachte die Glucke nun dazu, sich draufzuhocken, wobei sie sie die ganze Zeit streichelte. Ich gab ihr das bekritzelte Ei und sie schob es vorsichtig unter die Glucke.

Es war inzwischen dunkel geworden. In der Küche redeten und klagten die Frauen noch immer. Ich rückte nahe an meine Mutter heran und sagte leise, dass ich nicht länger auf dem Bauernhof bleiben, sondern mit ihr ins Dorf zurückkehren wolle, da ich Heimweh hätte und es mir hier nicht gut gehe und ich zu viel arbeiten müsse …

Und ich dachte: Sie wissen nicht, dass ich nicht mehr hier sein will, wenn sie morgen früh die Eierpampe entdecken und die Glucke Steine und ein *ou gargot* ausbrütet. Sie glauben, ich will bei Mutter sein, weil mein Vater nun tot ist. Dabei ist es nur wegen des bekritzelten Eis.

Übersetzt von Christiane Braun

Maria Àngels Anglada

Der Engel

Für Maria und Antonet

Perpignan, 1947

Meine geliebte Lluïsa! Liebste!
Mein Schweigen ist durch nichts zu rechtfertigen. Es gibt keine plausible Entschuldigung dafür. Stunde um Stunde habe ich mit mir gerungen. Mit jedem Brief von Dir ist ein irrsinniger Kampf zwischen meinem Verlangen und meinem Gewissen entbrannt. In diesen inneren Kampf verstrickt, bin ich wie ein Schlafwandler durch die Straßen gewandert, habe ganze Nächte durchwacht, hundertmal versucht, Dir zu schreiben, und es hundertmal wieder aufgegeben.

Der wahre Grund dafür ist, dass ich bei unserem Treffen in Andorra nicht aufrichtig war. Ich hatte nicht den Mut, Dir die Wahrheit über meinen Seelenzustand zu sagen, als ich Dich in meinen Armen halten durfte wie eine leibhaftige Traumgestalt.

Die Wahrheit ist das, was ich Dir jetzt ohne Umschweife schreiben werde: Ich bin inzwischen seit zwanzig Monaten wieder frei und meine körperliche Verfassung hat sich seither sehr gebessert, doch innerlich bin ich ein gebrochener Mann. Ich übertreibe nicht, Liebste: Dauernd lässt mich mein Gedächtnis im Stich, ich habe kein Selbstvertrauen mehr und bin auch völlig antriebslos; meine Persönlichkeit löst sich allmählich auf. Alles wächst mir über den Kopf, jeder Schritt kostet mich ungeheure Anstrengung, und ich bin noch immer nicht in der Lage, mir meinen Lebensunterhalt zu verdienen …

Barcelona, Juli 1987

Ich werde mir diese Notizen als Gedächtnisstütze machen. Doch gedenke ich, sie später zu ordnen und eine Art kleine Familienchronik für meine beiden Enkelkinder zu schreiben. Sie haben den Verfasser dieser niemals abgeschickten Zeilen, ihren Großvater Josep, nicht mehr kennengelernt. Wie oft habe ich diesen Brief gelesen, seit er ihn mir überreichte. Und vor allem, seitdem er tot ist. Tatsächlich gibt es drei verschiedene Versionen davon, soweit mir bekannt ist, denn wer weiß, wie viele er zerrissen hat. Diese hat er jedoch aufbewahrt, sie mir aber erst viele Jahre später gezeigt.

Hätte er den Brief damals mit der Post geschickt oder meiner Andorraner Freundin mitgegeben, hätte ich mich nicht volle zwei Jahre lang einsam fühlen und nach all den Unannehmlichkeiten denken müssen, dass Josep mich nicht mehr liebte. Und mir wäre diese Krankheit erspart geblieben, die man seinerzeit als nervöse Blutarmut bezeichnete.

»Sie braucht Luftveränderung und viel Ruhe«, meinte unser Hausarzt damals. Heute würde man es eine Depression nennen. Man schickte mich für drei Monate in unser Landhaus bei Moià. Meine Sehnsucht ließ jedoch nicht nach; dass Josep mich nicht mehr lieben sollte, wollte mir einfach nicht in den Kopf. Dabei hatte er gar keine Schuld, wie aus der Fortsetzung seines Briefes klar hervorgeht:

Als ich in deutscher Gefangenschaft war, bist du dreimal hintereinander über so viele Grenzen hinweg meine Rettung gewesen. Deine Liebe war stärker als diejenigen, die mich umbringen wollten.

»Deutsche Gefangenschaft«: nur schwache, unzulängliche Worte, um das Unmenschliche, das Unvorstellbare zu beschreiben. MAUTHAUSEN. Der Name genügt. Mehr tot als lebendig brachte der Mann, den ich liebte, Josep, dort vier volle Jahre und etliche Monate zu, weit weg von meinen sehnsüchtigen Armen, weit weg von meinem Herzen, das jedes Mal, wenn ich den Postboten hörte, wie verrückt zu klopfen begann in Erwartung eines Briefes, der unmöglich kommen konnte, weit weg schließlich auch für meinen Verstand, der sich eine von Menschen geschaffene Hölle, in der allein die Grausamkeit herrschte, gar nicht vorstellen konnte.

Hierzulande hatten wir in jenen langen, schweren Nachkriegsjahren keine Ahnung davon. Wohl stellte ich mir ein hartes, unwirtliches Lager vor, in etwa wie das bei Argeles-sur-Mer in Frankreich, aber keinesfalls diesen Hunger, diese Misshandlungen, diese Eiseskälte. Und schon gar nicht den beißenden, schwarzen, dichten Rauch, der die Asche der Verbrannten in alle Winde zerstreute.

Zuerst war ich verzweifelt, weil er mir nicht schrieb. Ich wusste ja nicht, dass er, selbst wenn er eine Feder zur Hand gehabt hätte, zu kraftlos gewesen wäre, sie zu halten. Später durfte er auf einer der Zensur unterworfenen Postkarte fünfundzwanzig Wörter an seine Familie schreiben. Ich jedoch gehörte nicht zu seiner Familie. Der Begriff »Nacht und Nebel« sagte mir nichts, abgesehen vom realen Sinn der einzelnen Worte, der gnädigen Dunkelheit, die auf einen arbeitsreichen Tag folgte, und den Nebelschwaden, die morgens über der Stadt hingen oder die Gipfel der Berge umhüllten. Ihre tödliche Bedeutung war mir gänzlich unbekannt: der Erlass, der die Gefangenen von der Außenwelt abschnitt, sie per Gesetz und durch elektrische Drahtzäune von der Welt der Lebenden trennte …

Josep irrte sich nicht, wenn er in seinem Brief davon sprach, dass ich ihm dreimal das Leben rettete. Hartnäckig, wie ich bin, und getrieben von Liebe und Verzweiflung, gelang es mir, dreimal das Schweigen zu durchbrechen und ihm ein Lebenszeichen zukommen zu lassen. Zuerst über eine Bekannte, die in Berlin bei der Botschaft arbeitete, dann über das Rote Kreuz. Als seine Freunde im Lager feststellten, dass sich jemand für ihn interessierte, konnten sie ihm eine Handvoll Lebensmittel zusätzlich verschaffen. Er empfand diesen fernen Klang meiner Stimme als ein Zeichen, dass ich ihn sehr liebte, Hoffnung schöpfte er daraus jedoch keine.

Ich habe nicht damit gerechnet, jemals lebend aus diesem Todeslager herauszukommen.

Wenn er mir bei unserem ersten Treffen in Andorra auch vieles verschwieg, so gestand er mir damals doch diese Hoffnungslosigkeit ein, damals, 1947, zehn Jahre nachdem er mir kurz und leidenschaftlich den Hof gemacht hatte, zehn Jahre, die wir getrennt waren.

Ich aber baute auf die Zukunft, ich wollte weder von seinem Exil sprechen noch von seinem Lageraufenthalt in Frankreich und auch nicht von der verbrecherischen Zusammenarbeit zwischen französischen und franquistischen Befehlshabern wie Ramón Serrano Suñer, der die »Roten«, darunter viele republikanische Soldaten und Offiziere, ihrem tödlichen Schicksal überlassen hatte. Ja, ich hielt die Augen fest in die Zukunft gerichtet, wollte ihm all meine Zuversicht vermitteln. Und er ließ sich mitreißen von dem Gefühl der Wärme, das sich von meinem Herzen und meinem Körper auf ihn übertrug. Ich dachte, ich hätte ihn überzeugt, doch war ich nicht in sein tiefstes Inneres vorgedrungen, ja, ich ahnte nicht einmal, dass sich unter einem Schleier, so fein wie brüchiges, blankes Eis, das trübe, tiefe Wasser seiner absoluten Verzweiflung am Leben verbarg.

»In drei Monaten heiraten wir.«

Der Rhythmus dieser Worte begleitete mich auf der ganzen Heimreise. Zuerst in dem schäbigen Taxi, das mich über die kurvenreiche, holprige Straße nach Puigcerdà brachte; zurück blieben das kleine, damals fast noch jungfräuliche Tal, die von Narzissen übersäten Wiesen – es war Mai –, das klare, grün schimmernde Schmelzwasser des tosenden Valira, die saftigen, von schlanken Bäumen gesäumten Sumpfwiesen der Cerdanya. Und sie begleiteten mich auch noch im Zug, polsterten mir den abgenutzten, harten Holzsitz und machten mir das Rattern der Waggons auf den unendlichen Geleisen erträglich.

Die vielen Schritte, die ich unternehmen musste, die entnervenden Behördengänge, die manchmal demütigenden Abfuhren, die Vorbereitungen, die ständige Gegenwart meiner etwas mürrischen Tante – allein hätten sie mich niemals gehen lassen! –, das alles war mir leichtgefallen, so federleicht wie die Maibrise in den Bergen, die noch nach Schnee schmeckte und mir die Haare zauste, bis wir Ribes de Freser hinter uns gelassen hatten, so leicht wie das Fünkchen Hoffnung, das nach zwei Jahren Einsamkeit wieder in meinem Herzen glomm.

Leicht. Flüchtig.

Die Wunden waren zu tief, Joseps Wunden, meine ich. Die Narben sind nie ganz verschwunden, 1947 hatten die Verletzungen jedoch noch nicht einmal angefangen zu heilen. Ich wusste das nicht, wir haben vieles nicht gewusst, ich konnte es nicht verstehen. Er war auch nicht besonders mitteilsam. Und so fühlte ich mich vernachlässigt, allein gelassen, als erst Tage, dann Wochen vergingen, die sich schleppend langsam zu Monaten dehnten, in beklemmendem Schweigen.

»In drei Monaten heiraten wir.«

Das hatte sich demnach als hohle Phrase erwiesen, als Hirngespinst: Meine Briefe blieben unbeantwortet, nicht eine Postkarte, kein einziges durch gemeinsame Freunde übermitteltes Wort, nichts. Jetzt war für mich die »Nacht und Nebel«-Zeit angebrochen; jetzt, da er frei war, jetzt, da die Sonne schien, lebte ich eingehüllt in den Nebel seines Schweigens, in die Nacht seiner – wie ich glaubte – erkalteten Liebe. Dabei hätte es keines Sonnenstrahls bedurft, den Nebel aufzulösen, keiner Morgenröte, die Nacht zu vertreiben. Er hätte mir lediglich einen dieser Entwürfe zuschicken müssen, die er in seiner schönen Handschrift verfasst und dann in die Schublade gelegt hatte. Eine kleine Briefmarke drauf, ein paar Schritte zur Post von Perpignan und:

Perpignan, 1947

Lluïsa, Liebste!
Kannst Du mir mein wochenlanges Schweigen vergeben? Ich nicht. Derzeit bin ich kein Mann, sondern eine wandelnde Leiche. Warum?, wirst Du Dich fragen. Hat er aufgehört, mich zu lieben? Ganz im Gegenteil: Ich selbst bin es, den ich nicht mehr liebe, mich selbst habe ich aufgehört zu lieben! Für Dich wird das nicht leicht zu begreifen sein. Ich musste ja selbst erst zweiunddreißig Jahre alt werden, bis ich begriffen habe, dass ich ein Traumtänzer war, der durchs Leben spazierte mit den Plänen eines integren, starken Mannes. Meine tief verwurzelte Schwachheit, meine Untüchtigkeit, war mir bis dahin nicht bewusst.

Jeder Deiner Briefe, Liebste, hat sich mir wie ein Schwert ins Herz gebohrt: Du liebst mich so sehr! Doch Du hältst mich für jemanden, der ich nicht bin, für den heißblütigen Mann, dem Du in Andorra begegnet bist. Du kannst ja nicht wissen, Dir nicht einmal im Entferntesten vorstellen, was aus Deinem Josep geworden ist: ein Schatten seiner selbst …

Barcelona, September 1987

Bei meiner Rückkehr aus Llançà, wo ich den letzten Monat verbracht habe, finde ich diese Notizen wieder vor. Ich war von der Klingel unterbrochen worden, dem Geräusch des Fahrstuhls, den glockenhellen Stimmchen der beiden Kleinen, Marc und Laia.

»Oma!«

»Oma Lluïsa!«

Ich hatte das Gefühl, die ganze Wohnung freute sich, sie zu sehen: Die Katze sprang ihnen schnurrend entgegen, und auf der üppig blühenden Terrasse leuchteten die Blumen noch mehr. Jetzt, nach einem Monat mit meinen Kindern und Enkeln, bin ich zurückgekehrt in meine Wohnung, wo ich alleine lebe.

Einsam fühle ich mich dennoch nicht. Meine Tochter besucht mich häufig, und meine Erinnerungen leisten mir Gesellschaft. Da habe ich mich auf dem Land in Moià vor vierzig Jahren sehr viel einsamer gefühlt. Vierzig Jahre ist das her, und doch kommt es mir so vor, als sei es erst gestern gewesen. Umgeben vom geschäftigen Treiben arbeitsamer Menschen, die mich mochten, dem Gezwitscher der Vögel und dem Hund, der auf meinen langen Spaziergängen um mich herumsprang. Aber ohne eine Nachricht, ohne einen Gruß von Josep, und verlassen von dem Wagemut, der mir die Kraft verliehen hatte, etwas über ihn in Erfahrung zu bringen und ihn auf die eine oder andere Weise mit ein wenig Essen zu versorgen.

Es fällt mir nicht schwer, mir den trostlosen Sommer 1948 in Erinnerung zu rufen, als das lange Schweigen mich bereits mit der kalten Traurigkeit eines Leichentuchs umfing. Ich habe Fotos, aufgenommen unter der Haustür, an dem Tag, als mich mein Bruder besuchen kam: Ich sehe mich darauf, wie ich jung, doch mit tiefen Augenringen und einem aufgesetzten Lächeln in die Kamera blicke. Der Sommer hat immerhin einen

Vorteil: Die Nächte sind kurz und im ersten graurosa Morgenlicht erwachte das Haus zu lärmender Betriebsamkeit, sodass ich, befreit von meinen Alpträumen, meinem einsamen Bett entfliehen konnte. Auch sehe ich mich wieder mit meinem beständigsten Freund, dem Fahrrad, meinem treuen Sommergefährten. Meiner übermäßig besorgten Familie entronnen, trat ich in die Pedale, bis ich zum Umfallen müde war. Das Fahrrad war blau lackiert, und jetzt, da ich alt bin und schon lange nicht mehr Rad fahre, kehrt es in meinen Träumen wieder: Ich radele, wie damals in jenem endlosen Sommer, über eine ruhige, leere Straße, auf der fast kein Verkehr herrscht, und erblicke Josep in der Ferne. Er wartet auf mich, aber ich erreiche ihn nie, ich weiß nicht, warum. Ich komme ihm zwar sehr nah, aber sobald ich absteige, ist er verschwunden. In manchen Nächten, oder früh am Morgen, denn an diesen Traum erinnere ich mich immer beim Aufwachen, falle ich von dem blauen Fahrrad – und schrecke in meinem einsamen Bett aus dem Schlaf hoch. Nichtsdestotrotz macht es mich glücklich, Josep dann in meiner Erinnerung so deutlich vor mir zu sehen, als stünde er mit seinen großen, zärtlichen Augen und dem schwarzen Haar leibhaftig vor mir, so wie damals bei unserer Begegnung in Andorra.

Wisst ihr, wie Engel aussehen? Mein persönlicher Engel, Doktor Pere, war groß und athletisch gebaut, mit so breiten Schultern, dass sie gut ein ordentliches Paar Flügel hätten tragen können. Mir fiel besonders der Kontrast zwischen seinem noch richtig jungen Gesicht und dem insbesondere an den Schläfen stark ergrauten Haar auf. Außerdem war er ein beharrlicher Engel.

»Bist du die Lluïsa Sowieso?«

Es war zur damaligen Zeit nicht üblich, dass einen ein Unbekannter duzte; vermutlich tat er dies, weil er von Beruf Arzt war. Er stand auf einmal vor mir in der Bü-

cherei des Großlabors, wo mir mein Onkel Arbeit verschafft hatte, nachdem ich wegen »Regierungsfeindlichkeit« meine Stelle als Bibliothekarin verloren hatte. Irgendeine regimetreue Seele hatte mich wegen meiner – nicht vorhandenen – Beziehungen zu einem »Roten« und der prokatalanischen Vergangenheit meiner Familie denunziert.

»Vielleicht wecke ich traurige Erinnerungen in dir«, sagte er, »an deinen Verlobten, Josep, der in Mauthausen gestorben ist.«

»Er ist nicht tot«, fiel ich ihm ins Wort, »er hat es überlebt!«

Der Engel, der nicht echt sein konnte, wenn er das nicht wusste, lächelte erfreut, sein Gesicht nahm einen völlig anderen Ausdruck an. Bedächtig erzählte er mir, sie seien zusammen in Mauthausen gewesen, dann aber habe man ihn in ein »besseres« Lager gebracht. Bei seinem Weggang sei Josep schwer krank gewesen, er habe es nur noch geschafft, ihn von der Baracke, in der die für den Verbrennungsofen Ausgesonderten lagen, ins Lazarett zu verlegen. Er sei sich so gut wie sicher gewesen, dass Josep sterben würde, und da er nachher auch nichts mehr von ihm gehört habe, nachdem einige von ihnen sich wiedergetroffen hätten, habe er seinen Tod auf der Pritsche des Vernichtungslagers als erwiesen betrachtet.

»Als er erfuhr, dass ich wegmusste, sagte er mir mit letzter Kraft – so jedenfalls kam es mir damals vor – deinen Namen und bat mich, dir dieses Andenken zu überbringen.«

Ich hatte gerade Feierabend und fragte ihn, ob er mich nach Hause begleiten wolle. Zu Fuß waren es etwa zwanzig Minuten, Zeit genug, mir die Augen zu öffnen. Er erzählte mir all die Einzelheiten, die Josep aus übersteigertem Taktgefühl nicht über seine sanften, so süß zu küssenden Lippen gebracht hatte. Als Pere meine Erschütterung bemerkte, führte er mich in eine Milchbar und bestellte mir einen starken Kaffee. Seine Stimme sorgte für schmerzliche Klarheit: Mit einem Mal verstand ich Joseps Schweigen, erahnte die Tiefe seines Schmerzes, seine Verzweiflung, seine Anstrengungen, alles, wovon er mir später dann selbst erzählte.

In jener Nacht lag ich lange wach. Die Worte des Engels gingen mir nicht aus dem Kopf. Insbesondere raubte mir ein Bild den Schlaf: der Zug mit den zusammengepferchten Häftlingen, unter ihnen Josep, in einem der berüchtigten Todeswaggons, an dem ein Schild hing, das mit Blut hätte geschrieben sein müssen. In Großbuchstaben stand darauf: 8 PFERDE ODER 40 MANN. Der Tag, den ich niemals vergessen werde, war der 14. Dezember 1940. Doktor Pere erzählte mir nicht viel darüber, doch rettete er, wie ich später erfahren sollte, seinem Lagergefährten das Leben, hatte er – er sprach deutsch – doch dafür gesorgt, dass Josep ins Lazarett kam.

Zwei vergeudete Jahre. Eine in einem doppelten Irrtum begründete Einsamkeit: Ich hatte die Tiefe des Leids nicht ermessen können, das ihm zugefügt worden war. Und er hatte meine Liebesfähigkeit unterschätzt.

Ich glaube, um meinen Wagemut zurückzugewinnen und über Nacht zu beschließen, alles stehen und liegen zu lassen, nach Perpignan zu fahren und ihn zu suchen, hätte es der langen, verständnisvollen Erklärungen des Engels gar nicht bedurft. Vermutlich hätte der Gegenstand, den er mir in der Bücherei aushändigte und von dem ich mich seither nie mehr getrennt habe, vollauf genügt. Ja, es war eine Kleinigkeit, doch für mich war es eine lodernde Flamme, ein blendendes Licht. Wie hätte Josep jemals aufhören können, mich zu lieben? Wie hatte ich das auch nur denken können? Nein, seine Hände waren geschaffen, auf ewig die meinen zu umfassen, mich zu streicheln und mich nicht allein zu lassen.

So geschickte, geduldige Hände. Hände, die unter elenden Bedingungen und unbeschreiblichen Qualen für mich gewerkelt hatten. Die die Kraft aufgebracht hatten, den Stiel eines Blechlöffels – eingetauscht gegen eine der dürftigen Essensrationen – mit einem Stein so

lange zu wetzen, bis er scharf war, damit sie aus einem unförmigen Stück Holz damit einen groben, für mich unsäglich kostbaren Kerzenhalter schnitzen konnten. Diese geliebten Hände, die schließlich in tagelanger Arbeit eine Inschrift hineingeritzt hatten: »Für meine geliebte Lluïsa.«

Ein Paar Hände, ja. Aber auch ein Herz, das sie lenkte. Nie mehr würde ich dieses Herz allein lassen und auch nicht zulassen, dass meines allein bliebe. Zwanzig Jahre lang, so kurz wie zwanzig Tage, schlugen sie im Gleichklang. Zwanzig Jahre lang haben wir seinen Tod hinausgeschoben, seinen Tod, den mir der Engel verkündet hatte.

Übersetzt von Petra Zickmann

Sergi Pàmies

Unser Krieg

In dem Augenblick, da ich mich an den Computer setze, habe ich die feste Absicht, eine Geschichte über eine Schlacht zu schreiben, bei der niemand merken soll, auf welcher Seite ich stehe. Falls möglich, will ich die Ereignisse aus einer Distanz heraus erzählen, welche die Idee der Absurdität des Krieges – die nicht sonderlich originell ist, wie ich zugeben muss – noch verstärkt. Sobald das Blutbad beschrieben ist, das die über einem Schützengraben abgeworfenen Bomben angerichtet haben, möchte ich mich jedenfalls nicht weiter mit den Gräueln der Szenerie aufhalten.

Mit dem Vorsatz, vollkommen wertneutral zu verfahren, beginne ich also zu schreiben. Drei Stunden später, als ich die Handlung bereits auf irgendeinem Schlachtfeld angesiedelt habe, frage ich mich allerdings, was so viel Objektivität eigentlich soll und ob die erhoffte Unparteilichkeit im Grunde genommen nicht Angst ist, Angst, das zu äußern, was ich wirklich sagen will. Diese Bedenken sind mir nicht neu, und ich habe genügend Argumente, sie zu entkräften, wie zum Beispiel folgendes: So wie es Autoren gibt, die die Psychologie ihrer Figuren minutiös analysieren und aus denen die Worte wie ein Sturzbach heraussprudeln, gibt es auch solche, die gerade dadurch, dass sie mit Worten und Details höchst sparsam umgehen, all das schildern, was sie nicht sagen. Ich habe schon immer geglaubt, dass ein Übermaß an Information den Leser vom Eigentlichen ablenkt, aber glaube ich das immer noch? Kaum habe ich geschrieben, dass die Bomben gefallen und nahezu alle Soldaten umgekommen sind, höre ich eine innere Stimme, die mir zuflüstert:

»Erzähl noch ein bisschen mehr.« Die Versuchung, den einmal gefassten Vorsatz fallen zu lassen, ist groß: Ich habe unbändige Lust, mich einem schwerverletzten Feldwebel zu nähern, der mit dem Tode ringt. Wenn ich mich dennoch beherrsche, dann nur, weil ich mir vorgenommen hatte, keine meiner Figuren hervorzuheben und den Schmerz nur abstrakt als Summe allen Wahnsinns zu behandeln. Meine innere Stimme lässt indes nicht locker: »Du solltest dich neben ihn knien und dir anhören, was er noch zu sagen hat.« Ich gehorche ihr, wobei ich mir bewusst bin, dass dieser Verstoß gegen meine eigenen Spielregeln ein Zeichen von Schwäche und, wie ich fürchte, auch des Alterns ist. Ich stelle fest, dass der Feldwebel russisch spricht. Obwohl ich kein Wort Russisch verstehe, glaube ich, dass ich seine letzten Worte festhalten muss, als hätte ich die moralische Verpflichtung, sie seiner untröstlichen Witwe und den Kindern oder den kommenden Generationen zu übermitteln. Als ich mir gerade überlegen will, was der Feldwebel sagen könnte, fallen mir die Vorurteile gegen meine Sprache wieder ein, von der man behauptet, dass sie über keinen Jargon verfügt, im Unterschied zu jenen Sprachen, die jegliche Art von Realität glaubhaft und präzise zu schildern vermögen. Ich beschließe, dagegen anzugehen, und nähere mich also den Lippen des Feldwebels, bereit, sein Wimmern ins Katalanische zu übersetzen, das zwar vielleicht nicht ganz so viel Prestige besitzt wie das Englische, das Deutsche, das Spanische oder das Französische, aber mindestens genauso wirkungsvoll ist. Doch höre ich nichts, was würdig wäre, der Nachwelt überliefert zu werden: Er flucht in einem fort. Auf Russisch, sicher, aber was so ein Sterbender in einem Schützengraben flucht, ist ohne weiteres auf sämtliche Sprachen und Schützengräben dieser Welt übertragbar. Um einen Anhaltspunkt zu haben, von dem ich mich inspirieren lassen kann, frage ich mich, was für Flüche wohl ein katalanischer Feldwebel ausstoßen würde, der im Krieg verwundet worden ist …

sagen wir, im Spanischen Bürgerkrieg, mit dem ich mich am besten auskenne. Während ich versuche, mir die Situation auszumalen, kommen mir all die Menschen in den Sinn, die mir schon einmal vom Bürgerkrieg erzählt haben. Und ich erinnere mich auch, was mich immer davon abgehalten hat, über den Konflikt zu schreiben: Es ist bereits viel zu viel vom Krieg geredet worden, und vor allem immer auf die gleiche Weise, nämlich so, wie mein Vater vom Bürgerkrieg redete, den er sich so zu eigen gemacht hatte, dass er ihn »unseren« Krieg nannte. Ich führe mir vor Augen, was die Soldaten zwischen Juli 1936 und April 1939 alles geflucht haben müssen. Da einem die Fiktion aber gewisse dichterische Freiheiten erlaubt, ändere ich meine Meinung und lasse den russischen Feldwebel fluchen, wie ich wohl fluchen würde, befände ich mich gerade in jenem Schützengraben. Ich nähere mich noch mehr seinen Lippen, versuche, mich vom Getöse des Bombenhagels und dem Stöhnen der Verwundeten nicht ablenken zu lassen, und sobald ich die mir selbst auferlegte Distanz verringert habe, übersetze ich das, was ich ihn in einer mir unverständlichen Sprache knurren höre: »Diese verfluchten Hurensöhne!« Anfangs überrascht mich die Derbheit seines Fluchs, aber gleich darauf wird mir bewusst, dass ihm eine Granate soeben das Bein zerfetzt hat, die von diesem »gottverdammten Scheißhimmel« gefallen ist, wie er durch die Zähne zischt. Wenn ich mich noch ein wenig tiefer über ihn beuge, kann ich ihn etwas flüstern hören, was übersetzt in etwa bedeutet: »Verdammt, diese verfluchten Hurensöhne haben mein Bein zu Brei gemacht.« Die Verwünschungen ließen ihn seine Schmerzen allem Anschein nach etwas leichter ertragen, als ob er sich so seiner Hilflosigkeit und der aufsteigenden Panik besser widersetzen könnte. Bei anderen Soldaten äußert sich der Schmerz in lautem Weinen, Stöhnen, Stoßgebeten oder Schreien wie die des Gefreiten, der neben meinem Feldwebel gerade wie ein geschlachte-

tes Schwein verblutet. Da es mir graust, ihn direkt anzusehen, lasse ich das eine Figur machen und schreibe, dass der russische Feldwebel, dessen Trommelfell geplatzt ist, den Kopf hebt und den Gefreiten mit schlammverschmierten Augen von Kopf bis Fuß mustert. Von der Dramatik der Szene angesteckt, tue ich es ihm nach: Ich hebe die Augen zum Himmel – der in Wirklichkeit die Zimmerdecke mit einem Riss in der Form eines Blitzes ist –, an dem die Kampfgeschwader fliegen. Und ich zucke zusammen, als mir bewusst wird, dass die Bomber jeden Augenblick zurückkommen können, um ihre tödliche Fracht abzuwerfen, und ich es nicht verhindern kann. Und ich schreibe, dass der Feldwebel seine blauen und zugleich blutunterlaufenen Augen nicht zu einer Zimmerdecke, sondern zu einem Himmel hebt, den ich lieber voller Donnerschläge und Blitze gesehen hätte. Schade, dass das nicht glaubwürdig ist; soweit ich weiß, ist das Fliegen bei einer solch ungünstigen Wetterlage nämlich äußerst schwierig. Die idealen Tage, um ein Volk zu bombardieren – ein Volk, das vollkommen unschuldig ist, wollte ich hinzufügen, doch halte ich mich zurück; der Begriff der Unschuld ist was für einen Zeitungskommentar oder Essay, tut hier aber nichts zur Sache –, sind nämlich die, an denen die Sonne scheint und Sichtverhältnisse herrschen wie an den Tagen, wenn mein Vater im Vergnügungspark auf dem Tibidabo zu sagen pflegte: »Seht ihr den Schatten dort draußen auf dem Meer? Das ist Mallorca.« Ich sah zwar nie etwas, doch war ich so glücklich, dass er mit mir in den Vergnügungspark gefahren war, dass ich ihm beipflichtete; ich wollte ihm nicht widersprechen, und wer weiß, vielleicht sah ich ja auch den Schatten eines weit entfernten Schattens von Mallorca. Höchstwahrscheinlich herrschen also so gute Sichtverhältnisse, dass der Kommandant der Bomberstaffel, der zum x-ten Mal darüberflog, über Funk verkündet: »Schaut nur, wie schön die Bomben fallen. Diese Hungerleider haben ja nicht einmal Flugabwehrkanonen, und sie schämen sich auch nicht dafür, verdammte Rote, Mauren, Japsen, Separatisten, *xarnegos,* Fixer, Scheißlatinos, Schwuchteln, verfluchtes Judenpack!« Außerstande, die Erzählung mit der Distanziertheit fortzuführen, die ich mir fest vorgenommen hatte, lasse ich den Kommandanten nun ebenfalls fluchen und Gift und Galle spucken, wenn es mir in diesem Fall auch egal ist, in welcher Sprache. Irgendwie wäre es nicht sonderlich plausibel, dass allein der Feldwebel im bombardierten Schützengraben flucht, finde ich. Und ebenso unwahrscheinlich ist es, dass nur eine der beiden sich bekämpfenden Armeen flucht, die andere aber nicht. Selbst wenn die einen wesentlich besser ausgerüstet wären als die anderen und neue Uniformen hätten. Wenn die einen die Guten und die anderen die Schufte wären. Ja selbst wenn die einen zum Sieg bestimmt und die anderen zum Verlieren verdammt wären. Die Sprache des Krieges ist nämlich überall dieselbe, urteile ich plötzlich, erst recht während einer Schlacht, die ich viel lieber an einem Regentag hätte stattfinden lassen wollen, an einem Tag, an dem die Hunde, durch die Schüsse und den Terror ganz außer sich, am Straßenrand wie verrückt kläffen würden. Wie auf diesen Fotos vom Vietnamkrieg, auf denen die Menschen, denen der Horror ins Gesicht geschrieben war, nackt vor den Napalmbomben fliehen. Für einen Augenblick werde ich den Faden verlieren und mir wird durch den Kopf schießen, dass die Napalmbombe die Waffe meiner Generation ist. Und dass jede Generation ihren Krieg hat und jeder Krieg seine Vernichtungswaffe. Bei genauerer Betrachtung hatte meine Generation allerdings gar keinen Krieg miterlebt; dank der Massenmedien machten wir uns nur den Vietnamkrieg zu eigen, wahrscheinlich, weil wir jenen von den Kriegsreportern der Zeitschrift ›Life‹ kommentierten, weit entfernten Krieg dem Krieg unserer Väter vorzogen, ihrem blutigen, verheerenden, uns nahegehenden Krieg. Das werde ich denken, so als wolle ich meine

Ansichten durchblitzen lassen, was ich dann aber weit von mir weisen werde, um wieder zum Plot meiner Geschichte zurückzukehren und mich auf das Blut zu konzentrieren, das aus den Eingeweiden der Soldaten quillt, die schon gestorben sind, ohne Beichte, ohne Testament und ohne letzte Worte. An der Front bleibt einem nämlich keine Zeit für letzte Worte, werde ich ganz entschieden erklären, ohne mir jedoch sicher zu sein, ob das, was ich da behaupte, auch wirklich stimmt. Und es bleibt auch keine Zeit mehr, seine Kinder um sich zu versammeln und ihnen noch etwas Transzendentes zu sagen, wie dies mein Vater getan hätte, wenn ich an seinem Sterbebett gestanden hätte und nicht so weit weg gewesen wäre wie einst der Schatten von Mallorca. Doch habe ich mich nicht hingesetzt, um über den Tod meines Vaters zu schreiben oder gar über die Gründe, warum ich nicht bei ihm war, als er starb. Ich kenne mich und verwünsche meinen Hang, abzuschweifen, was ich bei den Geschichten anderer Schriftsteller schon nicht leiden kann und bei meinen eigenen noch viel weniger. Statt vom Hundertsten ins Tausendste zu kommen, rüge ich mich selbst, sollte ich mich jetzt lieber auf die Geschichte konzentrieren und mich wieder in den Feldwebel hineinversetzen, um die aus ihm hervorsprudelnde Wut und Ohnmacht in Worte fassen zu können. Eine Wut, die sich in Flüchen äußert, triefend von Speichel, der immer schleimiger wird und schließlich zu fließen aufhört, eine wahrhaft *ozeanische* Wut. Dieses Adjektiv wollte ich eigentlich mein Lebtag nicht verwenden; ich habe es eines Tages vom Gewerkschaftler López Bulla gehört und erinnere mich daran, weil ich damals dachte: Was für eine absonderliche Formulierung, erst recht für einen Gewerkschaftler. Hier stört mich das Adjektiv jedoch nicht, obwohl, wenn ich es mir recht überlege, vielleicht stört es mein Stilgefühl doch ein bisschen, aber ich komme zu dem Schluss, dass es irgendeinen Grund gegeben haben muss, weshalb ich es zu Papier gebracht habe, und ich es später ja noch gegen ein weniger emphatisches Synonym austauschen kann. Nicht das Adjektiv steht an erster Stelle, sondern der Fortgang meiner Geschichte, sage ich mir. Und schon sehe ich das Adjektiv nicht mehr in Zusammenhang mit dem Gewerkschaftler, sondern nur noch mit der Szene, die ich in diesem ersten Textentwurf beschreibe. Und ich denke, dass ich mich beeilen muss, bevor die Kampfgeschwader zurückkommen und noch mehr Bomben abwerfen. Sinnlose Bomben, schreibe ich, denn die Soldaten auf dem Schlachtfeld sind tot oder liegen in den letzten Zügen. Sämtliche Häuser in den Dörfern und Städten sind dem Erdboden längst gleichgemacht, füge ich hinzu, es gibt schon eine ganze Weile nichts mehr zu bombardieren, und dennoch hören sie mit den Bombardements nicht auf. Ich halte inne und bewege den Cursor noch einmal ein paar Zeilen nach oben, weil ich den Bomben nach einigem Nachdenken nicht das Adjektiv »sinnlos« beifügen will: Es sieht sonst so aus, als wolle ich sagen, dass es auch sinnvolle Bomben gäbe. Bevor also, wie schon gesagt, die Kampfgeschwader zurückkehren, möchte ich meine ganze Aufmerksamkeit auf die Augen des Feldwebels richten. So als könnte ich mich ihm wirklich nähern und aus allernächster Nähe alle Nuancen des Blickes eines Mannes erfassen, der sich völlig bewusst ist, dass er die Welt zum letzten Mal sieht. Ich weiß, dass das Wesentliche dieser Erzählung zu einem guten Teil von dieser Beschreibung abhängen wird. Sobald ich damit fertig bin, werde ich jedes einzelne der Wörter, die diese Szene bestimmen, mir noch einmal genau ansehen, einige werde ich streichen und andere austauschen müssen, kurzum, ich werde so lange daran feilen, bis dieses allerletzte Bild vollkommen ist. Ich muss es so beschreiben, dass wirklich jeder es gut lesen und zudem verstehen kann, so, dass es zum Beispiel auch mein Vater verstehen könnte, der die Geschichte leider nicht mehr lesen wird. Und dann könnte ich vielleicht auch stolz darauf sein und all das

verstehen, was in diesem letzten Blick des Feldwebels verborgen ist, in diesem ganz und gar nicht erhabenen Blick, eingebettet in einen so schönen Tag, dass die Sonne blendet und ich mich voll und ganz auf die Augen des Sterbenden konzentrieren muss, die beinahe nicht mehr imstande sind, den Umrissen einer einzelnen Wolke zu folgen, die am Himmel, unbekümmert ob der Schlacht, von dannen zieht – das werde nicht ich sagen, sondern ich lasse es den Feldwebel denken. An diesem Punkt angekommen, werde ich vermutlich vom Blau des Himmels erzählen müssen, um die Geschichte nicht zu abrupt zu beenden. Eventuell auch davon, wie sich die Sonne im Rumpf der Jagdbomber spiegelt. Und wie der Blick des Feldwebels mit einer ozeanischen – oder irgendeinem passenderen Synonym – Müdigkeit über die Leiche des gefallenen Gefreiten an seiner Seite und all die anderen toten Kameraden um ihn herum gleitet. Und schließlich auch, wie ihm, kurz bevor er sein Leben aushaucht, kurz bevor zwei weitere Bomben neben ihm niedergehen (zuerst die eine und dann die andere), weder seine Familie in den Sinn kommt noch seine Kindheit oder die untröstliche Ehefrau, der man offiziell kondolieren würde, und auch nicht die Kinder, die sie nicht mehr bekommen werden, sondern er jene paar letzten Worte denkt, die ich vom Russischen ins Katalanische übersetze, wobei ich versuche, eine Realität getreu wiederzugeben, die zugleich reine Fiktion ist: »Was für eine Scheiße! Was für eine große, gottverdammte Scheiße!«

Übersetzt von Silvia Schmid

Vom Bauer zum Starkoch

Als nach dreizehn Monaten der Belagerung am 12. September 1714 die spanisch-französische Armee in das am Vortag eingenommene Barcelona einmarschierte, öffneten, den Memoiren des Feldmarschalls von Philipp V., James Herzog von Berwick, zufolge, die Barceloniner scheinbar ungerührt ihre Geschäfte und begannen in ihren Werkstätten zu arbeiten, als sei nichts geschehen, obwohl Tausende von Toten zu beklagen waren.

Katalonien ist von alters her für den Fleiß seiner Landsleute bekannt, und ein Sprichwort besagt, dass der Katalane sogar noch aus Steinen Brot mache. Lange Zeit war unser Land vor allem ein Land der Bauern und Fischer gewesen. Im 19. Jahrhundert wurde Katalonien dann jedoch zur »Fabrik von Spanien«: Es kam zu einem wirtschaftlichen Aufschwung durch eine blühende Textilindustrie – lesen Sie dazu die Geschichte von Martí i Pol – und neben der Arbeiterklasse entwickelte sich ein aufstrebendes Bürgertum. Bis weit ins 20. Jahrhundert hinein prägten Fabriken und Schornsteine das Bild unserer Region. Erst zu Beginn der 70er Jahre führte die Verbindung von beginnendem Touristenboom und Ölkrise, die eine galoppierende Inflation und eine immens hohe Arbeitslosenquote zur Folge hatte, zum Erstarken des Dienstleistungssektors, der heute noch vor der Industrie das Bruttoinlandsprodukt anführt und auf den über drei Viertel der Arbeitsplätze entfallen. Das Land der Bauern, Fischer und Arbeiter wurde innerhalb weniger Generationen zu einem Land der zu Avantgarde-Restaurants, Jugendherbergen und Appartments umfunktionierten traditionellen Bau-

ernhöfe, aber auch zu einem Land der teils illegal errichteten Feriensiedlungen und Bettenburgen, wo die Spanienklischees der immer zahlreicher werdenden Touristen mit Stierkämpfen, Paella und Flamenco bedient werden. All dies bildet den Hintergrund zu den Geschichten von Antònia Vicens, Vicenç Pagès Jordà, Manel Zabala und Francesc Serés.

In diesem gelobten Land leben wir Katalanen heute, die Nachkommen jenes Bauern, vom dem das Sprichwort sagt, dass er in seinem Untergewand vorsichtshalber immer einen Stein bei sich trägt.

Miquel Martí i Pol
Das erste Mal

Mensch, und ob ich mich an den ersten Tag erinnere! Klar, und wie! Als wär's heute. Die große Sirene hatte noch nicht geheult, da stand ich schon vor der Pförtnerloge! Keine Menschenseele war zu sehen. Knapp halb fünf muss es gewesen sein. Meine Mutter sagte noch zu mir: »Siehst du nicht, dass es noch viel zu früh ist?« Aber ich pfiff darauf. Wirklich kein Mensch weit und breit, kannst du dir das vorstellen? Nur 'ne Ratte so fett wie ein Karnickel hab ich gesehen. Mensch, du, was hatte ich für einen Schiss vor der! Mit meinem Henkelkorb und dem Kittel nahm ich die Beine in die Hand. Was für 'n Glück, dass es draußen war und die Ratte sich unter eine kleine Treppe flüchtete. Und ich, ich stehe vor der Pförtnerloge, und alles zu. Eine Ruhe, sag ich dir … Und ich: Rrriiinnnggg! Ich war echt nervös, ich schwör's dir. Wo soll man denn auch hin in aller Herrgottsfrüh! Und ich noch mal, Rrriiinnnggg! Aber nichts rührte sich, man hätte eine Stecknadel fallen hören können. Der Pförtner muss wie ein Mehlsack geschlafen haben. Um diese Zeit macht er immer ein Nickerchen; der Direktor hat ihm wahrscheinlich gesagt, er soll nicht aufmachen, bevor die große Sirene heult; 'ne Viertelstunde vorher, verstehst du? Gott sei Dank war es schon Juni und nicht kalt. Am siebzehnten hab ich Geburtstag … Süßer, damals bin ich vierzehn geworden; du willst aber auch alles ganz genau wissen. Jetzt hör aber zu: Es war also kein Mensch zu sehn. Und ich hab mich nicht getraut, noch mal zu läuten. Und plötzlich: Uuuuuuuuh!!! Die Sirene, Mensch, du, was hab ich mich erschreckt! 'ne halbe Minute lang heult die, aber ich hatte es ja noch

nie gehört. Das imponiert das erste Mal, das kannst du mir glauben. Und ich läute wieder und da macht der Pförtner mir endlich auf. Ich sag: »Guten Morgen.« Und er, der glaub ich aus Vilanova kommt, gähnt und sperrt dabei weit den Mund auf, dass es einem einen gehörigen Schrecken einjagt, und sagt: »Kleine ...«

Verlass dich drauf, er hat wirklich »Kleine« gesagt. Und dann hat er gesagt, dass ich mich auf die Bank vor der Waage setzen soll, denn der Direktor hat ihnen anscheinend verboten, jemanden in die Pförtnerloge zu lassen. Puh, Vorschriften; von denen gab es jede Menge! Ich wusste nicht, was ich machen soll. Und da sitze ich also dann mit meinem Korb auf dem Schoß und schau mir die Aushänge an; damals wusste ich natürlich noch nicht, wofür die gut waren. Gott sei Dank trudelten bald die Arbeiter ein. Die meisten waren natürlich Frauen. Viele hatten schon ihre Kittel an ... und ich hatte meinen so sorgfältig zusammengelegt ... meinen neuen Arbeitskittel, meine ich ... durch das Gerenne wegen der Ratte war er ganz zerknautscht, Mensch, du, echt lustig, wenn ich jetzt so dran denke.

Ich kannte kaum einen ... Nee, unser Ort ist groß, doch die meisten waren ja ältere Frauen ... Dann fiel mir die Uhr auf. Wahnsinn, sag ich dir, das ist 'ne elektrische, die jede halbe Minute weiterspringt. Er macht ein leises Klick und springt dann weiter ... Süßer, der Minutenanzeiger natürlich. Als dann die Montse kam ... Ah, ich weiß nicht, ob du sie kennst, Maians heißt sie mit Nachnamen ... also, als die Montse kam, sagte sie: »Mensch, Kind, was bist du früh aus den Federn gekommen!« ... Ich hab's dir schon gesagt: Maians. Hör mal, Süßer, ich stell sie dir vor, wenn du mich in Roda besuchst. Na, die Montse sagt das also zu mir, und schon lauf ich mit ihr zur Fabrik ... Es ist nicht weit, vielleicht so wie von hier zur Wohnzimmertür. Der Weg dahin sieht aus wie 'ne Promenade, auf der einen Seite liegt ein Garten, und den anderen Wegrand säumen Kastanien und Bänke, im Sommer haben wir da immer gefrühstückt … 'ne halbe Stunde haben wir, von halb neun bis neun; dort lässt sich's gut aushalten, wirklich, man ist gleich am Flussufer. Um die frühe Uhrzeit sah man aber nicht viel, auch wenn alle Laternen brannten, wir arbeiten in drei Schichten … Dann geh ich mit der Montse rein und Mensch, was für'n Lärm! Alles bebte irgendwie und es war unglaublich hell. Am allerersten Tag, in der Aufregung und bei dem lauten Dröhnen der Maschinen, da bekommst du echt weiche Knie … Und weil die Montse an der Zwirnmaschine steht … Zwirn-ma-schi-ne. Wie soll ich dir das erklären, wenn du noch nie 'ne Fabrik von innen gesehen hast? Da die Montse und ich also an der gleichen Maschine arbeiten, haben wir uns zusammen umgezogen … Nee, Süßer, nee, da gibt's 'ne Umkleidekabine. Ich war wie betäubt von dem Lärm, und die anderen sagten zu mir: »Schrei nicht so, Kleine, wir sind nicht taub.« … Der Kittel? Das kannst du dir doch vorstellen, ein einfacher, billiger Kittel. Gott sei Dank konnte jede ihn abändern. Ui, was für ein Tumult! Ach, ich weiß nicht, du, ich hab nicht so auf die anderen geachtet. Außerdem musste ich die Wäsche aufhängen und die Henkelmänner der anderen aufwärmen. Selbstverständlich gab's 'ne Möglichkeit, wo wir unser Essen aufwärmen konnten, wo denkst du hin! Und als wir zu dem Saal mit den Maschinen hochgingen … uiuiuiuiiii …!!!, da heult die kleine Sirene, die zum Schichtwechsel. Und auch so eine hatte ich vorher noch nie gehört, Mensch, du, die ist so schrill, da platzt dir beinahe das Trommelfell. Und ich wusste nicht, wo ich hin sollte, denn der Saal ist sehr groß … puh, viel, viel größer als der hier, der passt da mindestens viermal rein. Und zwischen denen, deren Schicht zu Ende war, und denen, die anfingen, und dem Lärm der ganzen Maschinen, da wurde mir echt angst und bange. Sechzehn Maschinen standen da in einer Reihe, die Dublier- und Umspulmaschinen und die

Begasungsanlage, die heute nicht mehr in Betrieb ist, und dann der Käfig vom Vorsteher ... alle haben dazu Käfig gesagt, und all der Lärm ... Natürlich wusste ich nicht, was ich machen sollte, und als die Montse zu mir sagte: »Komm her!«, da hab ich sie einfach nicht gehört, ich schwör's dir. Darauf sagte sie: »Kleine, du wirkst ganz benommen«, und dann hat sie mich zum Käfig begleitet, wo der Vorsteher mir ich weiß nicht mehr was sagt, und ich nur antworte: *»Sí, Senyor.«* Der Direktor hat mir nämlich am Tag der Einstellung schon erklärt, dass sich alle hier siezen und er in der Fabrik keine Vertraulichkeiten haben will und nur fleißige Arbeiterinnen. Und wenn sie dich beim Schwatzen erwischen, ziehen sie dir 120 Peseten von der »Prämie« ab. Puh, der hat mir vielleicht einen Vortrag gehalten, der Direktor; aber gut, die Montse hat mich dann zum Abteilungsleiter gebracht ... nach oben, mein ich, wir sagen Sibirien dazu, weil es dort keine Heizung gibt. Und der hat mir dann einen Spezialbesen gegeben ... Ja, Süßer, das ist ein besonderer, denn er hat zwei Bürsten wie 'ne Schere, mit zwei langen Stielen dran. Du musst ihn nur vor dir herschieben und die Fusseln und Garnfäden dann in die Mülltonnen werfen ... Nein, Süßer, die machen die Männer leer. Mensch, diese Kehrerei kann man so richtig überkriegen! Der Direktor ist nämlich ein richtiger Sklaventreiber und will nicht ein Stäubchen auf dem Boden sehen. Vor allem an Besuchstagen ist es unerträglich! Die Montse hat zu mir gesagt: »Feg du den Gang, ich kehr schon zwischen den Maschinen ... Schau, du bist nicht dran gewöhnt und zwischen den Maschinen zu fegen ist viel schwerer. Alles ist so eng hier, und die Maschinen sind nur im Weg.«

Und heiß war's! Mein Gott, was für 'ne Affenhitze hat da geherrscht! Zum Glück weiß man nach ein paar Tagen, wie alles läuft, und viele tragen nur die Kittel ... Du, wenn du mir so kommst, dann erzähl ich nichts mehr, kapiert? Dich würde ich gern mal dort sehen, acht Stunden eingeschlossen bei dreißig Grad Celsius! Die Montse hat also zu mir gesagt: »Feg du den Gang.« Am Anfang konnte ich den Besen kaum schieben und bin andauernd gestolpert. Irgendwann hängt es dir zum Hals raus, und dann zeigen sie dir, wie man leere Spulen aufsetzt und die alten abstreift … Nee, Süßer, nicht die Wäsche, die Spulen voll mit Garn, also wirklich, die Leute haben da nicht viel mit Romanzen im Sinn. An der Zwirnmaschine vielleicht noch, da musst du nur die Maschine überwachen und das gerissene Garn wieder zusammenknoten. Aber du wirst pro Stück bezahlt und wenn du nicht ordentlich in die Pedale trittst, kommt kaum was dabei rum, verstehst du? Man kriegt einen guten Wochenlohn: mehr als tausend Peseten mit der Prämie, dafür muss man sich aber tüchtig ranhalten, das kannst du mir glauben. Am Anfang war ich so durcheinander, dass ich nicht mal gemerkt hab, wie's draußen hell wird. Wenn sie nicht plötzlich die Lampen ausgemacht hätten, hätte ich es wahrscheinlich gar nicht mitbekommen. Und da bin ich ziemlich traurig geworden … Die Fenster sind nämlich doppelt verglast und haben 'ne Art Gaze dazwischen, sodass man fast nicht rausschauen kann … Aufmachen! Was du dir so vorstellst! Die Fenster sind fest verschlossen und lassen sich bloß ein bisschen aufmachen, ein kleines Stückchen, und das auch nur mit viel Mühe. Oben an der Decke gibt's ein paar Luken, aber auch da nur zwei oder drei. Mensch, wie traurig das war! Und das, obwohl ich wirklich Lust gehabt hab, endlich wie alle arbeiten zu gehen, und ich dachte nur, wie traurig das alles ist! Mit der Zeit gewöhnt man sich dran, aber die ersten Tage tut man sich verdammt schwer damit. Glaub mir, daran erinnere ich mich am besten: daran und an den Lärm. Zur Frühstückspause, als wir raus auf den Hof sind, dröhnte mir der Kopf, als hätte jemand unaufhörlich drauf eingehämmert. Aber alles geht vorüber, und es gibt sogar Leute, die heulen, wenn sie in Rente gehen, und viele können sich nicht abgewöhnen, immer vor fünf aufzuwa-

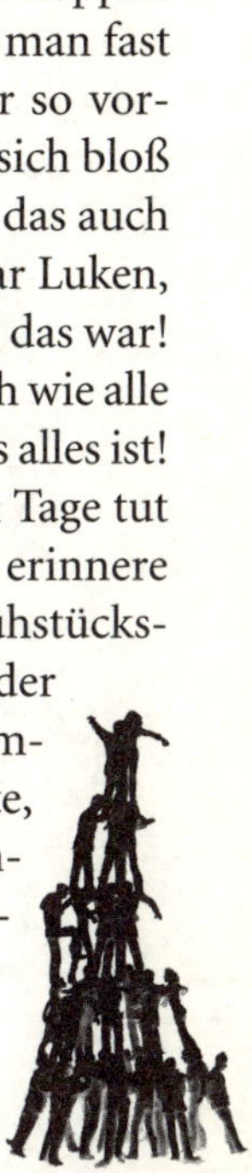

chen. Ich nicht, wenn ich könnte, würde ich sofort mit Arbeiten aufhören, ich schwör's dir. An den ersten Tag erinnerst du dich immer am besten. Auch wenn er wie bei mir im Flug vorbeigegangen ist. Als die Sirene zur Frühstückspause heulte, war ich immer noch mit dem Besen zugange! Gott sei Dank hat die Montse meinen Korb und den Henkelmann mit rausgenommen. Draußen war es schön frisch! Obwohl es der 20. Juni war. Siehst du, wie ich mich erinnere. Dabei ist das jetzt bald vier Jahre her … Nee, Süßer, ich bin immer noch keine achtzehn. Damals hatte ich gerade genug Zeit zu essen. Heute reicht's auch noch, um mir draußen vor den Fabriktoren ein bisschen die Beine zu vertreten. Natürlich nur im Sommer … Sicher würde ich dich gern mal wiedersehen … Vielleicht komm ich ja nächstes Jahr wieder her zur Kirmes … Die Kirmes in Roda? Die ist im September … Ah, hör mal, wenn du kommst …

Übersetzt von Frank Savelsberg

Antònia Vicens

Fast ein Wunder

Am runden Tisch mit dem wärmenden Kohlenbecken sitzt die Urgroßmutter und hält ein Schläfchen. In der Nacht hat es geschneit. Der Himmel hinter den Scheiben des verglasten Balkons ist wolkenverhangen. Die Blätter der Veilchen und Margeriten in den kleinen Töpfen sind ganz starr, sie sind bei der großen Kälte erfroren. Von Zeit zu Zeit öffnet die alte Frau die Augen und schürt die Glut im Kohlenbecken, wobei sie ein Gesicht macht, als wolle sie damit die Schrecken eines längst vergangenen Winters vertreiben.

Im Wohnzimmer befindet sich auch ihre Urenkelin, ein Mädchen von ungefähr elf Jahren, das am Computer spielt. Der Bildschirm zeigt aufgepeitschte Wellen, die Altöl, tote Vögel und Fische an einen Sandstrand spülen.

»Ich habe sie gerettet!«, schreit das Mädchen plötzlich und springt vor Freude fast an die Decke.

»Wen hast du gerettet?« Die Urgroßmutter ist hochgeschreckt und reißt nun weit ihre trüben blauen Augen auf.

»Die Möwe! Die Arme, sie war voller Erdöl, sie hatte es sogar in den Augen, einfach überall. Für jeden Vogel oder Fisch, den man rettet, kriegt man einen Punkt. Und wenn ich es schaffe, ein Leck in die ›Prestige‹ zu schlagen und sie sinkt, habe ich gewonnen. Sie hat eine Ölpest verursacht, weißt du.«

»Wie bitte?«, fragt die Urgroßmutter, doch schon wandern ihre Gedanken zurück zu dem Leuchtturm am Ende der Bucht, wo sie auf das Boot ihres Mannes wartet. Tage. Nächte. Das Meer bäumt sich auf wie ein wildes Pferd. Sie trägt schon seit Jahren Trauer, als die Flut eines Tages endlich seinen Leichnam an Land schwemmt.

»Wenn du fernsehen würdest«, sagt das Mädchen, »dann wüsstest du auch, dass in Galicien ein Erdöltanker Schiffbruch erlitten hat und dort jetzt die ganze Küste verschmutzt.«

»Meine Augen sehen nur noch etwas, wenn ich sie schließe«, erwidert die alte Frau mit einem Gähnen.

»Ach so«, sagt das Mädchen.

»Dich sieht man immerzu nur rumsitzen«, fährt die Urgroßmutter mit schleppender Stimme fort. »Als ich in deinem Alter war, hielt mich nichts zu Hause.«

»Als du klein warst, gab es ja auch noch keine Computerspiele«, entgegnet das Mädchen.

»Stimmt«, sagt die Urgroßmutter ganz leise, als spreche sie nur zu sich selbst, »aber dafür waren Freud und Leid bei uns wenigstens noch unverfälscht; heutzutage gibt es doch nur noch künstliche, vorgefertigte Gefühle.«

»Gar nicht! Computerspiele reißen einen total mit. Du kannst dir nicht vorstellen, wie cool das ist ... Mist! Schon wieder ein Vogel tot!«

»Nichts Echtes mehr, alles nur vorgespielt ... und vollkommen eintönig«, erklärt die alte Frau gedankenverloren.

Einen Moment lang scheint es, als löse sich der Schleier vor ihren Pupillen auf, doch sogleich werden ihre Augenhöhlen wieder dunkel und ihre schmalen Lippen schließen sich zu einer kleinen, welken Knospe. Die Züge ihres runzligen Gesichts entspannen sich so sehr, dass das Mädchen schon fast glaubt, sie sei nun hinüber.

»Bist du tot?«

Die Urgroßmutter gibt keine Antwort. Das Mädchen spielt dennoch seelenruhig weiter. Im Grunde interessieren sie die Erinnerungen der Urgroßmutter nicht besonders, und dass die alte Frau bald stirbt, damit rechnet die Familie sowieso schon jeden Tag.

Aber noch hat sie das Zeitliche nicht gesegnet: Vielmehr erlebt sie gerade so etwas wie eine Auferstehung, als wäre sie auf einmal erhaben über alles Glück und Elend ihres Lebens. Sie sieht sich an einem sonnigen Morgen über dem Garten ihrer Kindheit schweben, sieht die roten Farbtupfen der Geranien in den Beeten, das leuchtende Weiß der samtigen Lilienblüten, die vielen überreifen Früchte an den Zweigen des Zitronenbaums, und schließlich sich selbst, wie sie splitternackt in einem Waschtrog voller Schaum sitzt und ihre Mutter sie einseift. Denn am nächsten Tag würde ihre Erstkommunion sein.

Später, als es schon dunkelte, lief sie in die Kirche, um im Beichtstuhl auch ihre Seele von jeglicher Schuld reinzuwaschen. Aus ihrem Mund sprudelten zahllose kleine Sünden so winzig wie Kellerasseln, und als sie geendet hatte, fühlte sie sich so zart und zerbrechlich wie Porzellan und ging ganz langsam, geradezu andächtig nach Hause, denn man hatte ihr gesagt, dass ihr Körper nun rein und heilig sei und sie in ihrem Herzen überirdischen Regungen nachspüren solle.

Weil sie die Lockenwickler nicht finden konnte, nahm ihre Mutter abends vor dem Schlafengehen ein paar Stängel von Weißem Affodill, einer Lilienart, die weiße Blütenrispen treibt, und wickelte ihr Haar Strähne für Strähne darauf, damit am Weißen Sonntag viele Korkenzieherlocken ihr Gesicht umrankten.

In der Nacht träumte sie dann von Strömen klaren Wassers und riesigen Gebirgen, in denen verspielte Feen die Natur zum Narren hielten. Sie selbst wurde von ihnen nur ein klein wenig gestreift und schon verwandelte sie sich in eine Kletterrose. Als sie am nächsten Morgen noch ein wenig benommen aus diesem wundersamen Traum erwachte, entdeckte sie im Spiegel über der Kommode das Bild ihres Kopfes: Er lag auf weißen Blüten gebettet, deren Blätter mit rosafarbenen Äderchen durchzogen waren.

»Ich habe wenigstens noch etwas erlebt«, flüstert die alte Frau jetzt mit dünner Stimme, ohne dabei auch nur ein bisschen ihre Lippen zu bewegen.

»Ich dachte schon, du bist tot«, erwidert das Mädchen. Sie hebt dabei nicht einmal den Kopf, denn der Anblick der Wellen, die noch immer tote Fische und Vögel an Land speien, fesselt sie an den Bildschirm.

»An jenem Morgen hatten meine Haare Blüten getrieben«, murmelt die Alte unbeirrt. »Mag sein, dass es kein richtiges Wunder war, aber ich schwöre, dass es mir wirklich so vorkam. Jetzt habe ich jedoch das Gefühl, dass mir gleich ein echtes Wunder widerfahren wird. Wie ist es sonst zu erklären, dass jenes Mädchen, das ich einst war, mir nun winkt, ihm zu folgen, hin zum Meer, zum Boot deines Urgroßvaters, meinem Liebsten?«

»Urgroßmutter!«, schreit die Urenkelin auf und sieht entgeistert zu, wie der Gesichtsausdruck der alten Frau sich schlagartig verändert. Genau in dem Augenblick, da die »Prestige« inmitten eines öligen Strudels versinkt, steigt das Mädchen aus dem Computerspiel aus und stürzt aus dem Wohnzimmer, während es vor sich hin stammelt, dass auf dem Stuhl, wo bis eben noch die Urgroßmutter gesessen hat, jetzt auf einmal ein Mädchen mit blühenden Haaren thront.

Übersetzt von Sophia Simon

Vicenç Pagès Jordà

Senyora Flock

Herr und Frau Flock hatten beide im August Geburtstag, weshalb sie diesen Monat immer in Empuriabrava verbrachten. Seitdem sie sich in einer Wurstfabrik in Hessen kennengelernt hatten, war das Ehepaar unzertrennlich. Sie mieteten das Ferienhaus jedes Jahr, und bei ihrer Rente konnten sie es sich sogar noch leisten, sich reichlich mit *San Miguel* und *frankfurts* einzudecken. Obwohl Frau Flock mitten in Frankfurt geboren war, hatte sie so etwas wie diese winzigen kirschholzfarbenen Würstchen, die in Empuriabrava den Namen ihrer Heimatstadt trugen, noch nie zuvor zu Gesicht bekommen. Man muss dazu sagen, dass sie sie sehr gerne aß, am liebsten gleich paarweise. Es war wie mit dem Bier: Es hieß genauso wie in ihrem Land, aber es schmeckte anders, viel leichter und frischer.

Sie verließen den Ferienort an der Costa Brava den ganzen Monat nicht, denn dort hatten sie alles, was sie brauchten. Sonne und Sand, so viel sie wollten. Und Sex: Sie selbst hatten zwar die Lust dazu verloren, doch gab es immer jemanden in unmittelbarer Nachbarschaft, der in Stimmung war, und das genügte ihnen vollkommen. Sie wussten, dass die Mieter, die im Juli kamen, sich abgewöhnt hatten, die Toilettenspülung zu betätigen – falls sie diese Gewohnheit überhaupt jemals gehabt hatten –, ließen sich aber dadurch nicht aus der Ruhe bringen. Der Schmutz war Bestandteil der Exotik. Außerdem konnte man das Bad, wenn man das Becken einen Tag lang mit der Klobürste gescheuert hatte, am Abend bereits wieder betreten, ohne sich ein Taschentuch vor die Nase halten zu müssen (die bei ihr ohne-

hin nicht mehr so gut funktionierte). Und was den kleinen Garten betraf, so konnte man sich auf den Peruaner, der einmal wöchentlich kam, voll verlassen. Er vernichtete alles: Unkraut, Würmer, Ameisen, den Rasen und auch die eine oder andere Blume.

Herr und Frau Flock bummelten glücklich durch die Souvenirläden, in denen Eimer und Schaufeln aus Plastik, Sonnencreme, Schwimmreifen, Ansichtskarten, Schmuck und mexikanische Hüte verkauft wurden. Sie schlenderten durch den Supermarkt, die Musikkneipen und die größte Marina Europas mit ihren unzähligen Bootsliegeplätzen. Sie flanierten über die schattenlosen Bürgersteige und die flach abfallenden Strände mit dem feinen Sand (so fein wie der vor den Pyramiden, sagte sie immer), und manchmal aßen sie zu Mittag jeder ein doppelte Portion Eis. Sie wussten, dass ihre Landsleute, die den Sommerurlaub weiter unten an der Küste verbrachten, in schäbigen Hotelanlagen wohnten, und waren deshalb sehr zufrieden mit ihrer Unabhängigkeit und ihrem sechzig Quadratmeter großen Ferienhäuschen. Sie ließen sich vor einem der schiffbaren Kanäle fotografieren, die sich über die ganze Urbanisation erstreckten (jedes Jahr vor einem anderen), und wenn sie wieder zu Hause waren, erzählten sie den Nachbarn, dass sie wie immer im Venedig Spaniens Urlaub gemacht hätten und die Leute in jenem spanischen »Bundesland« einen Dialekt des Spanischen sprächen, so wie seine Eltern, die aus Bayern stammten, auch einen sehr breiten Dialekt des Deutschen hätten oder Andalusisch ein Dialekt sei, der im »Bundesland« Sevilla gesprochen wird.

In diesem Jahr bekam Frau Flock zu ihrem Geburtstag am 10. August von ihrem Mann ein kleines Hündchen geschenkt. Er hatte den Gärtner eine Woche zuvor gebeten, den Vierbeiner zu besorgen. Herr Flock war keiner der Ehemänner, die ihre Frauen erst fragen mussten, was sie ihnen schenken sollten. Er wusste selbst am besten, was sie wollte, oft sogar, bevor sie sich dieses Wunsches überhaupt bewusst war. Das verdankte er seiner angeborenen Intuition, die er in den Jahrzehnten des Zusammenlebens noch perfektioniert hatte. Der kleine Hund, eine Art Foxterrier, war sehr aufgeweckt, fraß Unmengen und spritzte am Strand alle Leute nass, wenn er sich nach einem Bad im Meer schüttelte. Er war sehr witzig. Manchmal schnappte er nach jemandem, aber nur zum Spaß, weil er spielen wollte, und dann mussten sie ihn am Sonnenschirm festbinden.

Frau Flock mochte den kleinen Hund sehr. Gegen Abend nahm sie ihn immer mit zu einer Stelle, wo ein Grillimbiss seine Abfallkübel abstellte, und ließ ihn die Hähnchenknochen abnagen, während sie eine Mentholzigarette der spanischen Marke »Fortuna« rauchte. Solche Hündchen passten überall hinein, zum Beispiel in die Trommel der Waschmaschine, es würde also kein Problem sein, ihn mit nach Deutschland zu nehmen.

Herr Flock freute sich, denn er hatte mit seinem Geschenk wieder einmal ins Schwarze getroffen. Zu seinem Geburtstag schenkte sie ihm dann einen riesigen Tonkrug mit himmelblauen und metallic-orangefarbenen Streifen und wie zufällig hingesprenkelten, purpurroten Tupfen, in den man Straußenfedern stellen konnte. Ihm gefiel das Geschenk kein bisschen, aber er ließ es sich nicht anmerken. Er war es schon gewohnt, dass sie immer das Falsche aussuchte; sie hatte einfach keinen sechsten Sinn so wie er.

Herr Flock wartete also, bis der Gärtner das nächste Mal kam, und während der Peruaner den Rosenstock beschnitt, ging er zu ihm und fragte ihn, ob er sich ein kleines Taschengeld dazuverdienen wolle (der Gärtner verstand ein wenig Deutsch, er konnte sogar ein paar Brocken sprechen). Herr Flock hatte gehört, dass in diesem Teil des Ferienorts in letzter Zeit viel gestohlen wurde, es würde sich also keiner groß wundern. Sein Plan war

ganz einfach: Am fraglichen Tag, den sie beide noch festlegen würden, sollte der Peruaner sich in den Garten schleichen und ein bisschen Lärm machen; er selbst würde dann herauskommen, um nach dem Rechten zu sehen, sodass der vermeintliche Dieb Zeit hätte, den Krug mitzunehmen. Der Gärtner könnte sich ein bisschen Geld verdienen, er selbst ersparte sich für immer den Anblick dieses unsäglich scheußlichen Gegenstandes und keiner würde die Gefühle seiner Frau verletzen. Nachdem sie sich auf den folgenden Montag geeinigt hatten, begoss Herr Flock seinen glänzenden Einfall mit einem kühlen *San Miguel*.

Sonntagnacht im Flamencolokal tanzte Herr Flock dann so lange, wie es seine Bandscheibe zuließ, und Frau Flock, wie es die Osteoporose ihr eben noch erlaubte. Sie bestellte in einem fort Cuba Libre, die er dann allesamt austrinken musste. Beide waren in Hochform und dachten lange nicht ans Nachhausegehen. Als sie schließlich kurz nach vier aufbrachen, sangen sie laut ›Deutschland, Deutschland über alles‹ und Frau Flock schämte sich etwas, weil ihr Mann unterwegs ständig rülpsen musste.

Zu Hause im Bad hörte Herr Flock, als er gerade urinieren wollte, auf einmal das alarmierende Gebell des Hündchens. Zuerst dachte er: Wir haben vergessen, ihm sein Abendessen zu geben. Dann: Da ist jemand im Garten. Und zuletzt: Dieser Trottel hat sich im Tag geirrt!

Das Bellen klang jetzt gedämpft. Pfeilschnell rannte Herr Flock aus dem Bad (genau genommen nicht ganz so schnell wie ein Pfeil, und vor allem nicht so gerade). Frau Flock stand schon an der Schlafzimmertür und wollte offensichtlich gerade nach unten gehen.

»Ich habe draußen Lärm gehört«, sagte er.

»Lass mich gehen, du hast so viel getrunken«, antwortete sie.

Sie balgten sich ein wenig, bis sie schließlich aufs Bett fiel.

Er entschuldigte sich und stieg dann vorsichtig die Treppen hinunter.

Der Gärtner war schon wieder auf der Straße. In der Hand trug er eine grüne Mülltüte, die zuckte, als sei sie lebendig. Herr Flock holte ihn an der Straßenecke ein.

»Idiot! *Morgen* solltest du doch erst kommen!«, zischte er wütend.

»Ich habe mich nicht geirrt, *Senyor* – mit der *Senyora* hatte ich ausgemacht, dass ich ihn heute Nacht mitnehme.«

Übersetzt von Sophia Simon

Manel Zabala

Eine schöne Geschichte von einem Waldkaninchen und einer Garnele oder Die Liebe in einer Paella mixta ist möglich

Marcel·lí schwitzte heftig und roch …
Marcel·linas Geruch nach feuchtem Holz.

»Uhuu, uhuu!«

Der Mond scheint viel zu hell, um übers freie Feld zu hoppeln. Wie bin ich bloß hierher geraten?, fragt sich das Kaninchen Tambor. Es wagt sich keinen Zentimeter weiter, das Gebüsch liegt schon viel zu weit hinter ihm; jetzt traut es sich nicht mehr, mit seinem grauen Fell und der weißen Blume die Landstraße zu überqueren. Flach kauert es sich hin und hält ganz still, noch kann es seinen nervösen Tick beherrschen: Oft fängt eine seiner Pfoten von alleine an, auf den Boden zu klopfen. Mehr schlecht als recht duckt es sich hinter ein paar Rübenblättern. Wieder schreit die Eule:

»Uhuu, uhuu!«

Erschrocken krallt sich das Kaninchen Tambor in einen Erdklumpen, der unter seinen Pfoten zerbröckelt. Geräuschlos wendet es den Kopf, späht um sich, schnuppert. Eine Eule, wo denn? Es sieht sie nicht, wittert sie nicht, und einen Baum, von dem aus sie Ausschau halten könnte, gibt es weit und breit nicht. Und das ist schon seltsam: Wo sollte eine Eule sonst sitzen, wenn nicht auf einem Baum? Das Kaninchen Tambor hat sich vor Angst vollgepinkelt und dabei seinen Bauch ganz mit Lehm verdreckt.

»Uhuu, uhuu!«

Einstweilen geschieht nichts weiter, vielleicht hat der Feind es nicht gesehen. Das Klügste wird sein, reglos sitzen zu bleiben und das Schnäuzchen zu halten.

So vergeht eine, es vergehen zwei, es vergehen fünf Minuten. Bis sich auf einmal ein Lichtschein nähert: Auf der Landstraße fährt ein Lastwagen, dessen starke Scheinwerfer über den Rain des Rübenackers streifen. Als das Kaninchen vom Lichtkegel erfasst wird, gerät es in Panik und seine Pfote hämmert los wie verrückt, mitten in der Pisspfütze: pitsch, pitsch, pitsch. Es ist geblendet, kann selbst nichts sehen und weiß, dass es zu sehen ist. Es erschauert, sein Hinterlauf klopft heftiger: platsch, platsch, platsch. Es zittert am ganzen Leib. Plötzlich hört es hinter sich wieder dieses »Uhuu!« und frenetisches Flügelschlagen. Tambor macht einen Satz, springt auf die Straße und stürzt sich in das milchige Scheinwerferlicht, ohne zu wissen, ob er die andere Seite noch erreichen wird oder nicht – da hört er mitten im letzten Sprung, wie ihm jemand zuruft:

»Tambor! Streck den Hals!«

Tambor kennt die Stimme. Er wendet den Kopf und entdeckt das Kaninchen Perelló, das hinter ihm herläuft und mit zwei Blättern einer Zwergpalme das Geräusch schlagender Flügel erzeugt.

Bumm! Tambor bleibt nicht einmal mehr Zeit für einen Gedanken, ehe das Rad über ihn hinwegrollt.

Der Lastwagen ist längst weg, als Perelló noch immer brüllt:

»Dein Kopf, Tambor! Pass auf! Nicht den Kopf! Bloß nicht den Kopf!«

Das Schlimmste befürchtend hüpft Perelló die Böschung hinunter: nicht den Kopf, bitte nicht den Kopf.

Tapp, tapp … tapp … tapp … macht die Pfote an der Fußmatte, die bis vor einem Augenblick noch Tambor war.

»Nicht den Kopf, verdammt noch mal, nicht den Kopf!«

Und tatsächlich: Der Kopf, das heißt, ein dreidimensionaler Kopf, ist nirgends zu sehen. Das Killerkaninchen blickt sich um in der Hoffnung, die Stoßstange möge ihn vielleicht ein Stück weggeschleudert haben, doch nein: Es gibt keinen Kopf mehr, und vermutlich ist dieses mehr wässrige Zeug auf der einen Seite des Breis das Gehirn.

Betrübt lässt Perelló den Kopf sinken und wühlt dann voller Bedauern in Tambors Überresten. So ein Mist. Das ist ein Knochen, das ein Zahn … Um nicht ganz unverrichteter Dinge heimzukehren, klaubt er sich ein Stück Niere heraus, das nicht allzu zermatscht ist, die Pfote und etwas Darm. Immer dasselbe, denkt das Kaninchen. Wenn das so weitergeht, reiße ich irgendwann jemandem bei lebendigem Leib den Kopf herunter. Zur Hölle mit so viel Vorsicht! Seit zwei Monaten komme ich schon nicht mehr voran!

»Leute!«, verkündet Griset. »Perelló ist wieder da und er ist ganz blutverschmiert und hat eine Pfote im Maul und Gedärm um den Hals.«

»Hallo Papa, hallo Mama«, sagt Perelló, als er durch das Loch der Eiche in den Bau schlüpft, »hallo Onkel, Tantchen, Schwäger, Brüderchen, Schwesterchen und Stiefschwestern … Komm mit, Griset, ich muss mit dir reden.«

Perelló schnappt seinen Bruder im Genick und zerrt ihn in die Röhre, die für den Kleinen eigentlich tabu ist und zu Perellós Privathöhlen führt, wo er ihn mit solcher Wucht gegen die Wand schmettert, dass dabei eine Skizze vom Inneren eines Kaninchenbauchs kaputtgeht. Er schlägt mit der Pfote des Toten auf ihn ein und kratzt ihm damit beinahe ein Auge aus.

»Lass mich gefälligst in Ruhe arbeiten! Hast du verstanden?«

»Ja, Perelló. Sei bitte nicht sauer. Verzeih mir! Hör auf, mich mit dem Ding zu hauen!«

»Und wehe, du sagst was! Wehe, du verplapperst dich bei Papa oder Mama!«

»Die wissen doch längst, dass du jede Nacht mit einem Stück von irgendjemandem heimkommst ...«

»Petze! Verräter!«

»Gar nicht wahr! Ich hab nichts gesagt. Ist auch überhaupt nicht nötig. Bei dem Gestank!«

»Bei euch oben stinkt's dafür nach Kacke und Pisse!«

»Und bei dir nach Aas!«

Perelló stutzt. Herrje, in diesem Punkt hat der Kleine recht. Das darf nicht wieder vorkommen. Er beschließt, die Kadaver künftig unter seiner Kammer zu vergraben, bevor sie verwesen.

»In Ordnung, ich verzeihe dir, weil du noch ein junges Karnickel bist, aber halt dich in Zukunft aus meinen Angelegenheiten raus. Ich sag ja auch nichts, wenn du unsere Schwester rammelst.«

»Das ist doch ganz normal! Papa macht das auch mit unserer Mama und mit seiner Mama und mit der Mama von Mama und mit der Dicken, die immer ganz vorne im Bau sitzt und mit der wir auch irgendwie verwandt sind, und mit seinen Schwestern und auch mit unserer Schwester und all den anderen. Das ist normal, die beste Erfindung der Welt!«

»Schon gut, Griset, du kannst rammeln, wen du willst, aber lass mich in Ruhe. Ich sag's dir im Guten.«

»Irgendwann wirst du Probleme kriegen ...«

»Nimm dich bloß in Acht, mir fehlt nämlich noch ein Kopf. Vergiss nicht, wir stammen nicht aus demselben Wurf, besonders nah verwandt sind wir also nicht!«

Griset nickt und kriecht aus der verbotenen Zone zurück zu seinen Eltern, die erleichtert aufatmen. Seine Mutter umarmt ihn und leckt ihm das Blut am Auge weg.

»Ach Kind, ich hab's dir gesagt, lass Perelló einfach in Frieden, er ist nicht so wie wir.«

»Du kennst ihn doch«, mahnt auch der Vater, »Perelló und seine schauerlichen Marotten. Halt dich von ihm fern und respektiere seinen Bereich, dann kann dir nichts passieren.«

Die Grenze zu Perellós Reich ist durch eine Linie und die Worte KEIN ZUTRITT markiert. Eine unsinnige Beschriftung, weil sie außer Perelló, der sie ins Erdreich gescharrt hat, kein Kaninchen lesen kann.

Endlich allein, hat Perelló unten in seiner Kammer gegen die Decke geklopft und die Platten entfernt, worauf das erste Licht des Tages in sein Atelier strömt. Alle Wände sind mit Zeichen, Reliefs, Buchstaben und Landkarten bedeckt.

»*Um uns die Zubereitung zu erleichtern, filetieren wir die Hähnchenbrust hier in Guixona. Wann immer wir Appetit auf Hähnchen haben, sehen wir uns zunächst vor der unliebsamen Aufgabe, diese zu zerteilen. Und auch wenn wir darauf achten, möglichst gleich große Stücke zu erhalten, kommen wir dabei nicht immer zum gewünschten Ergebnis*« – so steht es in der größten Röhre auf der glattesten Wand und wartet darauf, weggewischt zu werden. Das Kaninchen ist zu dem Schluss gekommen, dass die alphabetische Schreibweise für seine Zwecke nicht taugt, sie braucht einfach zu viel Platz. Um das abzuschreiben, hat Perelló acht Zeilen benötigt, die sich über fast zwei Meter Länge erstrecken. Perelló verfügt über keinerlei Schreibgerät oder sonstige Utensilien, er hat nur seine Krallen und die Wände des Kaninchenbaus, auf denen diese winzigen Buchstaben beim besten Willen nicht hinzukriegen sind, da bei jedem Luftzug die Erde von der Wand bröckelt. Aus diesem Grund hat er einige Ideogramme entwickelt – nicht viele, bisher nur etwa fünftausend –, zumal er nicht einsieht, warum für den Begriff »Hähnchen« acht Zeichen erforderlich sein sollen, wenn dazu ein einziges grafisches Zeichen ausreicht. Der Nachteil des Alphabets besteht in seiner Verbindung mit dem Klang der menschlichen Stimme. Viel besser ist aber eine Schrift, die Bedeutungen statt Laute wiedergibt, eine globale Schrift, die ohne Phonetik auskommt und nur das ausdrückt, worum es geht.

Das Auge mit den beiden Punkten darüber steht zum Beispiel für die Krankheit »Myxomatose« und diese Art Klammeraffe für »Krankheitsbild/Symptome«. Und die Symptome sind:

Ödeme am Lid und am Kopf (?, mangels Kopf noch nicht belegbar); Drüsenschwellung; schlaffe Löffel (?, mangels Kopf noch nicht belegbar); Knoten im Genitalbereich; rasche Gewichtsabnahme; Tod nach wenigen Tagen. Und der Pfeil mit diesem Dingsda bedeutet »Mögliche Ursachen« wie zum Beispiel die Luft, mangelnde Körperpflege, Sexualkontakte, Parasiten, Wasser oder Stechmücken (verstärktes Auftreten der Myxomatose in moskitoreichen Feuchtgebieten).

Seine Studien zu den Knoten im Genitalbereich hatten in den vergangenen Tagen für einige Verwirrung gesorgt. Zwei Wochen lang war Perelló jede Nacht mit einem Hoden oder einem Penis im Maul von der Landstraße zurückgekehrt. Auch Glühwürmchen brachte er mit, und dann scharrte er bis in die frühen Morgenstunden an der Decke herum. Das Resultat war eine immense Kuppel, in die er die anatomische Zeichnung eines Hodensacks gekratzt hatte, aufgespannt wie ein Spinnennetz, und mittendrin waren die Testikel und ein Penis mit sämtlichen anatomischen Details zu sehen: Keimdrüsen, Harnblase, Blutgefäße, Harnröhre, Samenleiter ... Es war alles da, sogar eine exakte Darstellung des Bindegewebes zwischen dem Harnröhren- und dem Penisschwellkörper. Einfach alles, gezeichnet und beschrieben, selbst die Geschwülste, Anomalien und Auswüchse.

Das alles hatte Perellós Vater jedoch nicht gesehen, weil er noch nie im Heiligtum seines Sohnes gewesen war, er sah ihn nur immer mit einem Pimmel oder ei-

nem Paar Eiern im Maul nach Hause kommen. Und obendrein auch noch diese krankhafte Obsession!

»Papa, dein Penis sieht seltsam aus. Das scheinen Knoten zu sein … Lass mich mal einen Blick darauf werfen!«

»Pfoten weg! Da sind weder Knoten noch sonst was! Wenn du ihn den ganzen Tag gebrauchst, ist er halt ein bisschen wund!«

Zum Glück hörte Perelló von einem Tag auf den anderen auf, solche Schweinereien anzuschleppen. Dafür kam er jetzt mit Lungen, Bronchien, einem Stück Wirbelsäule zurück … Für seinen Vater war es eine große Beruhigung, dass Perelló sich nicht mehr wie ein abartiges Kaninchen benahm: zwar blieb er ein Mörder, ein Sadist und ein Leichenschänder, aber er war kein Perversling mehr, der seine Familie und seine Rasse in Verruf bringen konnte.

Perelló war gerade damit beschäftigt, seiner Beute das Fell abzuziehen – dem lästigsten Teil der Arbeit vor dem Sezieren –, als er seinen Vater rufen hörte und dieser kurz darauf in die Werkstatt kam.

»Was willst du hier?«

»Dich warnen. Diesmal bist du wirklich zu weit gegangen.«

»Wie meinst du das?«, fragte Perelló, während er eine Kralle aus einer Pfote riss.

»Du hast Tambor umgebracht, und der war sehr beliebt. Nicht nur bei seiner Familie. Anscheinend hatte er einen riesengroßen Hirsch zum Freund.«

»Es hat mich niemand gesehen. Und ihr werdet mich nicht verraten.«

»Tambor war ein netter kleiner Kerl …«

»Er war krank …«

»Krank, krank, das behauptest du immer! Die waren nicht krank, wie oft soll ich dir das noch sagen?! Wenn sie krank gewesen wären, hättest du die Krankheit hier eingeschleppt und dann wäre der ganze Bau schon tot! Deinetwegen!«

»Nicht unbedingt. Es kann sein, dass sich die Krankheit erst überträgt, wenn der ganze Körper schon befallen ist. Ich aber töte sie gleich beim ersten Anzeichen. Ich will ein Gegenmittel finden und die Krankheitsursache ergründen. Wer weiß, vielleicht habe ich uns allen das Leben gerettet. Weißt du nicht mehr, wie Claperet aussah? Der hatte ein unverkennbares Lidödem …«

»Ein was?«

»Lidödem: eine krankhafte Ansammlung von Flüssigkeit hinter den Augenlidern.«

»Der hatte wahrscheinlich Ringe unter den Augen! Überleg doch mal: Kaum einen Monat, nachdem du ihn umgebracht hast, haben seine Mutter, die Fosca und alle fünf Tanten von Molsa Junge geworfen, und alle hatten sie den gleichen sternförmigen Fleck auf der Stirn!«

»Mag sein, dass ich mich in diesem Fall getäuscht habe, aber es war eine gute Hypothese, und in der Medizin muss man gewisse Risiken eingehen …«

»Natürlich. Und Tambor? Welche Symptome hatte Tambor, wenn ich fragen darf?«

»Er hatte Epilepsie an einer Pfote und grinste zudem ständig.«

»Uhuu! Uhuu!«

Flapp, flapp, flapp.

Bumm! Diesmal hat es geklappt, das Kaninchen ist mitten im Sprung gegen den Frontbügel eines Nissan Patrol gekracht und die Böschung hochgeflogen, wo Perelló es jauchzend aufsammelt.

»Ich hab ihn! Ich hab den Kopf!«

Vor lauter Freude hat er so laut geschrien, dass eine Wanderratte neugierig näher schleicht.

»Hurra, hurra! Ich hab ihn, ich hab ihn!«

Diesmal hat er sogar eine vollständige Leiche, aber so viel braucht er ja gar nicht mehr. Er beißt dem toten Kaninchen den Kopf ab und schubst den Rest zurück auf die Straße. Wenn erst einmal ein paar Autos darübergefahren sind, wird auch dieser verstümmelte Kadaver nur noch eine Fußmatte sein. Und niemand wird sie mehr ausklopfen wollen, um nachzusehen, ob ein Kopf darunterliegt.

Aber es gibt eine Spionin, die alles beobachtet hat und es tags darauf dem Hirsch erzählen wird, der mit Tambor seinen liebsten Freund verloren hat.

Auf dem Nachhauseweg hat Perelló eine Menge Glühwürmchen gefangen, denn gespannt wie er ist, kann er nicht warten, bis es hell wird. Er ist in sein Atelier gekrochen, hat den Kopf auf eine Steinplatte gelegt und ihn nicht einmal gehäutet. Mit einem Stein hat er den Schädel am Scheitelbein gespalten und dann, als betrachte er einen Diamanten, hat er das letzte aller Geheimnisse gelüftet und das verlängerte Rückenmark, das Kleinhirn und die weiße Hirnmasse bewundert. Er hat den ganzen Kopf gezeichnet und beschrieben, mit Ausnahme der Augen, die er gesondert abhandeln würde.

Am nächsten Tag hat er sich dann ein Auge vorgenommen, dem er ansah, dass es gesund war, und sich an seinem Ziliarkörper, dem Glaskörper, der Netzhaut, der Pupille und dem gelben Fleck ergötzt … Und dann hat er eine kugelförmige Kammer gegraben und alles dort an die Wände gezeichnet.

Und damit war seine Beschreibung des Kaninchens fertig, mit all seinen Muskeln, Knochen, Venen, Arterien, Nerven, Organen und Eingeweiden. Er hüpfte durch sein Heiligtum und schaute sich um, als wäre das alles von jemand anderem gemacht. Er sah sich alles an und sah, dass es gut war. Endlich! Hinter ihm lagen sechs Monate Arbeit. Zwar musste die Krankheit noch lokalisiert und besiegt werden, aber zumindest gab es schon einmal einen Plan, von dem sich seine Nachfolger leiten lassen konnten, denn nun hielt er den Moment für gekommen, viele Kinder in die Welt zu setzen, denen er sein Erbe vermachen und den von ihm begonnenen Weg weisen wollte.

»Komm raus, du Mörder!«

Ein gewaltiges Röhren, gefolgt von einem fürchterlichen Schlag, lässt die Decke des Kaninchenbaus erbeben. Beim zweiten Schlag stürzt die große Kuppelhalle des Nervensystems ein, beim dritten die Kammer des Auges, beim vierten sieht Perelló den Huf des Hirschs über sich, der ihn zu zerquetschen droht. Und es folgen noch weitere Schläge: In den Gängen und Höhlen regnet Erde herab, Texte und Zeichnungen bröckeln von den Wänden. Seine Familie ist geflohen, Perelló jedoch nicht. Dies ist das Ende einer Welt, und Perelló ist ihr Gott und Wächter. Er wird mit ihr untergehen. Weiter kann er nicht mehr denken, denn als ihm die Bauchspeicheldrüse aus Erde auf den Kopf fällt, verliert er das Bewusstsein.

Stunden später wühlte er sich ins Freie und machte sich, übersät von blauen Flecken und vermutlich in geistiger Umnachtung, auf den Weg zum schönsten Teil der Menschenstadt. Perelló bewunderte die Menschen, denn von ihnen hatte er alles gelernt, was ihn zu etwas Besonderem machte: das Niederschreiben von Gedanken, sein künstlerischer Gestaltungswille, die Formgebung der Sprache …

In der ersten Straße traf er auf einen schmutzigen Jungen mit einer Schleuder und geflickten Hosen, der ihm mit einem gut gezielten Stein ein Auge ausschoss.

»Du hast mir das Auge ausgeschossen! Warum hast du das getan?«

»Weil ich nicht von hier bin und mit diesen Villen, ihren Swimmingpools und Gärten nichts zu schaffen habe. Ich komme aus einem der Viertel, die dort drü-

ben an den Hügeln kleben und aus Wellblech, Eternit und Schlamm bestehen. Dort, wo ich herkomme, trägt niemand Tennisschuhe, und manchmal verliebt sich einer von uns in eines der hübschen Mädchen von hier, mit dem er aber nie ein Wort wechseln wird. Aus mir wird einmal die Frau aus der Dominikanischen Republik, die auf den Knien die Marmorstufen dieser Villen schrubbt, oder auch das alte Hausmädchen, aus mir wird einmal ein arbeitsloser Familienvater oder ein Angestellter im Callcenter der Telefonauskunft ... Ich bin der Hass der frustrierten Hausfrau, die dich, selbst wenn du schon tot bist, am liebsten noch einmal totschlagen würde.«

»Und was kann ich dafür?«

»Ich verkörpere die Unglücklichen dieser Welt, alle in einer Person. Weil du Tambor getötet hast, hast du unsere Kindheit auf dem Gewissen, du hast die Unschuld derer getötet, die keine Zukunft haben. Tier und Mensch haben dich verflucht und fortan wirst du ständig auf der Flucht sein und durch die Welt irren, und jeder, der dir begegnet, wird dich töten wollen.«

Perelló verließ die Stadt. Er zog durch Wälder und Wiesen, bis er Jagdhörner vernahm. Und weil er erschöpft und ohnehin verloren war, weil es zu spät war und er keine Kraft mehr für einen Neubeginn hatte, hoppelte er den Jägern entgegen. Er sprang ihnen in den Weg, schlug noch ein paar elegante Haken und blieb dann still sitzen, damit sie ihn aufs Korn nehmen konnten.

»... das ist sinngemäß die Botschaft, die er ihr hinterlassen hatte und die schon lange Zeit dort auf sie wartete: Immer habe er nach einer Gelegenheit gesucht, sie zu sehen, weil er ohne sie nicht leben könne. Mit ihnen beiden wäre es so wie mit dem Geißblatt, das sich um den Haselstrauch rankt: Wenn das Geißblatt die Äste des Haselstrauchs erst einmal umschlungen habe, könnten beide zusammen wohl leben, doch wolle sie jemand trennen, sterbe der Haselstrauch und mit ihm das Geißblatt zugleich. ›Schöne Freundin, so ist es auch mit uns: weder Ihr ohne mich noch ich ohne Euch.‹«

»Schatz, zieh mir das mal ab!« Flatsch.

Das Kaninchen ist auf das aufgeschlagene Buch geknallt, und sein Blut hat die Seiten befleckt, auf denen die Liebesgeschichte von Tristan und Isolde erzählt wird. Die Frau hat daraufhin das Tier für einen Moment auf seine Sportzeitung gelegt und das Buch mit dem Rock abgewischt, den er ihr geschenkt hat.

»Immer bist du am Lesen. Eines Tages trocknet dir noch das Hirn aus, wenn du so viel liest … Bring mir ein Bier, ich hab Durst.«

Die Frau fragt sich, wie sie diesen Idioten heiraten konnte. Wegen einem Stückchen Wurst muss man eigentlich nicht gleich das ganze Schwein kaufen. Aber das ist nun mal seine Art und sie hat auch ihre Macken, und das ist so, bis dass der Tod euch scheide, und wenn er wüsste, was ich mache und wo ich mich herumtreibe … die Frau steht auf, legt das Buch mit der tragischen Romanze beiseite, packt das Kaninchen und geht damit in die Küche, um es für ihren Mann zu häuten. Immer zu Diensten.

Als Perelló die Linien und Kurven des Kaninchenkörpers beschrieben und gezeichnet hatte, hatte er auch der Seele seine Aufmerksamkeit gewidmet. Sein Ideogramm für »Gedanken/Seele« bestand aus einem Punkt über vier weiteren Punkten. Dieser oberste Punkt stellte den Intellekt dar, der über die geistigen, motorischen, sinnlichen und vegetativen Vorgänge herrschte. Perelló war im Zweifel gewesen, ob er nicht die Sinne zuoberst stellen sollte, da man immer über eine sinnliche Wahrnehmung zu einer Erkenntnis gelangte. Letztlich hatte er sich jedoch dagegen entschieden, weil er zu dem Schluss gekommen war, dass

die Sinne nicht allein den Ursprung der Erkenntnis bildeten. »Gedanken/Seele« konnte nicht einfach so in das Schema aufgenommen werden. Wo sollte er es unterbringen? Im Kopf? Im Ohr? Und abgesehen davon, was war die Seele eigentlich? War sie mit dem Intellekt gleichzusetzen? Ein immaterielles und folglich nicht der Verwesung unterworfenes Prinzip? Konnte die Seele nach dem Tod des Körpers weiterleben?

Jetzt hat das Kaninchen Perelló die Antwort. Jetzt weiß es, dass die Seele weiterlebt, zumindest bis jetzt, da ihm die Hausfrau das Fell abgezogen und es der Länge nach aufgeschlitzt hat, um es auszuweiden. Es stellt fest, dass der Intellekt funktioniert, wenn auch nicht der Tastsinn, und dass es sieht und hört, obwohl es nicht weiß wie; diese Sinneseindrücke kommen von außen, aber nicht über die Augen und Löffel. Was für ein Jammer, tot zu sein und keine Wände und Krallen zu haben, um dies festzuhalten!

»Die Weiber seien untertan ihren Männern als dem Herrn. Denn der Mann ist des Weibes Haupt, gleichwie auch Christus das Haupt ist der Gemeinde, und er ist seines Leibes Heiland.« Epheser 5, 22–23

»Hier, nimm, mach dich an die Paella!«

Flatsch. Schürze und Topfhandschuhe sind mitten auf Epheser 5, 22–23 gelandet, Bibelverse, über die sich alle Frauen dieser Familie seit jeher im Klaren sind: Ehe bedeutet Gehorsam, so haben es die Mütter ihren Töchtern beigebracht, von Generation zu Generation. Die Frau geht in die Küche.

»Hör mal, das Bier war nicht kalt. Ich musste es selbst ins Tiefkühlfach legen! Nie denkst du an mich …«

»Ich denke Tag und Nacht an dich.«

Währenddessen packt sie das Kaninchen, bricht ihm die Zähne heraus, hackt ihm zuerst den Kopf ab, den sie in zwei

Hälften teilt, und dann die Läufe, schneidet die Rippen ein und reißt die Leber heraus, um sie mit zwei Knoblauchzehen, Salz und Petersilie in den Mörser zu geben und mit ehelicher Leidenschaft zu zerstoßen.

»Ich denke an dich, mein Liebling. Ich denke viel an dich.«

Aber er hört ihr nicht zu. Mit seinem lauwarmen Bier hat er es sich auf dem Sofa bequem gemacht und guckt ein Motorradrennen im Fernsehen.

Als das Kaninchen angebraten ist, rieselt Reis darüber, vier Tassen. Die Frau rührt den Reis unter und gießt dann Brühe an. Jetzt muss das Ganze zwanzig Minuten köcheln.

Feuer ist doch etwas Unglaubliches! Perelló erahnt seine alchimistischen Möglichkeiten und bedauert es einmal mehr, tot zu sein.

»Ich hätte noch so viel vom Feuer lernen können!«, seufzt er mit jedem Teil seines zerhackten Körpers.

»Jetzt ist nicht der richtige Zeitpunkt zu jammern.«

Was? Wer …? Da hat ihn doch tatsächlich eines dieser larvenähnlichen Dinger angesprochen, die eben noch zusammen mit ihm in der Pfanne gebrutzelt haben. Damit sie nicht zerfallen, hat die Frau sie herausgenommen und auf einen Teller neben dem Herd gelegt.

»Du fragst dich sicher, was ich bin. Ich bin eine Garnele, ein Meeresbewohner, die einer Küste zu nah gekommen ist, wo es vor Fischern nur so wimmelte. Unter normalen Umständen ist meine Farbe nicht so kräftig, ich meine … so knallig, und die Fühler hat man mir auch gestutzt. Aber dich haben sie ja noch viel schlimmer zugerichtet!«

»Sehr erfreut, Garnele. Ich bin ein Kaninchen, und auch ich habe nicht immer so ausgesehen. Früher war ich aus einem Stück, hatte ein graues Fell und lange Ohren.«

Sie unterhielten sich. Nur sie beide. Weder die Tintenfischringe noch die Schnecken, die anderen Gar-

nelen oder das Hühnchen beteiligten sich an ihrem Gespräch; vielleicht hatten sie sich auch nichts zu sagen, wie es ja vielen Leuten geht.

Rogent erzählte Perelló, dass er zu Lebzeiten eine schwierige Garnele gewesen sei. Nicht so schwierig wie das Kaninchen, umgebracht habe er niemanden, aber man müsse nicht unbedingt jemanden umbringen, damit die anderen einen für schwierig halten. Das Problem sei eher seine totale Interesselosigkeit gewesen. Aus purer Gleichgültigkeit habe er sich nie an etwas oder jemanden gebunden. Er habe keine Möglichkeit gesehen, glücklich zu werden, und darum Ersatz in starken Gefühlen, intensiven Erfahrungen gesucht, die ihn jedoch stets nur kurzfristig befriedigten. Er habe nichts als Sex und Drogen im Kopf gehabt. Um sich alle möglichen Drogen zu beschaffen, habe er mit Magdasolenin gedealt, einer halluzinogenen Alge, die beim Fischgesindel sehr beliebt sei. An diese Alge käme nicht jeder ran, die Garnelen würden sie kultivieren und gegen Gefälligkeiten eintauschen. Am Tag, an dem er ins Netz ging, habe er sich heimlich eine Mordsladung reingepfiffen, die sie eigentlich einem Thunfischschwarm versprochen hatten, worauf er im Drogenrausch die Orientierung verloren habe und dem Strand so nah gekommen sei, dass ihn ein Junge mit dem Kescher fangen konnte. Am nächsten Morgen sei er dann, bereits tot, von dem Geruch nach Safran und dem Gejammer des zerstückelten Kaninchens wieder aufgewacht.

»Was für ein Gezeter! Mir dröhnt jetzt noch der Kopf!«

Sie lachten beide. Sie lachten laut und unbändig, sie, die zu Lebzeiten nie gelacht hatten. Und als sie wieder ernst wurden, fühlten sie sich glücklich, erregt, nervös und sehr sonderbar. Ohne etwas zu sagen, blickten sie einander unverwandt an: Rogent von seinem Teller und der zerlegte Perelló aus der Pfanne. Sonst gab es nichts mehr um sie herum. Alles andere hatte jegliche Bedeutung verloren.

»Ich liebe dich, Perelló«, sagte Rogent.

Niemand sah es, doch in der Küche, im Inneren des geschlossenen Mülleimers, blitzte einen Moment lang ein Licht auf, als zwischen Orangenschalen und Kaffeesatz das erloschene Kaninchenauge aufglomm wie ein Funke.

Indessen schwand die Flüssigkeit in der Pfanne. Der Reis rundete sich und die Paella bekam nach und nach Farbe. Von Zeit zu Zeit trat die Frau an den Herd, um dem Kaninchen ein paar derbe Schläge mit dem Schaumlöffel zu versetzen. Vergebens hofften die Liebenden, sie nähme auch Perelló aus der Pfanne und legte ihn auf den Teller zu Rogent, damit sie sich berühren könnten. Doch die Frau schlug immer nur fest auf das Kaninchen ein.

»Was hast du ihr getan, Perelló?«

»Nichts. Warum fragst du?«

»Weil du die ganzen Prügel abkriegst. Sie hat noch keine Bohne oder Erbse gehauen.«

»Das muss Zufall sein.«

»Sollte mich wundern …«

Als der Reis gar war, richtete die Frau die Garnelen hübsch darauf an, streifte sich die Topfhandschuhe über, rief: »Macht Platz!«, nahm die Paella vom Feuer und trug sie zum Tisch.

»Kaninchen brauchst du mir keins aufzutun, das mag ich nicht.«

Der Mann schnappte sich mit seinen schmutzigen Händen drei Garnelen, unter ihnen Rogent, und legte sie neben seinen Teller auf die Stoffserviette, die seine Frau erst am Abend zuvor gewaschen hatte. Auch diesmal würden weder er noch ihre Kinder »mmh, lecker« sagen oder sonst irgendetwas, das wie »Danke« klingen könnte. Die Frau hatte die Nase voll.

»Zum Schwein oder zum Herrn wird man geboren«, knurrte sie.

Dieses Mal hatte er es gehört. Beleidigt leckte sich

der Mann die Finger ab und begann den Feinschmecker zu spielen, indem er eine Garnele – nicht Rogent – mit Messer und Gabel zu schälen versuchte. Er schaffte es, wenn auch nicht auf dem Teller, sondern auf der Serviette. Er aß die Garnele und spülte sie elegant mit ein wenig Wein (aus dem Karton) hinunter.

»Und ob ich zum Herrn geboren bin«, sagte er stolz. Und rülpste.

»Flegel!«

Verärgert nahm die Frau eine der Garnelen – diesmal war es wirklich Rogent – und legte sie ihrem Mann auf den Teller, genau über Perellós rechtes Hinterbein. Und es war, als hätten sie beide einen elektrischen Schlag bekommen: Sie hatten sich gefunden, sie spürten sich, sie berührten sich. Es konnte gar nicht sein, doch hätten sie schwören können, dass ihre Herzen wild klopften und ihre Haut und ihre Körper erschauderten. In überschäumender Liebe wollten sie sich gerade »Ich liebe dich« und »Ich weiß« zuflüstern – als der Mann zum Angriff überging und Rogent gegen das Riff seiner Zähne krachte.

Und Perelló?

Er wurde von der Frau und den Kindern abgenagt. Das war's. Und ob der Rest nun Schweigen war oder nicht, das überlasse ich Ihnen …

Tage später stand der Mann eines Morgens sehr missmutig auf, die Frau dagegen bester Laune. In der Nacht hatte ein Blitz in den Mast mit der Barça-Fahne eingeschlagen, der auf dem Deckel der Fäkaliengrube montiert war.

»Diese Scheiße muss von dir sein«, knurrte der Mann, »meine stinkt nicht so!«

Die Scheiße war überall. Auf den Studentenblümchen und den Margariten, auf der Hängematte des Mannes und auf den Melonenpflanzen. Als das Methan explodierte, sprengte es die gesamte Scheiße in die Luft, die die Familie seit der Fußballweltmeisterschaft ausgeschieden hatte.

Trotzdem war die Frau glücklich, vielleicht weil es ein wolkenloser Tag war und eine Nachtigall sang. Vor allem aber freute sie sich über zwei kleine Pflänzchen, die erst gesprossen waren, *nachdem* die Fäkaliengrube hochgegangen war, dessen war sie sich ganz sicher: ein Haselschössling, um den sich ein Geißblatt rankte, wie in der Sage.

Es ging ein sanfter Wind. Die Frau dachte an ihre Kinder, die bald flügge sein würden. Miquel würde zum Studieren nach Barcelona gehen. Und sie erinnerte sich an ihren Mann, als er noch jung und attraktiv war, ihr kleine Aufmerksamkeiten mitbrachte, Nettigkeiten sagte und Blumen schenkte.

Sie ging zurück ins Haus und nahm das Buch zur Hand, um noch einmal die Sage mit der Geschichte vom Haselstrauch und dem Geißblatt zu lesen.

»… *mit ihnen beiden wäre es so wie mit dem Geißblatt, das sich um den Haselstrauch rankt: Wenn das Geißblatt die Äste des Haselstrauchs erst einmal umschlungen habe, könnten beide zusammen wohl leben, doch wolle sie jemand trennen, dann sterbe der Haselstrauch und mit ihm das Geißblatt zugleich. ›Schöne Freundin, so ist es auch mit uns: weder Ihr ohne mich noch ich ohne Euch.*‹«

»Hol die Hacke, hier ist alles voller Unkraut!«

Flatsch.

Auf ihrem Buch war eine Handvoll Piniennadeln gelandet, Erde, Kacke und ein bisschen Unkraut: einen Haselschössling, um den sich ein Geißblatt wand.

Übersetzt von Petra Zickmann

Francesc Serés
Stern und Schaum

Sie ließen uns immer durch den Hintereingang herein, vorbei an den Stapeln von Wasser- und Sektkisten, den Mülleimern und den runden Tischen, die in einem Verschlag aufeinandergetürmt waren und die wir manchmal von einem Ende des Gartenzelts zum anderen zu transportieren hatten. Es machte Spaß, sie rollen zu sehen, wir mussten nur aufpassen, dass sie nicht zu schnell wurden und umkippten, sie maßen zweieinhalb Meter im Durchmesser, der ganze Raum war voller runder Tischplatten, während wir darauf achteten, dass sie nicht ins Trudeln gerieten. Die Mülleimer waren dauernd voll, und niemand wollte sie ausleeren, weil die billigen, übervollen Mülltüten immer rissen und man sich schmutzig machte. Die Tüten waren also eher lästig als nützlich, bis wir schließlich ausmachten, dass der Letzte, der zum Dienst kam, die Mülleimer zum Container bringen und zudem noch die vierzig Liter Orangensaft für die Aperitifs auspressen musste.

Wenn wir kamen, fegten die Frauen aus der Küche gerade den Boden des Pavillons und suchten den Rasen im Garten nach Zigarettenkippen und Essensresten ab. Überall roch es nach Putzmitteln, mit denen sie den Zigaretten- und Klogestank zu überdecken versuchten, das Raumspray biss in den Augen, und die Toiletten waren dermaßen verdreckt, dass sie sie von der Tür aus mit dem Schlauch abspritzten. Hochzeiten, Bankette mit vierhundert Leuten, ein ganzer Stall voller Leute, für die wir das große Fressen herrichteten, wie ein Kellner sagte.

Einige deckten schon die Tische. Mit Tischdecken und den

Servierwagen voller Besteck, Gläsern jeder Größe und Stapeln von Aschenbechern gingen sie von Tisch zu Tisch, derweil in den Waschbecken der Küche die ersten Wasserflaschen gefüllt wurden. Am Abend zuvor hatten wir als Letztes die Flaschen einsammeln müssen, deren Etikett noch heil war. Einer der Angestellten suchte die schönsten davon aus, auf die die Deckel geschraubt wurden, die wir am Vortag aufgehoben hatten, und dann wurden sie in den Kühlraum gebracht. Wenn man sie herausholte, beschlugen die Flaschen sofort, sodass eventuelle Trübungen nicht zu sehen waren, und das Kondenswasser perlte vom Etikett. Kein Gast beschwerte sich jemals über den Geschmack. Beim Whisky und beim Cognac musste man allerdings sorgfältiger zu Werke gehen; die angebrochenen Flaschen Chivas, Cardhu und Glennfiddich panschten wir mit billigem Whisky.

Das Ganze hatte etwas von einem Theaterstück, etwas Künstliches, als sei das Bankett, das wir vorbereiteten, nur ein Teil der Requisite, die Kulisse für eine Aufführung. Wenn ich jetzt daran zurückdenke, so war es immer nett anzusehen, wie sich alles verwandelte, angefangen beim zunächst noch stinkenden Pavillon mit dem fleckigen, klebrigen Boden, den Tischen, die nichts weiter waren als runde Pressspanplatten mit Metallbeinen, über die wir nacheinander die Tischdecken breiteten, und den nackten Stühlen, über die die Damastfutterale mit den Kordeln gestülpt wurden, was dem Raum nach und nach eine feierliche Atmosphäre verlieh. Ja, es war ein bisschen wie im Theater.

Die ersten beiden Stunden waren die ruhigsten, da arbeitete man vor sich hin, wenn auch ohne Pause, holte die Teller aus der Spülmaschine und trocknete sie ab, bereitete die Tabletts mit den Häppchen und dem Nachtisch vor und mahlte Kaffee. Erst wenn die Tische gedeckt waren, wirkte das Partyzelt wieder wie ein Speisesaal, und mit der Küche war es das Gleiche, bis die Essensreste vom Vortag

nicht weggeräumt waren, sah sie eher aus wie ein schmuddeliger Lagerraum als wie eine Küche.

War es ein Mittagsbankett, mussten wir gegen halb eins schnell etwas hinunterschlingen, bevor wir uns umzogen. Auf den Küchentisch wurden ein paar Papierservietten gelegt, und wir bekamen das vorgesetzt, was für uns gekocht worden war. Fand das Bankett hingegen am Abend statt, bekamen wir erst nach Mitternacht etwas zu essen, wenn der Tanz schon begonnen hatte und zwei oder drei Kellner für den Ausschank genügten. Dann durften wir uns über die Reste des Abendessens hermachen, die in den Töpfen geblieben waren, und sogar den Champagner trinken, Moët & Chandon, da er sich nicht bis zum nächsten Tag hielt. Wein bekamen wir nicht; beim Abräumen mussten wir von Tisch zu Tisch gehen und das Gleiche wie mit dem Wasser machen: Wir schütteten den Inhalt der angebrochenen Weinflaschen zusammen und verkorkten die vollen Flaschen für den nächsten Tag. Auch hier sollten wir die Flaschen mit unbeschädigtem Etikett nehmen.

Am Küchentisch hatte jeder seinen angestammten Platz. Die wichtigsten von uns, José und Ladis, blieben draußen am Tresen, während wir anderen zu Abend aßen. Es war wie ein Ball, das gefiel mir daran, wir waren aufeinander eingespielt, und ich fühlte mich wohl in meiner Verkleidung, meiner Weste und der langen Schürze, die an der Hüfte zusammengebunden wurde.

Am oberen Tischende saß Antonio. Er arbeitete in einer Druckerei, und wenn das Bankett vorüber war, kellnerte er noch in einer Bar. Pere und Mia schnitten unter der Woche Stahl- und Eisenplatten zu. Pere bediente eine Walze, die Arbeitsplatten machte, Mia schnitt Bleche zurecht. Ein paar Mal brachte er am Wochenende ein Mädchen mit, aber nachdem sie Schluss gemacht hatten, sahen wir sie nicht wieder, so wie es denen, die geblieben sind, danach auch mit mir ergangen ist. Miquel und Marta halfen bei den Hochzeitsfeiern aus, um Geld für ihre eigene Hochzeit zusammenzusparen. Marta habe ich später wiedergetroffen, sie machte Praktika, wechselte von einer Bank zur nächsten. Und Mia hat nach vielen Banketts einen Computerladen aufmachen können. Bramon hatte zuvor in einem Restaurant in York gearbeitet, um Englisch zu lernen; er hatte dort gerade genug verdient, um sein Zimmer und das Essen, das er im Restaurant billiger bekam, bezahlen zu können. Sònia, Vicent und Toni aus Girona halfen in der Küche aus und bedienten auch, wenn sie konnten. Sònia arbeitete vormittags in einem Reitstall, wo sie Pferde ausritt, damit sie in ihren Boxen – Käfigen, wie sie dazu sagte – nicht steif wurden. Nachmittags kellnerte sie in einer Bar in Girona und an den Wochenenden arbeitete sie im Restaurant. Und dann gab es noch Mon, Robert, Sílvia und David, die für das Wasser, den Wein und den Sekt zuständig waren.

Llúcia und Màrius waren Geschwister. Sie waren die Einzigen von uns, die einen festen Vertrag hatten, und bedienten im Speisesaal des Restaurants, und wenn sie dort fertig waren, kamen sie zu uns ins Gartenzelt. Llúcia arbeitete zuletzt bis auf samstags jeden Tag; als ich sie kennenlernte, war sie völlig ausgebrannt und erzählte uns, sie habe vergebens um einen zusätzlichen freien Tag gebeten, um mehr Zeit mit ihrer Tochter verbringen zu können. Ihr Vater und ihre Mutter arbeiteten ebenfalls im Restaurant, in der Wäscherei, was die Besitzer ausnutzten, um ihr ihre Bitte immer wieder abzuschlagen, da sie nicht noch jemanden einstellen wollten. Schließlich kündigte Llúcia, und erst, als sie merkten, dass es nicht leicht war, jemanden zu finden wie sie, stellten sie sie wieder ein. Trotzdem kam sie nie auf weniger als fünfzig Stunden pro Woche.

Wie viele Leute dort am Wochenende bei den Banketten bedienten … Es war schon ein komisches Gefühl: Da arbeiteten wir so viele Stunden ganz eng zusam-

men und dann sahen wir uns bis zum darauffolgenden Wochenende nicht wieder … Wie viele Kellner und Köche habe ich damals wohl kennengelernt? Achtzig? Hundert? Ich weiß es nicht, ich erinnere mich nicht mehr an alle, ich bin schon lange nicht mehr dort gewesen. Vielleicht würde ich gar niemanden mehr kennen.

Das Küchenpersonal war ein besonderer Haufen. Joan, der Küchenchef, hatte vorher ein eigenes Restaurant gehabt, das er nach drei Jahren dichtmachen musste. Er arbeitete täglich außer montags. Samstags und sonntags machte er Doppelschichten; sechzehn Stunden stand er dann hintereinander in der Küche und ging nur zum Schlafen nach Hause. Montse, seine Frau, arbeitete an diesen Tagen zehn Stunden, also sechs weniger, um noch Haushalt und Kinder versorgen zu können. Es gab auch noch einen anderen Koch, aber ich habe vergessen, wie er hieß. Ich weiß bloß noch, dass er nicht besonders zuverlässig war, er arbeitete nur, wenn er Lust dazu hatte, und kam mit den meisten von uns nicht klar. Ihm hatte eine Chinchillafarm gehört, mit der er jedoch pleite gegangen war, davon redete er immer, ansonsten gibt es nicht viel über ihn zu erzählen, er war schmuddelig und unrasiert und sah schlecht aus.

Dann gab es auch noch weitere Kellner, Leute, die so wie ich nur vorübergehend dort arbeiteten; das Einzige, was uns voneinander unterschied, war, wie lange jeder von uns brauchte, bis er den Job wieder aufgab. Letztlich war alles reine Routine: Für die Gäste war die Hochzeit etwas ganz Besonderes, aber uns war es egal, ob wir Moët servierten oder die Vorspeisenteller abräumten, wir sahen nur zu, dass wir sie satt bekamen, und schenkten immer wieder nach, damit sie bald verschwanden, denn solange das Bankett dauerte, hatten wir keine ruhige Minute. Während der Vorspeisen schleppten wir ein Tablett nach dem anderen herbei, die Gäste mussten schließlich beschäftigt sein: Sie sollten essen und immerzu essen, denn solange sie essen, langweilen sie sich nicht und beschweren sich auch nicht, wurde uns gesagt – also stopften wir die Gänse!

Das Kommando hatte José. Beim Mittag- und Abendessen saß er mit seiner Frau und seiner Tochter immer abseits. Früher hatte er auf der Straße Butangasflaschen verkauft, und sie war putzen gegangen. Ihre Tochter wurde mit siebzehn schwanger, ich erinnere mich noch, wie sie die Gläserkörbe aus der Spülmaschine zog. Was wohl aus ihr geworden ist? Einmal kam sie überglücklich zur Arbeit. Sie hatte sich eine Nymphe auf den Rücken tätowieren lassen und erklärte uns, es sei das Beste, was ihr jemals passiert sei.

Über José standen nur noch der Maître und die Besitzer. Die Besitzer … Am besten lief es, wenn sie nicht da waren. Damals waren sie ganz besessen von dem Gedanken, einen Michelinstern zu ergattern, aber in der Küche und den Kühlräumen sah es aus wie im Schweinestall. Wir redeten fast nie mit ihnen, sondern wandten uns vor allem an den Maître und José. Die Besitzer sahen wir erst, wenn das Bankett zu Ende war. Sobald wir die Tische abgeräumt und die Gläser abgetrocknet hatten, gingen wir in ihr Büro, und sie zahlten uns aus. Einen Teil der Hochzeitsfeiern kassierten sie schwarz, und davon bezahlten sie uns, manchmal mehr als zwanzig Kellner.

Das Verhalten und die Anweisungen der Besitzer änderten sich je nach Art der Gäste, die wir hatten. Waren es lokale Größen oder irgendwelche drittklassige Prominente – andere ließen sich sowieso kaum blicken –, brach eine solche Hektik aus, dass die Besitzer sich abfällig über die mangelnde Professionalität ihrer Angestellten äußerten, als schämten sie sich für uns. Tatsächlich waren wir aber gar nicht angestellt, was jedoch ins Bild passte: Sie schämten sich für uns, weil sie sich für sich selbst nicht schämen konnten. Kam eine Hochzeitsgesellschaft hingegen aus einer der Arbeitervorstädte, behandelten sie die Gäste von oben herab, da

diese nicht dem Renommee entsprachen, das ihr Restaurant vermitteln sollte. Es war aber auch schwierig, nicht peinlich berührt zu sein, wenn die Braut während des Banketts ein Fläschchen mit Kondensmilch überreicht bekam, dessen Sauger die Form eines Penis hatte, oder wenn eine Art Show veranstaltet wurde, um von den Gästen das Geld für die Geschenke einzutreiben, bei der die Brautleute fast dazu gezwungen wurden, vor allen Gästen so zu tun, als würden sie es miteinander treiben. Bei den Banketten mit Gästen aus den Vorstädten wurden ungeheure Mengen Essen aufgefahren, manche tranken, bis sie sich übergeben mussten, es waren unglaubliche Saufgelage, ich hatte ja schon erwähnt, dass wir die Toiletten danach mit dem Schlauch reinigen mussten.

Es gab höchst merkwürdige Situationen, Fabrikarbeiter, die nicht wussten, welches Besteck sie für welchen Gang nehmen sollten, aber gleichzeitig fragten, ob man ihnen den und den Wein eines bestimmten Jahrgangs bringen könne; nun, tags darauf würde ihnen kein Kellner mehr Wasser und Wein einschenken … Am unangenehmsten war es diesen Leuten, unter den Kellnern Kumpel aus der Fabrik zu entdecken. Ihr Blick schien zu sagen, dass sie nicht erwartet hatten, sie hier zu treffen, so als ob sie nicht an die Fabrik erinnert werden wollten und es ihnen die Illusion zerstörte, sich – und sei es nur für einen Tag oder Abend – in Schale geworfen zu haben und von Kellnern bedient und gesiezt zu werden. Manche von ihnen versuchten, sich so unauffällig wie möglich zu verhalten, und bestellten nichts, von dem sie nicht genau wussten, dass es das auch gab, andere benahmen sich jedoch völlig daneben, diese Geschichten will ich jetzt aber nicht erzählen, ich finde sie selbst in der Erinnerung noch beschämend; sie waren wie ein Spiegel, wenn sie einen Kellner anschrien, selbst wenn ich es war, ärgerte ich mich nicht, es war mir nur peinlich.

Aber das passierte uns auch mit anderen Gästen, sogar mit solchen, die Geld hatten. Manchmal hatten wir bei Kongressen, Fabrikjubiläen oder sogar bei Privatfeiern das Catering zu machen. Schon vor Jahren hatten die Unternehmer und die Leute, die in der Gegend das Sagen hatten, angefangen, die Art der Feste zu imitieren, zu denen sie in Barcelona immer eingeladen wurden. Einmal mussten wir beim Besitzer eines der größten Unternehmen der Gegend eine Taufe ausrichten. Normalerweise war das Servieren der Speisen und Getränke keine große Sache, doch in diesem Fall wollten die Gastgeber einerseits ihre Gäste beeindrucken, andererseits waren sie jedoch furchtbar knickerig. Am Essen wurde nicht gespart, aber die Leute, die eingestellt worden waren, um den Parkplatz zu bewachen und das Geschirr zu spülen, und die Animateure, die Nichten, Neffen und Enkel unterhalten sollten, mussten erleben, wie sie mit jedem Euro geizten, und erst recht mit dem Trinkgeld.

Wir hatten die Tische im Garten aufgebaut, und Berta, die mit mir zusammenarbeitete, hatte gerade die letzten Gläser aufgereiht, da hörten wir ein Klirren. Von der Terrasse zielte einer der Söhne des Gastgebers mit Zuckermandeln auf das Geschirr, sodass die Scherben in die Töpfe flogen und auf die Tabletts voller Essen und natürlich auch in die noch heilen anderen Gläser. Die Eröffnung des Buffets musste verschoben werden. Wir nahmen es gelassen hin. Wir mussten das kaputte Geschirr einsammeln und das Essen wegwerfen, das sicher voller winziger Glassplitter war, und dann mit dem Lieferwagen zum Restaurant zurückfahren, um neue Platten und Gläser zu holen … Den Gästen war sichtlich unwohl zumute, aber sie machten gute Miene zum bösen Spiel. Berta und ich sagten nichts, sondern begannen nur aufzuräumen. Die Gastgeberin jedoch, die Großmutter des Bengels, gebärdete sich wie eine Furie, so als hätten wir vorbereitet sein müssen, um die Scherben aus den Oliven, den Platten mit den Häppchen oder den Nudelpfannen zu fischen.

»In meinem Dorf mischt man den Hunden und

Wildschweinen Glassplitter ins Fressen, wenn man sie umbringen will«, konnte ich mir nicht verkneifen zu sagen.

Es war, als hätte eine riesengroße Zuckermandel die Glasglocke zerdeppert, unter der diese Leute zu leben schienen. Ihr Gelächter hatte Sprünge bekommen und das Fest ebenfalls. Mit all ihrem Geld aus der Fabrik konnten sie bei sich zu Hause nicht für Ordnung sorgen und nicht verhindern, dass ihr Sprössling die Gläser zerschmiss, mit denen sie hatten anstoßen wollen. Die Gastgeberin war zu stolz, sich anmerken zu lassen, dass ich sie mit meiner Bemerkung bloßgestellt hatte; der Streich hatte sie schon genug aus der Fassung gebracht, als dass sie sich noch um etwas anderes kümmern konnte als darum, dass alles möglichst reibungslos weiterlief.

Ich war schon lange nicht mehr dort und habe die anderen auch schon lange nicht mehr gesehen. Seit das Restaurant mit dem Michelinstern ausgezeichnet wurde, hat sich sicher einiges verändert. Wahrscheinlich wäre es unfair zu sagen, dass sich erst jetzt etwas verändert hat, sie müssen vorher schon darauf geachtet haben, einiges anders zu machen, sonst hätten sie den Stern nie bekommen. Auf den Fotos mit dem Küchenpersonal und den Kellnern sehen alle ganz glücklich und zufrieden aus.

Aber es gibt Dinge, die ändern sich nie. Sie haben mir erzählt, dass sie vor kurzem die Verleihung des Sterns feiern wollten und ein Abendessen organisiert hätten, das Joan gekocht hat, ganz allein, lauter besondere Sachen, zwei Tage hat er dafür in der Küche gestanden … Aber sie haben Mist gebaut. Ein paar Kellner haben ein Video gedreht, in dem sie alle ein bisschen durch den Kakao gezogen haben, die Köche, die Putzfrauen, die Gäste, die Lieferanten und vor allem sich selbst. Und natürlich auch die Besitzer, keine große Sache, ein paar dumme Scherze, die ehemaligen Kollegen, die es mir erzählt haben, würden nicht lügen. Anscheinend ist der Besitzer völlig ausgerastet. Er fing an, Joan zu beleidigen und vor allen anderen herunterzumachen, ob er sich neuerdings für etwas Besonderes hielte, ob ihm der Michelinstern zu Kopf gestiegen sei. Ausgerechnet Joan … Wer Joan unterstellt, sich jemals auf irgendeine Sache etwas eingebildet zu haben, kennt ihn wirklich nicht. Wenn irgendjemand in diesem Restaurant mit beiden Beinen auf der Erde stand, dann doch er. Außerdem hatten zwei der Kellner das Video gedreht … Er hat ihm alles Mögliche an den Kopf geworfen, sogar, dass wenn sie nicht gewesen wären, er heute ein Hungerleider und völliger Versager wäre und er von Glück reden könnte, eine Stelle gefunden zu haben, wo er kochen dürfte, nicht in seiner eigenen miesen Kaschemme, sondern bei ihnen. Was für ein Scheißkerl! … Joan arbeitete so viel, weil es noch nicht lange her war, dass er sein Restaurant hatte dichtmachen müssen, und er noch Schulden hatte.

Am nächsten Tag kam der Besitzer zu ihm und entschuldigte sich, seine Frau hatte ihn dazu gezwungen, aber wir sind uns alle nicht sicher, ob er es gemacht hat, weil er Angst hatte, dass Joan kündigt, oder weil er eingesehen hat, dass er eine Dummheit begangen hatte. Was für ein Scheißkerl! Wenn irgendjemand es nicht verdient hat, angeschrien und beleidigt zu werden, dann ist das Joan.

Ich gehe nicht mehr hin. Allerdings hab ich es seither zu nichts gebracht. Deshalb sollte ich vielleicht doch wieder hingehen und bei Banketten aushelfen. Na ja, mal sehen, vielleicht gehe ich ja auch ins Ausland; wenn ich schon kellnern muss, kann ich dabei genauso gut eine Fremdsprache lernen. Eine Zeitlang habe ich überlegt, in die Schweiz zu gehen, in die Skigebiete, und dann von Kanton zu Kanton zu ziehen, um Italienisch zu lernen und Französisch oder Deutsch, bisher kann ich ja nur Englisch und das ist nicht genug … Eigentlich ist es nie genug, wenn ich nur an Joan denke, sein ganzes Leben schon steht er in der Küche und rührt in Töpfen, und dann macht er sein eigenes Restaurant

auf und es geht schief. Und danach muss er sich das anhören und auch noch dort weiterarbeiten.

Ich weiß auch nicht, was man da machen kann. Ich mag Joan sehr. Seit über einem Jahr habe ich ihn nicht mehr gesehen. Aber ich weiß auch gar nicht, ob ich Lust dazu habe.

Übersetzt von Kirsten Brandt

Von nah und von fern

Katalonien ist von jeher ein Land des Austauschs gewesen. Nicht zuletzt aufgrund seiner Lage an der nordöstlichen Peripherie der Iberischen Halbinsel fanden hier im Laufe der Geschichte immer wieder große Migrationsbewegungen statt. So ist es nicht weiter verwunderlich, dass wir Katalanen eine Gemeinschaft bilden, deren Identität sich aus mehreren, sehr unterschiedlichen Elementen geformt hat, eine Gemeinschaft, in der es nicht darauf ankommt, wo die Eltern geboren sind, um sich als Katalane zu fühlen.

Im 20. Jahrhundert gab es in Katalonien drei große Immigrationsströme, die unser Land verwandelt haben. In den zwanziger Jahren zogen zunächst Katalanen aus dem Landesinneren, Aragonesen und Murcianer in die aufstrebende Industriemetropole Barcelona; während der Diktatur, in den sechziger Jahren, kamen die Zuwanderer dann vor allem aus Andalusien und dem Westen Spaniens, wodurch sich die von der Landwirtschaft geprägten Dörfer um die Hauptstadt zu gewaltigen Schlafstädten entwickelten; und heute schließlich kommen sie aus allen Teilen der Welt, aus Südamerika (Jordi Puntí hat ein paar von ihnen zu Protagonisten seiner Geschichte gemacht), Afrika und Osteuropa, aus Pakistan und China, nicht immer legal, aber immer stärker präsent – eine Zuwanderung, die Kataloniens Bevölkerung in den letzten Jahren von sechs auf fast sieben Millionen wachsen ließ.

Zehntausende Katalanen mussten sich jedoch auch irgendwo anders eine neue Heimat suchen, zuerst in Amerika und dann, Mitte des 20. Jahrhunderts, in Nordeuropa: Nach Frankreich, Deutschland, in die Schweiz, ja sogar nach

Schweden zogen sie, wie uns Josep Palau i Fabre mit seiner Geschichte erzählt. Nicht zu vergessen die Hunderttausende von Republikanern, die nach dem Spanischen Bürgerkrieg ins Exil gingen.

Doch etwas muss unser Land haben, dass alle zurückkehren wollen, wie in der Erzählung der mallorquinischen Schriftstellerin Carme Riera, mit der unsere literarische Entdeckungsreise quer durch die katalanische Kultur enden wird. Und damit geben sich Aufbruch und Wiederkehr, Ferne und Nähe schließlich die Hand, denn meine Einladung an Sie, mittels der Geschichten unserer Schriftsteller die katalanische Kultur zu entdecken, ist ein Willkommensgruß aus einer sehr viel geringeren Distanz heraus, als Sie es sich zu Beginn vielleicht vorstellten, es ist der Versuch, Ihnen die Einzigartigkeit unserer Kultur nahezubringen, Ihren Blick bei allen Gemeinsamkeiten mit der spanischen Kultur auf das Besondere zu richten, das von nun an hoffentlich in Ihrer Erinnerung fortleben wird.

Pere Calders

Subtile Invasion

In der Pension Punta Marina in Tossa habe ich kürzlich einen Japaner kennengelernt, der mich beunruhigt hat, weil er in keiner Weise dem Bild entsprach, das ich von Asiaten hatte.

Nachdem er mich freiheraus um Erlaubnis gebeten hatte, setzte er sich beim Abendessen an meinen Tisch. Mir fiel auf, dass er weder Schlitzaugen noch gelbe Haut hatte. Im Gegenteil: Er hatte eher rosige Wangen und sein Haar spielte ins Blonde.

Ich war neugierig, was er wohl essen würde. Zugegeben, es war ein wenig kindisch von mir zu erwarten, dass er ungewöhnliche Gerichte oder exotische Kombinationen bestellen würde. Aber ich war dann doch überrascht, als er einen Salat bestellte – »mit ordentlich Zwiebeln«, sagte er –, Schweinskopf und Schweinefüße und danach gegrillte Barbe mit gerösteten Mandeln. Zuletzt Kaffee, einen Kognak und eine Zigarre.

Ich hatte mir vorgestellt, der Japaner würde beim Essen eine übertriebene, ja geradezu irritierende Sorgfalt an den Tag legen und mit dem Besteck hantieren, als würde er mit einer Pinzette die kleinen Rädchen eines Uhrwerks fassen. Aber dem war nicht so: Der Mann griff ganz unbefangen zu Messer und Gabel und kaute dann mit vollen Backen, ohne sich lange mit ästhetischen Feinheiten aufzuhalten. Tatsache ist, dass er mein Weltbild gehörig ins Wanken brachte.

Noch dazu sprach er Katalanisch wie einer von uns, ohne den geringsten ausländischen Akzent. Das war zwar nicht weiter verwunderlich, schließlich sind die Asiaten sehr strebsam und außerordentlich klug, dennoch fühlte ich mich ihm unterlegen, weil ich von Japanisch keinen blassen

Schimmer habe. Und so war merkwürdigerweise ich derjenige, der eine fremdländische Note in unser Tischgespräch brachte, da ich mein ganzes Verhalten – Gesten, Worte, die Art, wie ich die Unterhaltung begann – darauf ausrichtete, dass mein Gegenüber Japaner war. Er hingegen benahm sich völlig ungezwungen.

Ich dachte mir, der Mann müsse Vertreter oder Verkäufer von Fotoapparaten oder Transistorradios sein, vielleicht auch von Zuchtperlen … Ich schnitt all diese Themen an, die sich jedoch alle als unzutreffend erwiesen, wie er mir mit einer weit ausholenden Armbewegung zu verstehen gab.

»Ich verkaufe Heiligenfiguren aus Olot«, erklärte er.

»Gibt es dafür denn noch einen Markt?«, fragte ich.

Worauf er erwiderte, dass die Nachfrage zwar abgenommen habe, er aber einigermaßen zurechtkomme. Sein Reisegebiet sei der Süden der Iberischen Halbinsel, erzählte er, und sobald er ein paar Tage Urlaub nehmen könne oder zwei Festtage aufeinanderfolgten, würde er flugs nach Hause fahren.

»Zu Hause ist es immer noch am schönsten«, stellte er zufrieden fest.

»Ja leben Sie denn in Ihrem Heimatland?«

»Wo soll ich sonst leben?«

Natürlich: Sie sind wahre Weltenbummler und kommen überall herum. Ich musterte ihn noch einmal genau und kann versichern, dass man ihm seine japanische Herkunft weder an der Kleidung noch an seiner äußeren Erscheinung ansehen konnte. Er trug sogar das Abzeichen des F. C. Barcelona am Revers.

Das alles war sehr verdächtig und ließ mir keine Ruhe. Meine Frau hatte sich das Essen aufs Zimmer kommen lassen, weil sie sich ein wenig unpässlich fühlte. Ich erzählte ihr von meinem Abenteuer und schmückte es mit meinen Befürchtungen aus: Am Ende handelte es sich vielleicht gar um einen Spion!

»Und woraus schließt du, dass er Japaner ist?«, fragte sie.

Ein wenig unwillig lachte ich, voller Mitleid über ihre Naivität.

»Das sehe ich denen doch auf zehn Kilometer Entfernung an«, sagte ich.

»Hast du etwa schon so viele von ihnen gesehen?«

»Nein, aber ich erkenne sie auf den ersten Blick.«

»Hat er dir denn erzählt, dass er Japaner sei?«

»Nicht mit einem Wort. Sie sind schlau …«

»Hat es dir dann jemand anders gesagt?«

»Mir hat niemand was gesagt, und das ist auch nicht nötig. Mein Instinkt trügt mich nie!«

Wir stritten. Immer muss sie sticheln; sie behauptet, dass ich nur das Schlechteste von den Leuten denke und eines Tages noch eine böse Überraschung erleben werde. Dabei müsste sie mich eigentlich besser kennen! Sie scheint es jedoch vorzuziehen, sich nicht mit anderen auseinanderzusetzen. Sie ist einfach unglaublich naiv.

In dieser Nacht schlief ich wenig und schlecht. Der Japaner wollte mir einfach nicht aus dem Kopf gehen. Solange sie so auftreten, wie sie sind, mit diesem Lächeln, den Verbeugungen und den Schlitzaugen, kann man sich noch gegen sie zur Wehr setzen. Das hoffe ich jedenfalls! Aber wenn sie anfangen, sich zu verstellen und uns etwas vorzugaukeln, werden sie uns einen Haufen Probleme bereiten.

Übersetzt von Kirsten Brandt

Salvador Espriu

Mein Freund Salom

»Ja«, sagte mein Freund Salom aus Konilosien (ein klärender Hinweis für den rechtschaffenen Franzosen: Dieses exotische »Land der Kaninchen« liegt zwischen Rarotonga und dem Traummeer), »ja, jetzt bin ich glücklich, aber was habe ich Blut und Wasser geschwitzt.« Und dann schilderte er uns die Geschichte seiner Kämpfe: »Vor fünfundvierzig Jahren wurde ich in einer großen Stadt in Konilosien geboren. Ihr, die ihr aus einem normalen Land stammt, werdet nur schwer begreifen können, was sich in jener fernen Gegend abspielt. Die Konilosier – ein Volk mit ruhmreicher Vergangenheit ganz wie die anderer Völker auch – gleiten gestern wie heute den Abhang eines endlosen Verfalls hinunter. Sie sind misstrauisch, geizig und arm, und ihr kulturelles Erbe, das geistige wie das materielle, ist ihnen völlig gleichgültig. Mal halten sie sich für das geringste aller Völker, dann wieder legen sie eine lächerliche Überheblichkeit an den Tag. Die Konilosier lesen nichts, wissen nichts und interessieren sich für nichts, doch möge Gott verhüten, dass ihr auf einen gelehrten Konilosier trefft, denn die gibt es auch, weil ihr dann erleben würdet, wie er Goethe mit allerlei närrischem Zeug durcheinanderwirft. Sie sind neidisch und engstirnig, schmeicheln dem Mächtigen und Mittelmäßigen, dulden weder Talent noch einen unabhängigen Geist, und mitunter kommt es vor, dass ein blasierter Fremder noch eine weitere, längst vergessene, jahrhundertealte konilosische Eigenart entdeckt.«

An dieser Stelle machte Salom eine Pause, um kurz darauf den Faden seiner Erzählung wieder aufzunehmen:

»Wie gesagt, ich bin in der großen Stadt Lavinia geboren,

dem nationalistischen Mittelpunkt der Lavinier, die innerhalb Konilosiens eine separate Gruppe bilden. Sie sprechen eine andere Sprache und haben dieselben Fehler wie die Konilosier, jedoch in noch ausgeprägterem Maße. Die Lavinier sind Kaufleute, die grobe Fabrikarbeit ist ihr tägliches Brot, und es fehlt auch nicht an Rechtsanwälten, die unsere emsige und lärmige Fauna mästen. Die Lavinier sind die Reichen in Konilosien.«

»Du schweifst ab«, bemerkte ich.

»Ja, stimmt, verzeih«, sagte Salom und nickte. »Also, zurück zu meiner Geschichte, die mich wieder nach Lavinia bringt, wo ich meine Kindheit und Jugend verbrachte. Ich war sehr wissbegierig, ein richtiger Bücherwurm. Die Leute fingen an, mich argwöhnisch zu beäugen, aber wie es dem guten Ton in Lavinia entspricht, lobten sie mich überschwänglich.

›Was will denn der brave Junge einmal werden?‹

›Rechtsanwalt, wie sein Vater.‹

Und bald darauf beendete ich mein Studium der Rechte.

›Jetzt nichts wie ran an die Akten‹, ermunterte mich mein Vater.

Aber die Bücher waren mir zu Kopf gestiegen.

›Nein, Papa‹, widersprach ich. ›Die Juristerei ist nichts für mich, ich will höher hinaus.‹

›Dann möchtest du sicherlich Kaufmann werden‹, vermutete mein Erzeuger mit einem Fünkchen Hoffnung in der Stimme.

›Nein, ich will Lavinia, Konilosien und alles, was dazu gehört, reformieren.‹

›Du Faulpelz, du wirst scheitern‹, entsetzte sich mein Vater.

Ich lächelte überlegen und bin gescheitert.«

Salom schwieg einen Augenblick und meinte dann:

»Ja, ich bin gescheitert, ich, Lavinias Erlöser. Zehn, fünfzehn, zwanzig Jahre bin ich gegen den Strom geschwommen. Wisst ihr, wie das ist, wie das anstrengt, jeden Tag

gegen die Kleingeistigkeit, Heuchelei und Ignoranz in Lavinia anzukämpfen?

›Du und du und ihr, und so weiter, seid das und dies und jenes, und so fort‹, hielt ich ihnen unerbittlich vor.

›Für wen hältst du dich eigentlich, uns solche Vorwürfe zu machen?‹, murrten sie anfangs. ›Du Vaterlandsverräter!‹

›Eure Empörung freut mich, ihr werdet euch bestimmt bessern‹, meinte ich hochzufrieden. ›Aber das beseitigt noch lange nicht eure Fehler.‹

›Geh zum Teufel!‹, riefen sie schließlich und pfiffen mich aus und verspotteten mich.

›Ich flehe euch an: Kehrt um, ihr verurteilt euch selbst in den Augen der Geschichte, ihr vernichtet euch als Volk, wenn ihr so stur weitermacht‹, predigte ich, nun schon etwas entmutigter. ›Bessert euch, bildet euch – hört ihr mich denn nicht? Seid ihr vielleicht schon tot?‹, schrie ich zuletzt, bereits dem Wahnsinn nahe. Schweigen, Niederlage. Schweigen und Niederlage. Ich war gescheitert.«

Salom verfiel ins Grübeln und fuhr anschließend fort:

»Jetzt bin ich glücklich. Wie ich zur Einsicht kam? Ganz einfach: Eines Tages fiel ich mitten auf der Straße um, erschöpft, zerlumpt und ausgehungert. Zufällig kam Crisant vorbei, nahm mich mit und dann haben wir geredet.

›Du bist auf dem Holzweg‹, meinte er zu mir. ›Nichts wirst du bei den Völkern und Menschen erreichen, und keinen Deut wirst du sie bessern, wenn du ihnen nur ihre Schwächen vorhältst, die sie zur Genüge kennen. Über ihre guten Eigenschaften erfahren sie auf diese Weise nie etwas. Wenn du ihnen die zeigen würdest, wären sie dir dankbar.‹

Crisant erläuterte mir ausführlich und sorgfältig seine Theorie, der ich aufs Wort gefolgt bin. Und wie ihr seht, habe ich Erfolg damit gehabt. Übrigens, kennt ihr Crisants Theorie? Sie ist genial und ganz simpel.«

»Warte!«, fiel ihm der ungeduldige Tomeu ins Wort. »Sag

uns erst, was du gemacht hast, nachdem du dic Rolle des Erlösers an den Nagel gehängt hattest.«

»Wer, ich? Du wirst es nicht glauben – ich wurde Anwalt«, antwortete unser glücklicher Freund Salom lachend und erklärte uns daraufhin Crisants Theorie.

Übersetzt von Charlotte Frei

Josep Palau i Fabre

Der Valencianer aus Stockholm

Der Valencianer aus Stockholm – ich nenne ihn so, weil er uns allen hier, den Katalanen, Valencianern, Kastiliern und Andalusiern, und schließlich auch den Italienern und einigen Franzosen unter diesem Namen bekannt war – hieß, wie zu erwarten war, Vicent und stammte, wie er selber zu sagen pflegte, aus dem Königreich Valencia, aus dem kleinen Ort Sueca. Dieser Umstand, also der Name seines anscheinend unbedeutenden Heimatortes, beeinflusste sein Leben und erklärt auch zu einem nicht unerheblichen Teil unsere Geschichte.

Vicent war in den fünfziger Jahren ohne jeden festen Plan und auf der Suche nach Arbeit nach Stockholm gezogen. Er kam eines Sommers aus Paris, und wie viele von uns fing er als Tellerwäscher in einem Restaurant an, weil das eine der wenigen Beschäftigungen war, die man in Schweden noch ohne irgendwelche Zeugnisse oder Empfehlungsschreiben bekommen konnte; der kurze zustimmende Blick des Küchenchefs oder einer langjährigen Kellnerin genügte, und Vicent sah gut aus und jeder fand ihn vom ersten Augenblick an sympathisch.

Eigentlich war Vicent, wie so viele von uns aus dem Süden, die hungrig waren nach Brot, Frauen und Freiheit, wegen der Miezen gekommen, wie er sich ausdrückte. In Paris hatte er eine Schwedin kennengelernt und sofort für sie Feuer gefangen. Die Sache hatte ganz lustig mit einem Wortspiel begonnen: Er stamme ja aus Sueca, was »Schwedin« bedeute, weshalb ihm von Rechts wegen eine Schwedin zustünde, sie müsse folglich sein werden. Und so war es denn auch. Ich erinnere mich noch gut an eine seiner Ausführungen: Unsere südländischen Frauen hätten keinen Busen, ihre Brüste glichen eher Eutern, die Schwedinnen hingegen … Seine Schwedin in Paris war selbstverständlich blond, und Schweden war ja angeblich voll von Mädchen wie diesem. Also auf nach Schweden, wo es an Arbeitskräften fehlte!

In dem Restaurant, in dem er zu arbeiten begann, boten sich ihm bald auch andere Gelegenheiten, doch die meisten Mädchen, die dort angestellt waren, befanden sich in der gleichen Situation wie er und waren zudem Italienerinnen, Deutsche oder Französinnen. Er interessierte sich nicht für sie, denn er wollte immer nur Schwedinnen, eine Schwedin nach der anderen, nie würde er ihrer überdrüssig werden, schließlich war er ihretwegen nach Schweden gekommen. Bald stellte er fest, dass es unter den Schwedinnen auch Brünette gab, und sogar mehr, als er dachte, was ihm aber nichts ausmachte, schließlich stammten sie aus Schweden und das war in seinen Augen eine Art Garantie, als ob sie allein durch die Tatsache, Schwedinnen zu sein, auf die eine oder andere Art blond wären, zumindest »innerlich«. Und er entdeckte, dass es auch kleine, zierliche Schwedinnen gab. Wer hätte das gedacht! Sie gefielen ihm trotzdem, letztlich waren sie ja Schwedinnen.

Er reiste bis hoch in den Norden, fuhr kreuz und quer durchs ganze Land und ständig fand er weitere, »völlig neue« Schwedinnen. Das machte ihm großen Spaß. Bis der Winter kam und sein Eroberungsfeldzug ins Stocken geriet: Das Mädchen, mit dem er gerade angebandelt hatte, bot ihm ihr Zimmer an, fragte ihn, ob er bei ihr wohnen wolle. So etwas einem Spanier von der Ostküste in der damaligen Zeit zu sagen bedeutete, ihm den Himmel auf Erden zu versprechen. Eine Frau und ein Bett! Gerne richtete er sich bei ihr häuslich ein und sie verstanden sich bestens, gibt es doch eine internationale Sprachlernmethode, die weitaus erfolgversprechender ist als die Berlitz- oder die Mangold-Methode und aus einem bunten Potpourri von Sprachen besteht, die

alle Verliebten beherrschen oder zu beherrschen glauben. Die Frau lebt jedoch nicht vom Brot allein, wie es so schön in der Bibel heißt. Bald bekam seine Schwedin einen Sohn, und schon war unser Vicent in Stockholm an die Kette gelegt. Nunmehr musste er sich anständiger benehmen. Nur wenn ihn ein Freund, Valencianer wie er, besuchen kam, konnte er seinem Herzen noch Luft machen und beschrieb ihm dann alle Arten von Mädchen, die er in seinen glanzvollen Zeiten kennengelernt hatte. Was für eine beneidenswerte Sammlung!

Er arbeitete weiterhin in einem Restaurant, nun aber als Kellner. Eine ehrenwerte Arbeit, die ihn dazu zwang, vorsichtiger und nicht ganz so draufgängerisch zu sein. Und das, obwohl einige der weiblichen Gäste ihm ermunternd zuzwinkerten und deutliche Avancen machten. Die Jahre hatten ihm keineswegs die sinnlichen Lüste genommen.

Ohne es richtig zu merken, wurde Vicent so langsam alt, und während ein Winter nach dem anderen ins Land zog, dachte er immer öfter an seine Heimat zurück, an Valencias Sonne, an die *Horta*, das valencianische Gartenland ... und an Sueca. Vor allem erfreute er sich in der Erinnerung immer häufiger an den Orangen und den großen, unendlich weiten Orangenhainen. Obwohl sie in Schweden sehr teuer waren, aß er so viele Orangen wie nur irgend möglich, als fände er seine Heimat geballt in diesen Früchten wieder. Sie sind wie kleine Sonnen, pflegte er zu sagen, wie mit Wasser durchtränkte valencianische Sonnen, die den Durst löschen und zugleich nähren. Wenn er krank war, ließ er sich, egal zu welchem Preis, drei oder vier Kilo Orangen bringen, da dies die beste Medizin für fast jede Krankheit sei: Mattigkeit, Erkältung, Grippe, Rheuma ... Es war ihm unverständlich, wie in seiner Heimat, dem Königreich Valencia, wo man nur die Hand nach den Orangen ausstrecken musste, überhaupt jemand krank werden konnte, ja, wie seine valencianischen Landsleute überhaupt sterben konnten, da man mit Orangen doch jedes Übel kurieren konnte! Er glaubte felsenfest daran, dass alle seine Gebrechen geheilt würden, wenn er, wie in Valencia, immer Orangen zur Hand hätte, und redete so viel und so oft mit seiner Frau und seinem Sohn darüber, dass Lena schließlich eines Tages wütend zu ihm sagte: »Und warum bist du dann nicht in Sueca geblieben?«, worauf Vicent galant und intelligent genug war, zu antworten: »Ich hätte dich ja irgendwie dorthin bringen müssen.«

Zu jener Zeit kamen ihm auch wieder all die Mädchen in den Sinn, die er vor seiner Frau in Stockholm gehabt hatte. Man kann nicht alles haben, dachte er dann, aber er war sich sicher, dass, wenn er fortan immer guten Orangensaft bekäme, so wie er in seiner Jugend die Frauen bekommen hatte, er wieder kräftig, ja sogar jung und agil werden würde.

Hin und wieder dozierte er dann über die verschiedenen Sorten von Orangen: Es gebe welche mit dünner, glatter Schale, so glänzend, als hätte sie jemand poliert, und wie geschaffen, um vor dem Verzehr erst liebkost zu werden, und es gebe welche mit runzeliger Schale, mit einer dicken, manchmal sogar äußerst dicken Schutzschicht aus Zellulose, die das Fruchtfleisch schütze und frisch hielte und es einem erlaube, sie ganz leicht mit den Händen zu schälen. Und wenn Lena nicht da war, redete er auf seinen Sohn ein, der so aufwuchs mit der Vorstellung, dass Valencia ein einziger Obstgarten sei, in dem man ohne Erlaubnis Orangen pflücken konnte, zu jeder Tages- und Nachtzeit, das ganze Jahr über, und von blattlosen Bäumen, an denen eine Orange neben der anderen hing.

Wenn er wieder einmal im Bett daniederlag, genügte schon ein bisschen Fieber, dass Vicent fantasierte, unter einem prächtigen Orangenbaum zu liegen, einem jener Bäume, die so beladen waren mit Früchten, dass die Zweige sie kaum noch tragen konnten und sich zu Boden neigten,

damit man sie pflückte, genauso wie eine Milchkuh mit prallem Euter laut muht, um endlich gemolken zu werden, und mit ausgestrecktem Arm pflückte er hier eine Orange und dort eine und wurde wieder gesund.

»Press mir einen Orangensaft, Lena.« Und sobald der Orangensaft dann kam, rief er erfreut: »*Das* ist das wahre Lebenselixier! Weder muss man den Arzt aufsuchen noch seine Seele dem Teufel verschreiben. Ich *kann* gar nicht sterben, nicht, solange du mir so gute Orangen bringst, auch wenn sie frisch gepflückt und direkt unterm Baum gegessen natürlich noch besser schmecken und wirken. Sie besitzen eine Heilkraft wie keine andere Arznei auf der ganzen Welt.«

Wenn er Husten oder Asthma hatte, ließ er sich einen Trank aus Orangenscheiben und den Samenkapseln des Eukalyptusbaums bereiten, der stundenlang kochen musste, bis er zu Sirup wurde. Auch kam es vor, dass er den Seinen befahl, die Orangen direkt vor seiner Nase zu schälen, um ihren Duft zu riechen, der, wie er sagte, der Duft der *Horta* sei, aber auch um den einen oder anderen wohltuenden Saftspritzer abzubekommen. Wenn Lena mit Orangen vom Markt zurückkam, verlangte er, sie zu sehen und befühlen zu dürfen, und stets ließ er sich eine auf die Bettdecke legen, damit sie ihm Gesellschaft leistete.

So kam der Tag, an dem Vicent eine Krankenpflegerin brauchte, weil Lena ihre Arbeit nicht aufgeben konnte. Eine der Pflegerinnen war ein zierliches und noch sehr junges Mädchen mit blondem Köpfchen, das immerzu lächelte und Ulla hieß. Sie war diejenige, die ihm am besten gefiel und zudem äußerst zuvorkommend war. Eifrig beugte sie sich über ihn und verstand es auch am besten von allen, ihm die Kissen aufzuschütteln und ihn zuzudecken. Um die Laken des breiten Ehebetts ordentlich umzuschlagen, musste sie sich, weil sie so klein war, ein bisschen auf ihn legen …

Nach einer leichten Besserung ging es mit Vicent jedoch zu

Ende. Der Tod überraschte ihn schließlich an einem Tag, an dem Ulla Dienst hatte, und während der Stunden, die seinem Ableben vorausgingen, konnten ihn die, die an sein Sterbebett traten, unentwegt murmeln hören:

»Was für ein Paar süße Orangen!«

Übersetzt von Christiane Braun

Jordi Puntí
Luftblasen

Wie zerplatzende Perlen quellen Luftblasen in acht symmetrischen Reihen aus den Wänden des Whirlpools hervor und wirbeln das lauwarme Wasser auf. Augenblicklich beginnt der ganze Luxus dieses Badezimmers, der sich an der Oberfläche widerspiegelt – Lampen und Marmor, Parfumflakons und Körbchen mit getrockneten Blüten – zu brodeln und sich in einem perlmuttfarbenen Ton aufzulösen, der in Jorge Washingtons Augen sinnlich ist. Er will jetzt in die Wanne steigen, hat sich bereits ausgezogen und ruft zwei Mal ungeduldig nach Mariela. Während er auf sie wartet, taucht er eine Hand ins Wasser, umfasst dann – wohl ein Tick – seinen Penis mit der nassen Hand und hält ihn fest.

Seit sechs Monaten lebt Jorge Washington nun in Barcelona und hat bereits einige unerwartete Seiten dieses neuen Lebens kennengelernt. Als er aus dem Flugzeug stieg, war er bereits geistig darauf vorbereitet, die Mängel zu ertragen, die sich wohl hinter der makellosen Fassade verbargen, oder die Kränkungen, die das Land aus der Luft noch nicht offenbarte, aber in Wahrheit sind es die gemeinen Tücken des Alltags, die ihn aus der Fassung bringen. Wenn er seine Eltern und Geschwister in Lima anruft, taucht plötzlich dieses Heimweh auf, so als wären sämtliche Telefonzellen der Stadt vom selben Virus verseucht, sodass es ihn eine schmerzhafte Anstrengung kostet, den Hörer abzuheben. Sein Arbeitstag ist normalerweise eintönig und ebenso einschläfernd wie die glatten Wände, die er oft neben einem schweigsamen Chef anzustreichen hat. Aber zum Glück gibt es als Gegengewicht auch die gemütlichen Abende, die er sowohl bei der Familie seines Cousins, wo er vorübergehend untergekommen ist – sein Cousin hatte ihm den Floh ins Ohr gesetzt, hierherzukommen, und ihm eine Arbeit gesucht –, als auch bei Mariela, einem Mädchen, das seit neun Wochen seine Verlobte ist, verbringt.

Manchmal, wenn sie eng umschlungen im Bett liegen, nachdem sie miteinander geschlafen haben, nickt sie in seinen Armen ein (sie schläft nicht genug), und er lässt nachdenklich den Blick durch das winzige Zimmer schweifen. Er betrachtet die mit Reißnägeln an die Wand gehefteten Heiligen- und Muttergottesbilder, ihre auf dem Boden verstreute Kleidung, den unter die Türklinke geschobenen Stuhl, damit Marielas Mitbewohnerinnen nicht ohne weiteres hereinkommen können, und er fragt sich, ob sich dieses Zimmer nicht auch in Lima oder in La Paz, wo Mariela geboren wurde, befinden könnte. Aber er ist erst zwanzig Jahre alt, und so als wäre es eine Frage der Hormone, werden diese Realitätsanwandlungen rasch durch eine Batterie europäischer Illusionen außer Gefecht gesetzt. Er kommt von so weit her, dass ihm alles möglich erscheint, aber das hilft ihm nicht weiter, und während er in den Whirlpool steigt und erneut nach Mariela ruft, gerät sein Blut in Wallung und es erfasst ihn eine noch nicht gekannte Erregung. Wenn auch heimlich, so lernt er doch heute das Wesen des Luxus kennen.

Mariela zieht mit einer Bewegung die engen Jeans und den Slip gleichzeitig aus, wobei sie ihre Verrenkungen mit einem verführerischen Lächeln unterstreicht. Die Spiegel – es gibt mehr als einen – reflektieren aus verschiedenen Winkeln den kleinen und stämmigen Körper der *cholita macanuda*, der vornehmen Inderin, die sich trippelnd dem Whirlpool nähert. Da sie schon seit einiger Zeit an diese Gelegenheit denkt und im Kopf alle Bewegungen durchgespielt hat, öffnet sie, bevor sie ins Wasser steigt, einen Flakon mit Badesalz und gibt eine Prise davon ins Wasser. Augenblicklich

umhüllt sie beide ein intensiver, aber künstlicher und aufdringlich süßer Lavendelduft, und als sie zu Jorge Washington ins sprudelnde Wasser steigt und die Liebkosungen beginnen, katapultiert sie die Überdosis bereits in den siebten Himmel der Lust. Mariela erinnert das Bild ihrer heißen, feuchten und miteinander spielenden Körper, die heftige, an die hohen Wände des Whirlpools schlagende Wellen auslösen, an die Poetik einer Parfumwerbung, und leidenschaftliche Regungen, so als kämen endlich all die unterschwelligen Botschaften ans Licht und als würde sie alles wie ein Geheimnis erleben, von dem sie bald einer auserwählten Freundin erzählen wird. Was Jorge Washington anbetrifft, so hatte er in Peru zahllose Stunden seiner Jugend vor dem Fernseher totgeschlagen, und er assoziiert nun dieses luxuriöse Spektakel mit den Villen in den Seifenopern, in denen blonde und hellhäutige Frauen stets schaumbedeckt in der Badewanne telefonieren. Auch er spürt die Luftblasen im Wasser, die seinen Rücken hinaufkriechen und ihn kitzeln, und er ist auf infantile Weise ganz überdreht von diesem Privileg, so wie Kinder bei einem Besuch in Disneyland.

Die Idee, einmal in diesem Whirlpool zu baden, hatte Mariela eigentlich schon vom ersten Tag an gehabt, als sie vor zehn Monaten in dem Haus als Putzfrau anfing, doch es war bei der unschuldigen Träumerei geblieben, bis sie Jorge Washington kennenlernte. Als sie eines Abends nebenbei darauf zu sprechen kamen, meinte er, dass ein Whirlpool nichts weiter sei als ein Austragungsort für die erotischen Phantasien der Hausherren. Mariela brach in ein skeptisches und spöttisches Gelächter aus: Sie würde ihre Hand dafür ins Feuer legen, dass der Whirlpool nie benützt würde. Um sich zu vergewissern, wandte sie beim Putzen der Wanne einen Trick an, den sie in einem Krimi gesehen hatte. Sie riss sich ein langes Haar aus, spuckte darauf und wickelte es um den Edelstahlabfluss. Eine Woche später war das Haar noch an derselben Stelle.

So erbten sie beide eine Phantasie, die eigentlich nicht für sie bestimmt war.

Dieses Gefühl des Verbotenen kribbelt mittlerweile in ihren Körpern und vervielfacht ihr Begehren. Fast eine Stunde lang vergnügen sich Mariela und Jorge Washington im Wasser mit einer Fünf-Sterne-Zufriedenheit, so als wäre das Fieber, das sie aufheizt, lediglich eine weitere Funktion auf der Bedienungsleiste des Whirlpools. Sie probieren neue Stellungen aus, ihre Fingerkuppen werden runzlig vom vielen Wasser, und eine genauere Beschreibung der Vorgänge müsste Geplätscher, Keuchen und Dampf, Feuchtigkeit, ein Gemisch von Flüssigkeiten und ein paar ungewollt beunruhigende Bilder beinhalten (Marielas nasses Haar zum Beispiel hängt wie abgestorbene Algen über ihren kleinen Brüsten). Es sollte auch noch erwähnt werden, dass die beiden bis zum Schluss mit einer zirkusreifen Hingabe, so als ginge es um ihr Leben, miteinander vögeln und sie erst die gewohnte Geste, mit der Jorge Washington das Präservativ abstreift und einen Knoten macht (der Gummi platzt mit einem kläglichen Laut), in die Realität zurückbringt: Es ist Sonntagmittag und sie leben auf großem Fuß in einem Haus, das ihnen nicht gehört.

Mariela hat die Schlüssel zu dem Penthouse, weil die Lisboas in einem Luxushotel an der Côte d'Azur sind. Sie sind unter dem Vorwand, dass der Herbst in Nizza ganz unvergleichlich sei, vor einer Woche abgereist, dabei haben sie wahrscheinlich bisher nicht viel mehr als die prächtigen Parkanlagen des Hotels gesehen. Marcias Gesicht ist noch immer von der Schönheitsoperation geschwollen, die zwei Wochen zurückliegt, und wenn sie sich durch ihre dunkle Brille im Spiegel betrachtet, starrt ihr das von blauen Flecken übersäte Gesicht eines geprügelten Boxers entgegen. Im Hotelzimmer trägt Silvio ihr die vom Hindu-Chirurgen verordneten Salben auf und versucht sie aufzumuntern, aber in der Nacht, wenn sie

von den Beruhigungsmitteln und den beim Zimmerservice bestellten Manhattans eingeschlafen ist, geht er in die Bar hinunter und vernichtet das Salzgebäck, während er einen Whisky trinkt und mit einem spanischen Kellner über Autos und Motorräder redet.

So wie mit Marcia vereinbart, ist Mariela diese Woche täglich in die Wohnung gegangen, doch anstatt den nicht vorhandenen Staub wegzuwischen oder mit dem Staubsauger die ohnehin makellosen Teppiche zu bearbeiten, hat sie die Stunden damit verbracht, den Platz der *Senyora* einzunehmen. Mit jedem Tag kam sie später und ging früher. Der Portier schaute ihr vorwurfsvoll aus den Augenwinkeln nach, da er ihre Dienstzeiten kannte, doch sie erkaufte sich sein Schweigen, indem sie erfundene Geheimnisse über das unglaubliche Leben der Lisboas zum Besten gab. Oben in der Wohnung tat Mariela so, als wäre sie Marcia, und die Stunden vergingen wie im Flug. Sie öffnete den Kühlschrank und bereitete sich getoastete Sandwichs zu, die sie mit allen möglichen Köstlichkeiten belegte. Sie probierte Kleider an. Am Ende der Woche war sie bei sämtlichen Fernsehserien auf dem neuesten Stand, sie hatte sich lachend und weinend das Video von der Hochzeit der ältesten Tochter der Lisboas angesehen und sich hundertmal im Labyrinth der via Satellit empfangenen Fernsehkanäle verloren. Die Salsa-CDs schallten aus der Stereoanlage der Lisboas und sie konnte feststellen, dass sich der gut gewachste Parkettboden ideal zum Tanzen eignete, auch wenn sie es ganz allein tat und dabei ein Gesicht wie Aschenputtel zog. Heute, Sonntag, hat sie schließlich beschlossen, ihren Verlobten mit hierher zu nehmen: Morgen Nachmittag kehren die Lisboas aus Nizza zurück, deshalb sollten sie diesen Tag noch ausnützen.

Jorge Washington spaziert in der Unterhose durch das Penthouse, während Mariela seine Hose und sein T-Shirt bügelt. Da ihre Arbeitgeber einen Trockner besitzen, hat sie gleich die

Schmutzwäsche der ganzen Woche gewaschen, und der Trockner lief, während sich die beiden im Whirlpool vergnügten. Eben weil diese Tätigkeiten so banal sind, hat der Sonntagnachmittag etwas Familiäres, womit sie sich wohl fühlen. Mariela legt im Bügelzimmer die Wäsche zusammen und trällert dabei wie zur Krönung dieser neuen Intimität romantische Lieder. Jorge Washington vergnügt sich unterdessen damit, die exzessive Lebensweise der Reichen zu erkunden. Er geht in den oberen Stock und betritt den Fitnessraum, den die Lisboas im ehemaligen Zimmer ihres Sohnes eingerichtet haben. Dort stehen fünf supermoderne Geräte, die blitzen, als hätte sie noch nie jemand benützt, und in seinen Augen funkeln sie wie ein Raumschiff. Er setzt sich an ein Gerät und versucht, eine Hantel mit zwanzig Kilo an jedem Ende hochzustemmen. Sein spindeldürrer, aber sehniger und kräftiger Körper wird von dem Spiegel, der eine ganze Wand bedeckt, wie eine Gay-Ikone zurückgeworfen. Er betrachtet wohlgefällig seine straffen, geschmeidigen Muskeln und findet, dass die Sex-Einlage im Whirlpool sie noch kräftiger gemacht hat. Um die Muskelmasse zu stärken, macht er schwungvoll drei aufeinanderfolgende Übungen mit den je zwanzig Kilo, doch nach der Hälfte ist er in Schweiß gebadet und gibt auf.

Er verlässt den Fitnessraum und geht ins eheliche Schlafzimmer. Auf dem Toilettentisch steht ein Foto der Lisboas. Es stammt aus einem schon ein paar Jahre zurückliegenden Urlaub auf Korfu, und vor dem Hintergrund eines tiefblauen Meeres lächelt Marcia sehr verführerisch in die Kamera. Jorge Washington findet, dass sie mit der gebräunten Haut und dem an feuchtes Stroh erinnernden Haar aussieht wie eine Schauspielerin, und verliebt sich augenblicklich in sie. Er betrachtet das Foto eine halbe Minute lang und öffnet dann, so als würde sie seine Bewegungen steuern, eine der Schubladen des Toilettentisches. Es ist die Schublade, in der Marcia ihre Unterwäsche aufbewahrt, ein Festival eleganter

Dessous. Jorge Washington taucht seine Hände tief in die Schatzkiste und greift eine beliebige Kombination heraus. Er breitet Büstenhalter und Höschen ganz behutsam auf dem Bett aus, als wären es zerbrechliche Gegenstände, und bewundert sie dann andächtig. Das cremige Beige erinnert ihn an die Schale irgendeiner fleischigen, reifen Tropenfrucht. Gleichzeitig stellt er fest, wie riesig und einladend das Bett ist, und er streckt sich darauf aus, um es zu testen. Er stellt sich vor, dass Marcia neben ihm liegt, die der Unterwäsche Fülle gibt. Er nimmt die Höschen, schließt die Augen und riecht hingebungsvoll an ihnen. Der weiche Bettüberwurf aus roter Seide jagt ihm einen Schauer über den Rücken, und ihn fröstelt. Als er aufsteht, haben sein verschwitzter Rücken und seine Oberschenkel einen Abdruck auf der Seide hinterlassen. Ohne es erklären zu können, findet er das Bild poetisch, und die unten vor sich hin singende Mariela liefert ihm die Antwort: »Deine Begierde grub sich in meine Haut, doch ist sie eine flüchtige Erinnerung, die mit der Zeit verlöschen wird.«

Jorge Washington geht die Treppe mit katzenartiger Geschmeidigkeit hinunter (die Marcia bewundert hätte) und macht sich, dem Gesang folgend, auf die Suche nach dem Zimmer, in dem Mariela vor sich hin arbeitet. Die Höschen trägt er sorgfältig in der Hand. Er betritt leise das Bügelzimmer und streckt sie ihr schüchtern hin.

»Ein Geschenk«, sagt er in einem Tonfall, der schelmisch klingen soll. »Probiere sie an.«

Mariela betrachtet die Höschen und wirft ihm einen halb tadelnden Blick zu, geht aber trotzdem auf das Spiel ein.

»Woher hast du die?«, fragt sie. »Sag bloß, du hast oben herumgekramt!«

»Die hat davon so viele, dass sie das gar nicht bemerken kann, und alle sind total schön.«

»Natürlich wird sie das bemerken. Die kontrollieren alles. Bring sie wieder zurück und mach dir keine Sorgen. Eines Tages, wenn sich die *Senyora* auch die Brüste und den Arsch operieren lässt, wird diese ganze Wäsche mir gehören.«

Die Anspielung auf die Brüste und das Gesäß Marcias lassen ihn in Gedanken in das Bett im Obergeschoss zurückkehren, zu der roten, von seinem Schweiß befleckten Seide, und plötzlich erscheint ihm diese Vorstellung nicht mehr so sehr poetisch, sondern eher schlüpfrig.

Jorge Washington atmet an diesem Sonntagnachmittag auf der Terrasse der Lisboas die feuchtkühle Luft des beginnenden Oktobers ein. Er trägt Silvios weißen Bademantel mit dem gestickten Monogramm S. L. und blickt seit einigen Minuten in die Ferne – hinter dem Barça-Stadion durchpflügen Flugzeuge den Himmel –, und er hat den Eindruck, ein glücklicher Mensch zu sein. Aber nicht etwa wegen der Wohnung, denn der überbordende Luxus, der ihn hier umgibt, kann ihn nicht blenden, da er ihn kennt: Die meisten Kunden seines Chefs leben in den Nobelvierteln der Stadt. Er muss oft Wände in Wohnungen wie dieser bemalen, mit Küchen, die aussehen wie die in einem Restaurant und wo die Hausangestellten dich fragen, ob du eine Coca-Cola *light* möchtest, doch mittlerweile ist er dieser kalten Zurschaustellung des Luxus gegenüber so abgestumpft, als hätte der Gestank der Farbe seine Sinne außer Gefecht gesetzt. Was ihn heute reizt, ist vor allem dieses – wenn auch zeitlich begrenzte – Gefühl, einer von ihnen zu sein: Er öffnet ihre Schubladen, badet in ihrem Whirlpool und zieht ihre Kleider an.

Seit Jorge Washington als Maler arbeitet, hat er das Bild seiner Traumfrau mehr und mehr ausgearbeitet. Ein Bild, das durch Anhäufung und durch Überlagerung der unterschiedlichen *Senyoras*, die er jeden Tag beim Anstreichen ihrer Wohnungen aus den Augenwinkeln betrachtet, entstanden ist. Tatsache ist, dass sie, je mehr sie Form annimmt, desto mehr zum Hirngespinst wird. Nachdem es Mariela ge-

lingt, die schlimmsten Abende mit Zärtlichkeit zu füllen, ist dieses Heer von illusorischen Frauen in noch weitere Ferne gerückt, denn mit zunehmender Idealisierung werden sie zu unerreichbaren, esoterischen Wesen, zu einem bloßen, grausamen Vergnügen, mit dem er sich lustvoll quält.

Vor ein paar Wochen hat er mit seinem Chef eine renovierte Dachgeschosswohnung mit Blick auf den Turó-Park angestrichen und sich Hals über Kopf in die Besitzerin verknallt. Sie hatte Stil, lebte allein, weil sie sich vor kurzem hatte scheiden lassen, und wenn sie ihm den Schlüssel gab oder ihm Anweisungen erteilte, rauchte sie und kaute gleichzeitig Kaugummi. Am dritten Arbeitstag, während der Chef weitere Farbeimer aus dem Lager holte, tauchte die *Senyora* überraschend auf, um ein Sofa auszumessen. Angespornt von der mündlich überlieferten Legende, dass Maler, Klempner und Gasflaschenlieferanten schlechte Liebhaber seien, versuchte Jorge Washington ganz ungeniert mit ihr zu flirten. Jedes Mal, wenn er sie hinter seinem Rücken auf ihren spitzen Stöckelschuhen, die dem neuen Parkettboden zusetzten, vorübergehen hörte, pfiff er eine aufreizende Melodie und drehte sich um, um sie mit den Augen auszuziehen, aber er erreichte nichts weiter, als dass sie sich ihm einmal mit einer mütterlichen Geste näherte – weil er für sie ein Junge war wie ihre Neffen – und ihn mit überdeutlicher Aussprache fragte: »Sprichst du Spanisch?« Jorge Washington antwortete einsilbig, schüchtern und gab sich gekränkt, doch diese neue Strategie brachte genauso wenig. Nach einer qualvollen Viertelstunde verabschiedete sich die *Senyora* von der Türe aus mit einem »Tscha-au«, das in der leeren Wohnung widerhallte, und hinterließ als Pfand einen Hauch französischen Parfüms, das er gierig wie ein Kokainsüchtiger einsaugte. Als hätte sie um eine letzte Spur gebettelt, einen ultimativen Versuch, nahm er den Eimer mit marineblauer Farbe (mit dem das Gästebad ausgemalt werden sollte) und malte ein riesiges, von einem Pfeil durchbohrtes Herz an die Wand. Es geriet so groß wie ein Kürbis, mit seinem Monogramm auf der einen Seite und den Initialen der *Senyora* auf der anderen, und er malte vor sich hin, ohne dabei nachzudenken, so wie man manchmal Grimassen vor dem Spiegel schneidet, wenn man glaubt, niemand schaue zu. Die Farbe rann bald die Wand hinunter und das Ganze sah am Ende aus wie eine Schmiererei, die überhaupt nicht zu dem gepflegten Ambiente passte. Jorge Washington übermalte es daraufhin zwei Mal ganz dick mit weißer Farbe, und am nächsten Tag musste er noch einmal darüberstreichen, weil es noch immer durchschien. Wenn er sich heute manchmal mit jedem Pinselstrich tödlicher langweilt, flüchtet er sich in die Erinnerung an die geschiedene, außergewöhnliche *Senyora* und an das mit weißer Farbe bedeckte meerblaue Herz, dem immer noch dieses geheimnisumwitterte Gefühl anhaftet.

Der Sonntagnachmittag ist in dieser wie asphaltierten Stunde stecken geblieben, ähnlich schwer loszuwerden wie ein Kloß im Hals. Die Sonne blinzelt verschleiert hinter Wolken hervor, und im Fußballstadion des Barça sind schon die Lichter angegangen, obwohl das Match erst in zwei Stunden beginnt. Von der Terrasse aus beobachtet Jorge Washington erstaunt den aus dem Nichts kommenden hellen Schein, das wie eine geheimnisvolle Krone schimmernde Lichtermeer, und das Gefühl, privilegiert zu sein, wird noch stärker. Die frische Luft kriecht durch die Falten des Bademantels und lässt ihn frösteln. Er geht wieder hinein und vertreibt sich die Zeit bis zum Match (das er sich auf einem riesigen Bildschirm ansehen wird) damit, vorsichtig wie ein Dieb in der Wohnung herumzuschleichen, weil ihn Mariela angewiesen hat, nichts zu zerbrechen und keine Spuren zu hinterlassen.

Im Gästebad entdeckt er einen kleinen Medikamentenschrank voll mit Seifen und Cremes aus diversen Hotels. Eine von zig Reisen stammende Beute, die von Urlaubsaufenthalten des Ehepaars in Hilton- und Sheratonhotelketten zeugen: Kairo, Saigon, Manila, Moskau, Caracas, Rio de Janeiro ... Jorge Washington schnuppert an allen und versucht die Düfte der Länder herauszufinden – Zimt, Banane, Minze –, doch bald ist sein Geruchssinn überstrapaziert und alles riecht nur noch nach internationaler Sauberkeit.

In Silvios Arbeitszimmer nimmt er im Ledersessel Platz und räuspert sich, als wolle er der Sekretärin einen Brief diktieren; dann öffnet er eine Zigarrenkiste, die auf dem Schreibtisch steht, nimmt eine Zigarre heraus, zündet sie aber nicht an. Er klemmt sie sich zwischen die Lippen und der Tabak prickelt auf seiner Zunge. Er verlässt das Arbeitszimmer und geht zerstreut den Gang entlang, wobei er gegen einige Möbel stößt. In der Eingangshalle, neben der Haustür, fällt ihm ein auf einem Pult platziertes Buch ins Auge. Er nimmt es und findet es schwul. Der Einband ist aus fuchsienfarbener Seide (in diesem Haus ist alles aus Leder oder Seide, denkt er), die Seiten aus gelblichem Büttenpapier, und das zusammen kommt ihm hässlich und lächerlich vor. Er schlägt das Buch auf, die erste Seite scheint jemand wütend herausgerissen zu haben, und auf der zweiten steht bloß ein Satz, der Name eines Mädchens und ein zwanzig Tage zurückliegendes Datum. Er liest den Satz – »Für die beste Mama der Welt, die selbst, wenn sie angeschlagen ist, wunderbar kocht« – und erinnert sich unweigerlich an seine ersten Schreibversuche in der Schule. Er greift zum Federhalter und ist versucht, etwas auf die gleiche Seite zu schreiben, weiß aber, dass ihn Mariela, sollte sie es entdecken, umbringen würde. Deshalb schlägt er das Buch in der Mitte auf irgendeiner Seite auf und kritzelt in ganz kleinen Lettern »J. W. war hier« in eine Ecke. Er schließt das abscheuliche Ding, legt es wieder auf das Pult zurück und ist sich augenblicklich bewusst, Unsinn geschrieben zu haben. Ihn überkommt ein Schwall sonntäglicher Langeweile, die seinen leeren Magen überwältigt.

Im Wohnzimmer setzt er sich mit der unangezündeten Zigarre zwischen den Lippen auf das Ledersofa und legt seine Beine in protziger Millionärspose auf den Alabastertisch. Er tut so, als klopfe er achtlos die Asche auf den Boden, und inspiziert den riesigen offenen Kamin, den Flachbildschirm und die unterschiedlich großen Gemälde an den Wänden. Durch irgendeine unterbewusste Assoziation erinnert ihn dieser Überfluss an Mafiahäuser, wie er sie aus Fernsehserien kennt, und er fragt sich, hinter welchem Bild wohl der Tresor versteckt sein könnte. An einer anderen, mehr im Schatten gelegenen Wand bemerkt er vier weiße symmetrische Flecken. In dem Moment kommt Mariela ins Wohnzimmer und lächelt, als sie ihn auf dem Sofa lümmeln sieht. Sie gibt ihm einen langen Kuss und legt die gebügelten Jeans auf einen Sessel.

»Zieh dich endlich an, du Faulpelz, es ist schon höchste Zeit«, sagt Mariela und zeigt auf die Hose. Ihr Gesicht ist vom Bügeln gerötet, und sie hat das Haar zu einem Pferdeschwanz zusammengebunden.

»Was sind das für Flecken?«, fragt Jorge Washington und deutet mit der Zigarre auf die hintere Wand.

»Russische Ikonen«, antwortet Mariela abschätzig. »Früher hingen da vier russische Ikonen, doch dann hatte die *Senyora* sie satt und ließ sie verschwinden. Sie dürften in irgendeinem Schrank gelandet sein.«

Sie zeigt wieder auf die Jeans. Jorge Washington weiß nicht so genau, was eine russische Ikone ist, und es interessiert ihn auch nicht besonders, aber er mag diese Augenblicke, in denen Mariela ohne ersichtlichen Grund die Geduld verliert. Er gähnt träge mit übertrieben aufgesperrtem Mund und macht ein ungläubiges Gesicht.

»Sind die denn schön?«

»Sehr«, antwortet sie unruhig. Sie wirft ihm einen vernichtenden Blick zu, um ihm zu zeigen, dass sie das Spiel durchschaut hat. »Komm schon, zieh dir den Bademantel aus und die Jeans an«, fordert sie ihn noch einmal auf und zupft am Bademantel.

Da er keinerlei Anstalten macht, ihn auszuziehen, fängt sie an, ihn zu kitzeln, er kitzelt zurück, und so balgen sie sich lachend und vor Lust keuchend auf dem Ledersofa. Mariela löst den Pferdeschwanz, und das Haar fällt ihr ins Gesicht. In einer Gefechtspause streicht es ihr Jorge Washington sanft zur Seite, und in diesem Moment starren sie sich an, durchstoßen sich die Pupillen, so als könnten sie plötzlich erkennen, was sich dahinter verbirgt. Eng umschlungen möchten sie diesen Augenblick für immer retten, ihn heiligen, um in schlechten Zeiten flehentlich darauf zurückkommen zu können. So verstreichen ein paar Minuten im wohligen Halbdunkel dieses Gefühls der Geborgenheit, das sie unerwartet überkommen hat, doch plötzlich stellen sie fest, dass es draußen schon dunkel ist. Jorge Washington steht auf, schaltet eine Stehlampe an und schlüpft endlich in die Jeans. Mariela folgt vom Sofa aus mit Blicken seinen Bewegungen, aber er scheint nichts zu bemerken.

»Steck mal die Hände in die Taschen«, fordert sie ihn auf, als er die engen, abgewetzten, aus Peru mitgebrachten Jeans endlich anhat, die ihm in den Augen Marielas etwas sehr verführerisches Cowboyhaftes geben.

Daraufhin tastet Jorge Washington eine der vorderen Hosentaschen ab und fühlt etwas, ein Plastikding, das die Größe einer Kreditkarte hat. Er kramt es neugierig hervor und sieht die blaurote Hülle. Darin steckt Silvios Mitgliedsausweis des Barça, und wenn er sich beeile, sagt Mariela, käme er noch rechtzeitig zum Anpfiff, denn er habe noch eine Stunde und das Stadion sei schließlich ganz in der Nähe.

Zunächst kann er es nicht fassen, er hat noch nie live ein Barça-Match gesehen (dabei hat er in der letzten Saison mit seinem Cousin ein paar Mal versucht, sich ins Stadion hineinzuschwindeln), und nun aber hat er sogar die Möglichkeit, wie ein richtiger *Senyor* hinzugehen. Denn der Sitzplatz ist, wie nicht anders zu erwarten, auf der Tribüne. Jorge Washington ist völlig außer sich vor Freude – die Begeisterung eines Privilegierten –, er dreht und wendet den Ausweis hin und her und stürzt sich schließlich wie ein Kind auf Mariela, umarmt sie, um sich zu bedanken, und bedeckt sie mit Küssen. Ohne dass sie es bemerken, beginnt durch die heftige Bewegung eine sehr kostbare chinesische Vase auf ihrem Elfenbeinsockel zu schwanken, und wenn sie nicht hinunterfällt, dann nur deshalb, weil sie diesen Moment des Glücks nicht kaputtmachen will. So läuft nun einmal das Leben der Reichen.

Nun steht Mariela auf der Terrasse der Wohnung. Es ist erst eine Minute her, dass sie sich von Jorge Washington verabschiedet hat, und sie haben sich nach dem Match in einer Bar in der Nähe des Stadions verabredet, damit er ihr den Ausweis zurückgeben kann. Zufrieden an das Geländer gelehnt, nimmt sie das Ende der Avinguda de Pedralbes ins Visier, auf das sie von dort oben sehen kann. Zunächst hört sie, wie die eiserne Eingangstür auf und zu geht, und zwanzig Sekunden später sieht sie Jorge Washington, der das erleuchtete Trapez der Straße überquert. Sie ruft ihn leise, wie für sich, »Jorge«, und der Junge dreht sich um, als hätte er es gespürt, schaut nach oben und winkt in die Dunkelheit, in der sich die Silhouette Marielas abzeichnet. Dann verschwindet er am Ende der Straße, verschluckt von einem gestreiften Nebel.

Unter der Jeansjacke trägt Jorge Washington ein T-Shirt von River Plate, mit der Nummer 9 auf dem Rücken, das ihm ein wenig zu groß und nun, da frisch gewaschen, strahlend weiß ist. Er hat das T-Shirt in Buenos Aires gekauft, als die Maschine auf dem Flug nach Barcelona dort zwischenlandete, und bereut es trotz des stolzen Dollarpreises keinen Augenblick, denn für ihn ist es ein Glücksbringer. Während er sich im Geist bedankt, denkt er an seine Freunde in Lima: das

T-Shirt von River mit dem roten Querstreifen gleicht den Trikots der peruanischen Mannschaft. Er denkt an die Samstagnachmittage, die sie gemeinsam vor dem Fernseher verbracht haben, um sich die Spiele der argentinischen und spanischen Liga anzusehen, oder wie sie sich später auf irgendeinem Brachland außerhalb von Lima endlose Matches geliefert haben, bis es langsam finster wurde und die Stadt dort unten, im Licht der Dämmerung, einem riesigen, erloschenen Feuer glich, das aber noch rauchte. Er erinnert sich auch daran, wie stur jeder seinen Spitznamen verteidigte: Flavio Maestri, Luis Artime, Héctor Takayama ..., und er war – er ist Roberto Farfán, der Stürmer von Alianza, und obwohl er erst zwanzig Jahre alt ist – oder genau deshalb – überkommt ihn ein Heimweh, das sein schlechtes Gewissen weckt: Gleich morgen wird er von einem Internet-Café aus ein Mail an seine Freunde in Lima schicken und ihnen erzählen, dass er endlich im Tempel des FC Barcelona war und »den Rasen betreten konnte, auf dem Cholo Sotil, der Vater von Johan Sotil – ihr erinnert euch bestimmt – gespielt hatte«.

Während er die Avinguda de Pedralbes hinunterspaziert, lässt er die Arabesken der bleichen Fassaden mit ihren erleuchteten Fenstern hinter sich. Hin und wieder fährt ein Auto vorbei, und die Insassen mustern ihn wie einen Eindringling. An diesem Abend scheint er Teil eines geschlossenen Zirkels zu sein, und Jorge Washington läuft so schnell, als wäre er vor etwas auf der Flucht. Der Ausweis brennt in seiner Hosentasche wie ein Passierschein. Als er die Diagonal überquert, hat er das Gefühl, wieder richtig in der Stadt, im Freundesland zu sein. Auf der anderen Straßenseite, gleich neben dem Hotel Princesa Sofía, schließt er sich leichten Herzens einer Fangruppe an. Die Menge zieht am Friedhof vorbei und durch die Passage, die nachts von Transvestiten bevölkert ist. An seinem ersten Wochenende in Barcelona war sein Cousin am Abend unter dem Vorwand, ihm das Stadion Camp Nou zeigen zu wollen, mit dem Auto dort hingefahren, und sie hatten eine halbe Stunde lang ihre Runden gedreht und sich über die grotesken, vor Kälte starren Gestalten lustig gemacht, die gelangweilt an brennenden und stinkenden Mülltonnen herumlungerten. Er erinnert sich an den Ekel, den er damals empfand, und als sie wieder in Richtung Sants fuhren, sagte sein Cousin zu ihm: »Junge, ich werde dir schon noch einmal richtige Frauen vorführen.«

Obwohl Jorge Washington sich in einer Menschenmenge befindet, beschleunigt er seinen Schritt, um so schnell wie möglich das Stadion zu erreichen. Wir können uns inzwischen entspannen. Er wird seinen Weg allein gehen, lassen wir ihm doch die Möglichkeit, sich unter die Masse zu mischen und Teil von ihr zu werden. Die Menschenmenge verschlingt ihn, und er ist dankbar dafür. Langsam verlieren wir ihn aus dem Blickfeld, sein nervöser Gang passt sich dem der anderen Fans an, und jetzt ist er schon nicht mehr zu sehen. Die wehenden Fahnen und Schals verleihen den letzten Metern die Feierlichkeit eines Rituals. Er wird, sobald er in kindischer Freude den Ausweis gezückt hat, die zwei Kontrollen problemlos passieren, und am Eingang werden die Leute sein River-T-Shirt bestaunen und lächeln. Sobald er auf der Tribüne Platz nimmt, wird ihn das leuchtend frische Grün des Rasens mit seinem explodierenden Chlorophyll in den Bann ziehen.

In der Halbzeit befinden wir uns am Eingang zur Tribüne. Barça scheint zu gewinnen, ein offensichtlich leichtes Spiel, und die Leute nützen die fünfzehnminütige Pause, um einen Happen zu essen, einen Kaffee zu trinken oder gemütlich eine Zigarette zu rauchen. In kleinen Gruppen kommentieren sie die fehlende Spannung des Spiels, wobei sie ständig auf die Uhr schauen, und kritisieren die Spieler oder den Schiedsrichter. Sollten sie zufällig das Thema wechseln und ein interessantes Gespräch beginnen, würden sie ja doch, wenn es an

der Zeit wäre, mit saurer Miene an ihren Platz zurückkehren. Jorge Washington spaziert mit einer Tüte Pommes frites mit Mayonnaise in der Hand zwischen ihnen umher und begafft sie, als wären sie eine Pauseneinlage. Für den Fall, dass es kühl werden sollte, haben sie Mäntel an. Sie gestikulieren, zeigen beim Lachen stolz ihre makellosen Zähne, und sie haben auch noch nichts von ihrer sommerlichen Bräune eingebüßt, obwohl die Skisaison bevorsteht.

Jorge Washington schlendert von einer Gruppe zur anderen, isst seine Pommes und wischt sich die öligen Finger an einer Papierserviette ab. Als er genug hat (die Mayonnaise ist zu fett), sucht er nach einem Mülleimer. Er entfernt sich von der Menge und geht in Richtung Stadionausgang, zur Glaswand neben den Einlasskontrollen, und dort sieht er sie, die Frau. Sie verkörpert kein konkretes Bild, erinnert ihn an keine Frau, die er kennt, könnte aber für alle stehen. Groß, blond und elegant gekleidet, vereint sie alle Tugenden und Vorzüge, die er seit der ersten, den Reigen eröffnenden Frau gesammelt hat. Sie ähnelt zum Beispiel Marcia auf dem Foto, das er heute Nachmittag betrachtet hat, und ist der Frau wie aus dem Gesicht geschnitten, in deren Wohnzimmer unter drei Schichten Farbe das Palimpsest eines Herzen verborgen ist, das mit Hilfe von ein wenig Feuchtigkeit vielleicht wieder zum Vorschein kommen würde.

Jorge Washington nähert sich ihr unauffällig bis auf fünf Meter. An ein Geländer gelehnt, das die Glaswand unterteilt, raucht sie gleichgültig und gelangweilt eine Zigarette und trinkt dabei Wasser direkt aus der Plastikflasche. Während der Rauch ihren Mund mit einstudierter Langsamkeit genussvoll verlässt, schließt sie die Augen ein wenig und ihre vollendeten Nasenflügel beben. Neben ihr steht ein Mann in einem beigefarbenen Burberrymantel, aber sie reden nicht miteinander. Plötzlich klingelt ein Handy, der Mann zieht sich den Kopfhörer aus dem Ohr (er hat gerade Radio gehört) und nimmt den Anruf entgegen. Er redet zu laut und läuft dabei auf und ab, während die Frau ihn mit einer verächtlichen Miene ansieht, die Jorge Washington seinerseits als Pluspunkt für sich interpretiert: Sie ist eindeutig genervt. Als wollte sie diesem Eindruck noch ein wenig nachhelfen, wirft sie die Zigarette auf den Boden und tritt sie sanft mit dem Schuh aus.

In ihren Bewegungen liegt eine subtile Erotik. Er geht näher und verschlingt sie durch das Glas mit den Augen. Die weichen und fülligen Lippen, die Hüften, die sich unter dem Minirock markant abzeichnen, und die ewig straffen Brüste (das kleine Meisterwerk eines Chirurgen, der sich selbst übertroffen hat) ließen ihn eine Sekunde lang an das Whirlpool-Erlebnis vom Mittag denken, und unter dem River-T-Shirt läuft ihm ein lüsterner Schauer den Rücken hinunter. Sie bemerkt das, eine Sache der Erfahrung, und hinter dem Glas, mit dem Blick auf einen unbestimmten Punkt in der Ferne gerichtet, nimmt sie eine nachdenkliche Pose ein, die einer Aufforderung gleichkommt: »Sag doch was, sei doch nicht so schüchtern, komm doch her, sag doch was.«

Jorge Washington macht zaghaft einen weiteren Schritt nach vorn, aber da ist es schon zu spät. Plötzlich verabschieden sich alle hektisch und stieben auseinander, weil die zweite Halbzeit gerade angefangen hat. Der Mann im Trenchcoat schaltet augenblicklich sein Handy aus und macht der *Senyora* das Zeichen zum Aufbruch. Sie trinkt einen letzten Schluck Wasser, stellt die Flasche genau austariert auf das Eisengeländer, und bevor sie die Stufen zu ihrem Sitzplatz hinuntergeht, hat sie noch eine Sekunde, um Jorge Washington mit einem kurzen, hochmütigen und herausfordernden Blick zu bedenken.

Es vergeht eine halbe Minute. Allein vor dem Tribüneneingang und mit dem Grölen der Fans im Hintergrund, die ein Dribbling feiern, geht der junge Mann an die Stelle, an der die Frau gestanden hat (er saugt begierig den verbliebenen Hauch

ihres Parfüms ein), greift nach der Plastikflasche und bestaunt sie wie eine Reliquie. Es ist noch ein wenig Wasser darin, und am Rand entdeckt er die bordeauxrote Spur ihres Lippenstifts. Jorge Washington versucht, seine Lippen an derselben Stelle zu platzieren, und nimmt feierlich einen langen Schluck. Das lauwarme Wasser rinnt ihm mit einem Nikotinnachgeschmack die Kehle hinunter.

Es ist zehn Uhr nachts und das Spiel zu Ende. Mariela sitzt an einem Resopaltisch in der galicischen Bar, wo sie sich verabredet haben, und trinkt eine Cola, die sofort schal schmeckt. Sie sitzt gleich neben dem Eingang, weil hinten der Fernseher steht und sich die Leute um ihn scharen, um das Match anzusehen. Nun gehen alle im Gänsemarsch zur Kasse, zahlen und machen sich auf den Weg nach Hause. Auf der Straße wirft das bernsteinfarbene Licht der Laternen dichte Schatten, aber der Triumph der Mannschaft ist ein ideales Mittel gegen diesen verpfuschten Sonntagabend. Mariela verfolgt aus der Entfernung irgendwelche Bilder im Fernsehen. Ein Journalist mit viel Gel im Haar interviewt gerade den strahlenden Trainer, dann schwenkt die Kamera auf den grünen Rasen, um danach die Fans zu zeigen, die ihre Plätze verlassen haben und langsam aus dem Stadion gehen, mit derselben resignierten Pantomime wie die Barbesucher.

Jorge Washington ist einer von ihnen. Er ist einer der Letzten, weil er alle Details dieses einzigartigen Erlebnisses auskosten will – das Flutlicht, die Anzeigetafeln, die ungeheure Anzahl der leeren Sitzplätze, die an einen verlassenen Bienenstock erinnern –, und als er inmitten der Menschenmenge, die sich in alle Himmelsrichtungen verstreut, das Stadion verlässt, hat er völlig die Orientierung verloren. Da er weiß, dass Mariela auf ihn wartet, mischt er sich schließlich in die Menschenmenge, die auf den Ausgang zuströmt. Er hofft, dass auf der Straße alles einfacher wird. Fünfzig Schritte weiter, man sieht schon den Ausgang, werden die Leute von den Autos, die aus der Tiefgarage kommen, zur Seite gedrängt. Mercedes, Jaguars und Kombis haben es auch eilig und kommen im selben Tempo vorwärts wie die Fußgänger. Einige fahren mit heruntergekurbelten Scheiben, und so vermischen sich die aus dem Radio dröhnenden Stimmen mit den Gesprächen der Leute. Ein Fahrer schätzt, als er an Jorge Washington vorbeifährt, die Distanz falsch ein und streift ihn mit dem Seitenspiegel am Hintern. Er erschrickt, tastet instinktiv nach dem Ausweis in der Hosentasche und weicht erst danach etwas zur Seite. Da fällt sein Blick auf einen schwarzen BMW Z3 dahinter, und er entdeckt darin die blonde Frau aus der Halbzeitpause und neben ihr den Mann im Trenchcoat. Sein Herz beginnt wie verrückt zu schlagen. In dieser niedrigen Luxuslimousine wirkt das Paar fehl am Platz, wie Zinnfiguren, und plötzlich kommt ihm die Frau erreichbarer vor, wie ein Spielzeug. Er geht langsamer, um das Auto an seiner linken Seite aufschließen zu lassen, dann geht er im gleichen Tempo weiter, als wäre er ein Bodyguard. Er wünscht sich inständig, von der Frau gesehen zu werden, aber sie hat müde die Augen geschlossen und bemerkt nichts von dem, was um sie herum geschieht. Jorge Washington hingegen hat durch das Fenster eine perfekte Sicht auf ihre langen, überkreuzten Beine. Beim Gehen gleiten seine Blicke hinauf und hinunter wie auf einer Achterbahn. In ihrer entspannten Haltung ist der Rock hinaufgerutscht, gibt einen Blick auf ihren Strumpfhalter und ein wenig Haut frei. Diese dunklere Farbe im Kontrast zum Weiß ihrer Haut zieht den Blick Jorge Washingtons hypnotisch an, der wie ein Anhängsel das Auto bis zur Straße begleitet. Draußen weist ein Polizist die Autos ein, und der Z3 beschleunigt. Mit den beiden roten Rücklichtern lösen sich auch die unmöglichen Träume Jorge Washingtons auf und verflüchtigen sich, aber für künftige Fantasien kann er noch ein Bild bewahren: Ihre Augen im Rückspiegel, die die Frau im letzten Moment aufschlug, um ihm einen sinnlichen Blick zuzuwerfen.

Mariela starrt unterdessen in der auf der anderen Seite des Stadions gelegenen Bar auf den Fernsehschirm und stellt sich vor, dass Jorge Washington einer der herauskommenden Fans ist. Sie glaubt einen Moment lang sogar, ihn zu sehen, verliert ihn dann aber aus den Augen. Egal, sie weiß, dass er nervös und mit großen Schritten nach vorne drängt, den Leuten und Autos ausweicht, die sich am Tor stauen. Jorge Washington lächelt gewiss zufrieden und versucht, den Genuss noch ein wenig auszukosten, so als würde er mechanisch einen Kaugummi kauen, der allmählich den Geschmack verliert. Er läuft jetzt sicher schnell durch die unterschiedlichen Gassen, um endlich bei ihr zu sein. Nun ist er schon in der richtigen Straße, sieht schon die Leuchtreklame der Bar, und in fünf, vier, drei, zwei Sekunden wird er hereinkommen. Mariela dreht sich erwartungsvoll um und hofft darauf, dass hinter der etwas fettigen, schmutzigen Scheibe sein River-T-Shirt auftaucht, aber nein. Es vergeht noch eine halbe Minute, und wieder nichts. Vielleicht ist ja der Gedanke schneller als die Wirklichkeit. Sie schließt manchmal mit der Uhr in der Hand die Augen und versucht, sechzig Sekunden abzuzählen, doch wenn sie sie wieder aufschlägt, fehlen immer zehn oder zwölf. Vielleicht hat er ja dasselbe Problem, sagt sie sich, ist aber davon überzeugt, dass Jorge Washington eigentlich schon hier sein müsste. Sie dreht sich wieder zum Fernseher, um nach einer Erklärung zu suchen, aber der Kellner hat ihn schon ausgeschaltet, weil sie bald schließen. An einem Tisch vor ihr spielt ein Mann mit seinem Schlüsselbund und sagt mit anzüglichem Blick immer wieder etwas zu ihr, das sie nicht versteht. Sie gibt sich Mühe, nicht traurig zu wirken, steht auf, geht an die Theke und bittet den Kellner um ein Glas Wasser.

Übersetzt von Theres Moser

Carme Riera

Heimkehr

Vor meinen Augen blitzt ein Bild heftigen Schmerzes auf, und es kostet mich viel Kraft, sie fest auf das Papier vor mir zu richten. Meine Gedanken kreisen unablässig um jene tragische Nacht. Angst, Schuldgefühle und Reue lassen mich keinen Schlaf finden, verstellen mir den Blick für alles, was nicht mit jenen Stunden zusammenhängt, die ich wieder und wieder durchlebe. Selbst dieses sterile Zimmer hier füllt sich nach und nach mit giftigen Säften, und vom klebrigen Fußboden steigt heißer Dunst auf, so als wäre das faulige Wasser bis hierher gedrungen, um mich mit sich fortzureißen. Aber ich fliehe nicht. Ich laufe nicht mehr weg. Schließlich bin ich nicht mehr das hilflose Kind, zu dem ich in jenen Stunden geworden war, als ich ohne jede Orientierung im Unwetter umherirrte. Nein, ich bin groß und erwachsen. Ich kämpfe darum, vergessen zu können, auch wenn ich weiß, dass nichts mehr so sein wird wie zuvor, und ich mich bemühe, die Anweisungen der Ärzte genau zu befolgen: Sie sagen, ich bräuchte jetzt Ruhe, während sie mich mit Beruhigungsmitteln vollpumpen und mir raten, zu schreiben, wenn mich das auf andere Gedanken bringt.

Doch wer weiß, ob ich jemals wieder ruhig schlafen und ein normales Leben führen kann, ob ich mich jemals wieder so an die Gesichter meiner Eltern erinnere, wie ich sie von den letzten Fotos her kenne. Denn wenn ich jetzt die Augen schließe, sehe ich sie vor mir wie in jener letzten Nacht: viel jünger, munter und noch lange nicht dem Tode nahe. Was mir seither aber noch mehr Angst macht als ein Gewitter ist meine Feigheit. Ich habe Angst vor mir selbst, Angst, dass sich mein Inne-

res in ein brodelndes Gemisch verwandelt hat, mein Bauch voller Ratten ist, gespickt mit Stacheldraht und Glassplittern.

Seit ich wieder bei Bewusstsein bin, zerfleische ich mich in Selbstvorwürfen: Es quält mich, dass ich mir in jener Nacht nicht eingestehen wollte, dass Wünsche auch in Erfüllung gehen können und dass uns der Glaube, viel mehr als die Vernunft, zu unserem Seelenheil verhelfen kann. Ich bin mir sicher, dass jedem von uns in einem bestimmten Moment seines Lebens, und wirklich nur in einem einzigen, die Chance gegeben wird, noch einmal an einen Scheideweg im Leben zurückzukehren und dort einen anderen Weg einzuschlagen. Aber die Angst ist wohl einfach zu groß, auf unsere Vergangenheit verzichten zu müssen, sie uns glatt, ohne Wehmut und ohne all die Furchen und Risse vorzustellen und ebenso ungewiss wie die Zukunft.

Als ich im Oktober 1985 aus Amerika zurückkehrte, wünschte ich mir nichts sehnlicher, als die zehn Jahre meines Fortseins auszulöschen, sie für immer und ewig zu vergessen und – soweit dies ein mir wohlgesinntes Gedächtnis zulassen würde – meine Erinnerung erst wieder mit meiner Heimkehr einsetzen zu lassen, zehn Jahre, nachdem ich meinem Elternhaus entflohen war. Doch in dem Moment, als sich mir die Gelegenheit dazu bot, war ich absolut unfähig, sie zu nutzen; stattdessen löste ich mit meinem dämlichen Verhalten die Katastrophe aus.

Eines Morgens hatten mich bei Sonnenaufgang das Klingeln des Telefons und die Stimme meiner Mutter, die die Zeitverschiebung zwischen den USA und Mallorca nie begriffen hatte, aus dem Schlaf gerissen.

»Deinem Vater geht es sehr schlecht. Er möchte dich sehen.«

Vierundzwanzig Stunden Heimreise reichten aus, um meine Erinnerungen zu ordnen, um die schlimmsten aus dem Gedächtnis zu streichen und mich mit den angenehmeren für die vermutlich sehr aufwühlende Begegnung mit meinem Vater nach zehn Jahren Entfremdung zu wappnen. Weder er noch meine Mutter hatten je verstanden, warum ich die feste Anstellung bei der *Caixa*, der größten katalanischen Sparkasse, aufgab, um mich ganz dem Schreiben zu widmen. Und noch viel unbegreiflicher war es für sie gewesen, dass ich einen Ausländer geheiratet hatte – auf dem Standesamt und nicht in der Kirche – und mit ihm nach Amerika gezogen war, und vor allem, dass ich nach der Scheidung dortgeblieben und nicht nach Mallorca zurückgekehrt war, nach Son Morlà, um im Schoß der Familie meine verlorene Würde wiederzuerlangen.

Ich hatte ihnen absichtlich nicht meine Ankunftszeit mitgeteilt und ich rief sie auch nicht vom Flughafen in Palma aus an; ich wollte die Überraschung unverfälscht in ihren Gesichtern sehen. Und ich wollte vermeiden, dass mich irgendwelche Verwandte oder Freunde nach Hause begleiteten, denn ich brannte darauf, all die Zeit, die zwischen uns stand, mit einem Schlag und ohne Zeugen aus unserer Erinnerung zu tilgen. Gleich am Flughafen mietete ich mir ein Auto.

Als mein Vater in Rente gegangen war, hatte er beschlossen, das Haus in Palma aufzugeben und mit meiner Mutter, die sich in ihr Schicksal fügte, und seiner Briefmarkensammlung nach Son Morlà zurückzuziehen, dem einzigen Besitz, den er nie verkaufen wollte, vielleicht weil er hoffte, dort die längst verhallten Geräusche seiner kindlichen Spiele und Streifzüge wiederzufinden. Jene schwermütige Landschaft, wo sich spitze Kalksteinfelsen mit finsteren Steineichenwäldchen abwechseln und die Olivenhaine bis zu den steilen Klippen reichen, unter denen das Meer dunkel und gefährlich wird, hatte auch meine einsame Kindheit und die endlosen Wochenenden meiner langweiligen Jugend geprägt. Und auch in der Erinnerung an die Jahre meines Fortseins drängt sie sich mir immer wieder auf, die Jahre, in denen ich sie, dumm wie ich war, gegen eine andere Landschaft eingetauscht hatte, eine, in der Autobahnen in parallel verlaufende Autobahnen mündeten oder von solchen gekreuzt wurden und die alle mit den schrillen Werbetafeln der Motels und Tankstellen geschmückt waren. Meine Augen hatten sich so sehr an das Blinken der Neonreklame, an die wurzellosen, von Rasen umgebenen Bäume und den rauen Beton jenes gesichtslosen Viertels in den Außenbezirken von Los Angeles gewöhnt, dass ich in dem Moment, als ich die asphaltierte Landstraße verließ und in den staubigen Feldweg einbog, der durch das Steineichenwäldchen zu unserem Anwesen führte, das Gefühl hatte, immer tiefer in die Seiten eines meiner Märchenbücher aus Kindertagen einzutauchen, in denen fast immer ein verwunschener Wald vorgekommen war.

Hinter den Bergen ging gerade wenig spektakulär die Sonne unter, denn am Himmel waren dicke Wolken aufgezogen und es sah schon bedrohlich nach Regen aus, als ich die erste Kurve nahm. Bis zu unserem Gehöft lagen noch weitere fünfundzwanzig Kurven vor mir. Ich stellte es mir hell erleuchtet und mit aus dem Schornstein aufsteigendem Rauch vor, obwohl es gar nicht kalt war und meine Mutter Strom sparte, wo es nur ging, seit sie die Aktien des Energiekonzerns FECSA verkauft hatte. Die imaginäre watteweiße Rauchsäule ließ mich jedoch zurückdenken an die mollige Wärme des Gutshauses in den Weihnachtsferien, als meine Eltern sich noch festlich anzogen, um zur Frühmette in unsere Kapelle zu gehen. Diese Erinnerungsbilder brauchte ich offensichtlich als Passierschein – sie flößten mir wohl etwas Mut ein.

Auf halbem Weg fielen die ersten dicken, warmen Tropfen. Die trockenen Äste knackten. Da mich plötzlich ein ungutes Gefühl beschlich, gab ich Gas, um unser Gehöft noch vor dem großen Regen zu erreichen. Meine Scheinwerfer scheuchten eine Ginsterkatze in ihrem Unterschlupf auf. Der Regen wurde immer heftiger.

Die drei Kilometer, die die Landstraße von unserem Hof trennen, kenne ich wie meine Westentasche. Ich weiß, an welcher Stelle sich der Wald lichtet und die Olivenhaine beginnen, und weiß auch, wo der Feldweg den Wildbach kreuzt, die einzige echte Pinie steht und sich die Grenzmauern der umliegenden Gehöfte befinden. Ich erinnere mich mit absoluter Präzision an die Aussicht nach jeder einzelnen Kurve und an welcher Stelle der zwanzigsten Kehre das Auge plötzlich inmitten von ein paar Obstwiesen unseren Hof entdeckt. Ich kenne von Son Morlà jeden Winkel, kenne es zu jeder Jahres- und Tageszeit, sodass ich mich weder in der Zeit noch in der Entfernung unmöglich irren kann, so dicht der Regen auch fallen mag und selbst wenn die Sicht gleich null ist.

Ich drosselte das Tempo. Zwischen der zehnten und der elften Kurve ist der Weg sehr abschüssig, und wenn er zudem nass ist, wird das Fahren höchst gefährlich: Auf dieser Strecke ist er nicht gesichert und rechts davon kommt gleich der Steilhang. Der Scheibenwischer konnte die Wassermassen kaum noch bewältigen, die jetzt gewaltig vom Himmel stürzten, als wollten sie die Karosserie meines Autos eindrücken. In diesem Moment überkam mich die Angst, dass es bereits zu spät sein könnte, dass ich vielleicht nicht mehr rechtzeitig zu Hause eintreffen würde, um meinen Vater noch lebend in die Arme zu schließen und mich mit ihm zu versöhnen. Mit aller Gewalt drängte sich mir das Bild seines vom Tode gezeichneten, wachsbleichen Gesichts auf, mit seinen dünnen Lippen, die sich nicht mehr zum Küssen oder Sprechen öffnen, und seinen Augen, die mich nicht mehr erkennen würden. Hinter den schweren Lidern würde sein Leben, das nur noch am seidenen Faden hing, langsam erlöschen.

Mit aller Macht versuchte ich, diese Bilder mit Hilfe anderer, schönerer zu vertreiben, wie ich es schon in den Stunden zuvor getan hatte, und glaubte schon fast, seine Hand zu spüren, wie sie meine ängstliche Kinderhand festhielt, als uns eines schönen Abends im Wald ein Gewitter überraschte, oder einer seiner Geschichten von Feen und Zauberern zu lau-

schen, deren Ende sich immer im Schlaf verlor … Doch plötzlich war die Stimme meiner Mutter wieder da, genau wie vor vierundzwanzig Stunden: *Deinem Vater geht es sehr schlecht. Er möchte dich sehen.*

Ein heftiges Schlagloch erschreckte mich auf einmal so sehr, dass ich beinahe die Kontrolle über den Wagen verlor, weshalb ich voll auf die Bremse trat – und damit den Motor abwürgte. Ich versuchte vergeblich, ihn anzulassen, ein-, zwei-, zwanzig-, dreißigmal. Es war aussichtslos. Zuerst gab er noch ein röchelndes Geräusch von sich, so als wäre er schlagartig heiser geworden, später dann nicht mal mehr das. Mit geballten Fäusten hämmerte ich auf das Armaturenbrett ein, ließ meine ganze Wut daran aus. Es ging nichts dabei kaputt. Der Zeiger der Uhr sprang auf die Sieben. Draußen war es inzwischen fast dunkel. Unerbittlich drängte sich mir wieder das Bild meines sterbenden Vaters auf. Ich sah förmlich vor mir, wie seine ausdruckslosen Augen jeden Winkel des Zimmers nach mir absuchten. Ich war felsenfest davon überzeugt, dass er meine räumliche Nähe spürte und nach mir verlangte. Wie magnetisiert öffnete ich mit einem Ruck die Fahrertür und lief los. Das Wasser drang überallhin. Glitschige Tentakel begrapschten meine Haut. Die Erde gab unter meinen Füßen nach, so als würde ein Sumpf aus Exkrementen und fauligem Wasser versuchen, mich hinunterzuziehen, doch ich lief weiter, getrieben von dem dringenden Bedürfnis, endlich nach Hause zu kommen, meinen Vater an mich zu drücken und in seinem todgeweihten Körper einen letzten Hauch von Zärtlichkeit zu wecken. Das Tosen des Wildbachs kam immer näher, was bedeutete, dass ich die halbe Strecke geschafft hatte. Ich tastete mich mit ausgestreckten Händen vorwärts, um den Peitschenhieben der Äste zu entgehen. Plötzlich stolperte ich über einen Baumstumpf und fiel der Länge nach hin. Tropfnass und schlammverschmiert versuchte ich wieder auf die Beine zu kommen. Doch es gelang mir nur mit äußerster Anstrengung, ein paar Meter weiterzuhumpeln. Mein Knöchel tat höllisch weh. Ich konnte förmlich spüren, wie er in meinem Stiefel immer heißer und dicker wurde.

Mir muss wohl schwarz vor den Augen geworden sein. Ich weiß nicht, wie lange ich ohnmächtig am Boden lag, aber als ich erneut aufzustehen versuchte, stellte ich fest, dass mein Knöchel kaum noch schmerzte und meine Kleider fast trocken waren. Der Regen hatte aufgehört und von nicht weit her wehte ein frisches Lüftchen den intensiven, belebenden Duft von Zitronen und Mandarinen zu mir herüber, bewegte dabei aber kaum ein Blatt. Die Nacht war jetzt betörend klar. Als ich aufschaute, zeigte mir der Mond, dass ich mich ganz in der Nähe unseres Gehöfts befand, unmittelbar vor dem Gatter, hinter dem ein schmaler Pfad am umzäunten Orangenhain entlang in den Innenhof und vor das Haupthaus führt. Im Wohnzimmer im ersten Stock brannte Licht, und aus dem Schornstein über dem Arbeitszimmer meines Vaters stieg Rauch auf.

Die Riegel am Gattertor ächzten, aber die Hunde schlugen nicht an. Mein Drang, endlich anzukommen, die Treppen hochzulaufen und meine Eltern in die Arme zu schließen, war so stark, dass ich mir kaum klarmachte, was passiert war und wie ich es überhaupt geschafft hatte, ohne fremde Hilfe bis zur Haustür zu gelangen. Es war, als hätten Zeit und Raum ihre Bedeutung verloren. Als ich den Innenhof betrat, umwehte mich der Duft der Azerolen, derselbe Duft, der sich mir bei meinem Abschied in meine Haut eingeprägt und den ich in den zehn Jahren immer dann wahrgenommen hatte, wenn mich die Erinnerungen zurück in meine Heimat trugen. In der Mitte des Hofes erinnerte die Silhouette des Ziehbrunnens erschreckend an einen Galgen. Ich beschleunigte meine Schritte und trat unter dem Torbogen hindurch in den zweiten Innenhof. Auch hier war kein Mensch zu sehen. Auf dem feuchten Boden spiegelte sich das milchige Licht des Mondes und die Bruchstücke meiner Vergangenheit, an die ich mich immer verschwommen erinnert hatte, nahmen nun wieder konkrete Gestalt an: die Flecken an der Wand, die Dachrinnen aus Zink, der zerbrochene Pfosten des Treppengeländers, die kleine, stets brennende Laterne auf der Loggia oder das Herz-Jesus-Bildchen, das über der nach Norden hin gelegenen Holztür hängt. Auf der Schwelle blieb ich stehen. Mir schlotterten die Knie. Die Eingangstür stand halb offen. Ich schaltete das Licht in der Diele an. Hier war alles noch beim Alten, die Stühle, die dunklen Kupferstiche an den Wänden, auch das Kupfergeschirr stand noch auf der Anrichte und die ewig gleichen Blumen welkten in ihren Vasen vor sich hin. Selbst die Schlüssel, die ich bei meiner Abreise in den Aschenbecher gelegt hatte, befanden sich noch an derselben Stelle. Ich konnte mich nicht beherrschen: Ich musste sie einstecken. Als ich die Tür schloss, begann die Standuhr zu schlagen.

»Wer ist da? … Maria …?«

Die Stimme meiner Mutter drang gedämpft aus dem Zimmer, das sie das »Nähzimmer« nannte und das gleich hinter dem Zimmer nach der Diele lag. Ich begann zu zittern.

»Maria? … Maria? Bist du das? Oh, was für eine Freude! Mein Herz hat es mir gesagt … Ich wusste es, ich wusste es … Ich ruf gleich nach deinem Vater.«

Ich drückte die Tür des Zimmers genau im selben Moment auf wie meine Mutter auf der gegenüberliegenden Seite. Wie vom Blitz getroffen blieb ich stehen. Sie hatte sich überhaupt nicht verändert. Sie sah noch immer gut aus. Sie trug das Haar hochgesteckt wie eh und je und hatte das gleiche blaue Wollkleid an wie an dem Tag, als ich fortging.

»Bernat, Maria ist da …!«

Die Pendeluhr schlug ein letztes Mal. Es war genau sieben.

Mit der Unsicherheit, die ich von ihr kannte, nahm mich meine Mutter ein wenig zitternd in ihre Arme. Ihre Lippen brannten auf meinen Wangen und sie roch nach ihrem Rosenparfum.

»Bernat, Bernat, Maria ist da! Sie ist zurückgekommen. Oh, was für eine Freude! … Er hört mich nicht, der Fernseher ist zu laut. Er guckt gerade Nachrichten. Sie dauern nicht lange, aber er will sie genießen.«

Begleitet von meiner Mutter betrat ich das kleine Zimmer. Mein Vater sah tatsächlich in aller Ruhe fern. Im Nachrichtenüberblick erklärte der Sprecher gerade, dass sich der Gesundheitszustand von General Franco weiter verschlechterte. Mit einem Ruck befreite ich mich aus den Armen meiner Mutter, die mich sogleich wieder an sich drücken wollte: Doch ich riss mich los und hinterließ dabei einen Kratzer auf ihrem Gesicht, genau in dem Moment, da mein Vater sich aus seinem Ohrensessel erhob, um mich am Weglaufen zu hindern. Ich flüchtete die Treppen hinunter, überzeugt davon, dass sie eigentlich gar nicht existierten, dass alles, was ich zum Greifen nah vor mir gesehen hatte, nur Traumbilder waren, von meinen Wünschen und meiner Reue projizierte Schatten … In einem absurden Umfeld, völlig losgelöst von der Zeit, hatte ich trügerische Wohnräume durchschritten, geleitet von meiner Sehnsucht, zwei Menschen in die Arme zu schließen, die in meiner Phantasie unbeschadet vom Lauf der Zeit waren und die ich genauso vorzufinden hoffte wie in jenem unglückseligen Moment, in dem ich sie mit ihrem ganzen Kummer allein gelassen hatte. Auch damals hatte es sieben Uhr geschlagen, als ich aus dem Haus rannte.

Als mir dies bewusst wurde, nahm die Katastrophe ihren Lauf. Meine ganze Kraft und mein Selbstvertrauen waren dahin. Einen Moment lang, einen einzigen Moment nur, zweifelte ich an der Ernsthaftigkeit meines Wunsches, hatte ich das unbestimmte Gefühl, dass alles nur Einbildung war, eine Halluzination, dass das gar nicht mein Zuhause und meine Eltern waren und ich nur auf den aufgeweichten Weg zurückkehren

musste, zurück in den Regen, zum Auto, das mitten im Steineichenwäldchen unweit des Wildbachs in der Kurve liegengeblieben war, um von dort aus den Weg noch einmal zu gehen und dann meinem im Sterben liegenden Vater gegenüberzutreten. Dieses Gefühl war stärker als ich, stärker als meine Besessenheit, diese zehn Jahre auslöschen zu wollen, stärker als der Wunsch, meinen Vater noch einmal lebend zu sehen. Ich rannte die Treppen hinunter, getrieben von einer panischen Angst, wie ich sie noch nie zuvor verspürt hatte, Angst vor ihnen, Angst vor mir selbst. In der feuchten Dunkelheit blitzte messerscharf ein Bild heftigen Schmerzes auf, und der Regen verteilte Tausende argwöhnischer Augen im Blattwerk, die mich mit ihren eiskalten Blicken durchbohrten wie Harpunen. Die Stimmen meiner Eltern – »Maria, geh nicht, warte doch …« – verwandelten sich in Geißeln, während ich flüchtete, als sei der Teufel hinter mir her, und in meinen blutenden Händen ein schlammverschmiertes Gesicht zu halten glaubte, das Gesicht meiner Mutter.

Heute ist mir die Schwere meines Fehlers bewusst. Ich war nicht nur ängstlich, ich war schlichtweg feige. In einem Moment, wo nur Gefühle hätten zählen dürfen, ließ ich mich in meiner Dummheit vom Verstand leiten, da ich unfähig war zu erkennen, dass die Erfüllung eines Wunsches weitaus wichtiger ist als das, was man dafür in Kauf nehmen muss. Meine Eltern wiederzusehen, noch jung und nicht zerstört durch Alter und Krankheit, bereit, sich mit mir zu versöhnen, hatte mir alles bedeutet, doch in dem Moment, als all das hätte wahr werden können, war ich nicht in der Lage gewesen, es anzunehmen. Und jetzt frage ich mich, ob diese Geschehnisse wirklich nur Einbildung waren oder ob nicht vielleicht mein jetziges Leben irreal ist, dieses Leben, das sich in den vier Wänden dieses weißen, ungastlichen Zimmers abspielt, seit sie mich in jener Nacht auf halber Strecke nach Son Morlà im Schlamm aufgelesen haben, wo ich in der Nähe des Mietautos in Ohnmacht gefallen war. Diese Realität ist so trostlos, dass es mir lieber wäre, wenn sie mich aus diesem Zimmer hinausprügelten, hinaus aus den Toren dieses ummauerten Gartens; es ist wohl besser, wenn ich sie vergesse. Mein Vater starb, ohne zu wissen, dass ich auf dem Weg zu ihm war, und meine Mutter erholt sich nur langsam von ihrem Verlust. Wenn wir uns sehen, wagt sie nicht, mit mir zu sprechen, und weint haltlos vor sich hin, während sie mit ihrem Zeigefinger geistesabwesend immer wieder über den Schorf auf ihrer Wange streicht.

Übersetzt von Sophia Simon

Autoren/Quellenhinweise

Maria Àngels Anglada (Vic, 1930 – Figueres, 1999) arbeitete nach dem Studium der klassischen Philologie als Lehrerin und übersetzte aus dem Lateinischen und Griechischen. Daneben schrieb sie Poesie, erzählende Prosa, Literaturkritik und literarische Essays. Zu ihren bekanntesten Romanen gehören ›Sandàlies d'escuma‹ (Premi Lletra d'Or und Premio Nacional de la Crítica 1985) sowie ›El violí d'Auschwitz‹ (1994), für die sie große Anerkennung bei Kritik und Leserschaft erhielt. Die Erzählung ›Der Engel‹ aus ›Dones soles‹ (Planeta, 1995) erscheint hier mit freundlicher Genehmigung der Erben in deutscher Erstveröffentlichung.

Pere Calders (Barcelona, 1912–1994) ist einer der meistgelesenen katalanischen Erzähler und Romanciers des 20. Jahrhunderts. Während der Zweiten Republik arbeitete er als Journalist und Zeichner. Nach dem Bürgerkrieg ging er ins Exil nach Mexiko. Dort entstanden seine wahrscheinlich besten Kurzgeschichten: Einer der Höhepunkte der katalanischen Erzählkunst ist der Band ›Cròniques de la veritat oculta‹ (1955), aus dem auch ›Stille Nacht‹ stammt. Nach seiner Rückkehr 1962 nach Katalonien schrieb Calders für verschiedene Zeitschriften und veröffentlichte auch Romane wie z. B. ›Ronda naval sota la boira‹ (1966). 1978 machte die Theatergruppe Dagoll Dagom den von der Kritik hochgelobten Erzähler dann richtig populär, als sie einige seiner Erzählungen mit dem Theaterstück ›Antaviana‹ in Szene setzten. Danach wurden alle seine Werke neu aufgelegt und seine bis dahin unveröffentlichten Kurzgeschichten in dem Band ›Invasió subtil i altres contes‹ (Edicions 62, 1978) zusammengefasst, aus dem die Erzählung ›Subtile Invasion‹ entnommen ist, die hier – wie auch ›Stille Nacht‹ – mit freundlicher Genehmigung des Verlags erstmals in deutscher Sprache erscheint.

Narcís Comadira (Girona, 1942) ist einer der vielseitigsten Künstler Kataloniens. Er ist Lyriker, Maler, Dramatiker, Collagist, Drehbuchschreiber, Kulturjournalist und Übersetzer. Sein lyrisches Werk ist in ›Formes de l'ombra. Poesia 1966–2002‹ vereint, seine Gemälde sind schon in zahlreichen Ausstellungen gezeigt worden, er hat aus dem Italienischen und Englischen übersetzt, u. a. Pavese, Leopardi, Lowell und Montale, und 1989 ist er als Dramatiker mit seinen ersten eigenen Theaterstück in Erscheinung getreten. Für sein künstlerisches Schaffen wurde er mit dem Premi de la Generalitat de Catalunya geehrt. Gegenwärtig schreibt er u. a. für die Kulturbeilage ›Quadern‹ der Tageszeitung ›El País‹, in der 2005 ›Ein Loblied auf den *caganer*‹ erschienen ist, das Comadira für diese Anthologie überarbeitet hat und hier mit seiner freundlichen Genehmigung erstmals in deutscher Sprache erscheint.

Salvador Espriu (Santa Coloma de Farners, 1913 – Barcelona, 1985) war studierter Rechtswissenschaftler und Ägyptologe und gilt als einer der bedeutendsten katalanischen Autoren des 20. Jahrhunderts. Er hinterließ Gedichte, Erzählungen, Dramen und Essays, für die er mit hohen Preisen bedacht worden ist. Esprius Werk, in dem auch die Eigentümlichkeiten der Katalanen Eingang finden, beinhaltet ein tiefes Nachdenken über den Tod und die Vergänglichkeit. Zu seinen überragenden literarischen Kreationen gehört der mythische Ort Sinera (ein Anagramm des katalanischen Küstenstädtchens Arenys, in dem er aufwuchs), den er aus griechischen, lateinischen, biblischen und jüdischen Traditionselementen heraus geformt hat; zu den mythischen Orten in seinem Werk zählen aber auch Lavinia (Barcelona) und Konilosien (Spanien). Sein Werk wurde in zahlreiche Sprachen übersetzt. ›Das sterbende Land‹ und ›Mein Freund Salom‹ sind dem Sammelband ›Narracions‹ (Edicions 62, 1965) entnommen und erscheinen hier mit freundlicher Genehmigung des Verlags erstmals auf Deutsch.

Josep Maria Fonalleras (Girona, 1959) gilt als eine Instanz innerhalb der zeitgenössischen katalanischen Erzählkunst. Bekannt wurde er 1988 mit dem Erzählband ›Botxenski i companyia‹. Er schreibt vornehmlich Kurzgeschichten, die schon mehrfach ausgezeichnet und von der Kritik in Stil und Struktur mit J. D. Salinger und Witold Gombrowicz verglichen wurden. Fonalleras lebt in Girona und arbeitet daneben auch für die Tageszeitungen ›El País‹, ›La Vanguardia‹ und ›El Punt‹. Die Erzählung ›Drei Fahrten im Bus‹ ist dem Sammelband ›Llarga Vista‹ (Empúries, 2003) entnommen und erscheint hier mit freundlicher Genehmigung des Verlags in deutscher Erstveröffentlichung.

Pere Guixà (Barcelona 1973) hat Romanische Philologie studiert und ist eines der neuen Talente der katalanischsprachigen Erzählkunst. Er schreibt für die Kulturbeilagen der beiden Tageszeitungen ›Vanguardia‹ und ›Avui‹ und hat bisher fünf Erzählbände veröffentlicht. ›Ein Stadtviertel im Jahre Null‹ stammt aus dem neuesten Band ›No pots no sentir-ho‹ (Quaderns Crema, 2006) und erscheint hier mit freundlicher Genehmigung des Verlags erstmals in deutscher Sprache.

Miquel Martí i Pol (Roda de Ter, 1929–2003), einer der bekanntesten Lyriker Kataloniens, stammt aus der für die katalanische Literatur so wichtigen Hochebene Plana de Vic zwischen Barcelona und den Pyrenäen. Von seinem 14. Lebensjahr an arbeitete er in einer Textilfabrik, bis er 1973 an

Multipler Sklerose erkrankte, was ihn bald an den Rollstuhl fesselte. Sein lyrisches Gesamtwerk ließ ihn nicht nur zu einem der meistgelesenen, sondern auch zum meistvertonten katalanischen Dichter werden: Seine Gedichte wurden von den berühmten Liedermachern der Nova Cançó wie Maria del Mar Bonet, Rafael Subirachs oder Lluís Llach interpretiert. Neben der Poesie widmete er sich gleichfalls der Erzählkunst und der Übersetzung großer französischer Autoren. Er erhielt unzählige Auszeichnungen und Literaturpreise und sein Name ziert heute Straßen, Schulen und Büchereien in ganz Katalonien. ›Das erste Mal‹ ist dem Erzählband ›Quinze són quinze‹ (Editorial Cruïlla, 1994) entnommen und erscheint hier mit freundlicher Genehmigung der Erbin erstmals auf Deutsch.

JOAN FRANCESC MIRA (Valencia, 1939) ist Schriftsteller, Anthropologe, Soziologe und Universitätsprofessor und gehört ohne Zweifel zu den gegenwärtig bedeutendsten Schriftstellern und Intellektuellen Valencias. Er hat wichtige Essays über die Situation der valencianischen Sprache geschrieben, wie z. B. ›Crítica de la nació pura‹ (1985), sowie zahlreiche Romane und Erzählungen, u. a. den 1989 erschienenen Roman ›Els treballs perduts‹, der dem Dublin von Joyce's ›Ulysses‹ das Valencia von heute gegenüberstellt. Für seinen neuesten Roman ›Purgatori‹ (2003) erhielt er den Premi Sant Jordi und den Premi de la Crítica. Daneben ist er ebenfalls als Übersetzer tätig; 2001 hat er eine beeindruckende Neuübersetzung von Dantes ›Divina Commedia‹ veröffentlicht. ›Artenvielfalt‹ stammt aus dem Band ›24 escriptors, 24 hores a la Rambla‹ (La Campana, 1993) und erscheint hier mit freundlicher Genehmigung des Autors in deutscher Erstveröffentlichung.

TERENCI MOIX (Barcelona, 1942–2003) war der Sohn eines Bäckers und verbrachte die sechziger Jahre in den Künstlerkolonien von London und Paris. Sein 1969 publizierter Roman ›Der Tag, an dem Marilyn starb‹, eine Familienchronik, in der sich die Geschichte seiner Heimatstadt Barcelona im 20. Jahrhundert spiegelt, wurde zu einem großen Publikumserfolg. Der Journalist, Essayist und preisgekrönte Schriftsteller behandelte in einem Großteil seines Werkes die Wandlung der Kultur- und Erziehungswerte. Die Erzählung ›Eixample‹ (© Terenci Moix, 1968) ist dem Sammelband ›Tots els contes‹ (Columna, 2003) entnommen und erscheint hier mit freundlicher Genehmigung der Erbin erstmals in deutscher Sprache.

Jesús Moncada (Mequinensa, 1941 – Barcelona, 2005) stammte aus der Franja de Ponent, dem Katalanisch sprechenden Teil von Aragón. Nach dem Studium arbeitete er zuerst als Lehrer, später zog er nach Barcelona, wo er sich neben seiner schriftstellerischen Tätigkeit der Malerei widmete und aus dem Englischen und Französischen übersetzte. Sein bekanntester Roman, ›Camí de sirga‹ (1988, dt. ›Die versinkende Stadt‹), in dem er das Verschwinden seines Heimatstädtchens Mequinensa unter den Wassern des Ebro-Stausees Ribaroja schildert, gilt als eines der wichtigsten katalanischsprachigen Werke des 20. Jahrhunderts und wurde in zahlreiche Sprachen übersetzt. Am Ebro ist auch die Erzählung ›Fußball am Fluss‹ angesiedelt, welche dem Band ›El Cafè de la Granota‹ (Edicions 62, 2006) entnommen ist und hier mit freundlicher Genehmigung des Verlags erscheint.

Vicenç Pagès Jordà (Figueres, 1963) ist eines der großen Talente der neuen katalanischen Erzählkunst. 1990 erschien sein erster Erzählband ›Cercles d'infinites combinacions‹, 1995 sein erster Roman ›El món d'Horaci‹ und 1997 sein bisher erfolgreichster Kurzroman ›Carta a la reina d'Anglaterra‹. 2003 erhielt er den Premi Sant Joan für seinen Roman ›La felicitat no és completa‹. Die in einem der größten Touristenorte an der Costa Brava spielende Erzählung ›Senyora Flock‹ stammt aus ›El poeta i altres contes‹ (Proa, 2005) und erscheint hier mit freundlicher Genehmigung des Verlags in deutscher Erstveröffentlichung.

Josep Palau i Fabre (Barcelona, 1917), eine der großen Persönlichkeiten der zeitgenössischen katalanischen Literatur, ist nicht nur Dichter, Dramatiker, Erzähler, Essayist und Übersetzer, sondern auch ein international anerkannter Experte für Malerei – ganz besonders für das Werk von Pablo Picasso, den er in Paris kennenlernte, wo er von 1945 bis in die sechziger Jahre lebte. Er war ein entschiedener Aktivist für die Wiederaufnahme der literarischen und kulturellen Aktivitäten während der Franco-Diktatur und gründete u. a. die geheime Zeitschrift ›Poesia‹ und den Verlag La Sirena. Für sein künstlerisches Schaffen wurde er mit zahlreichen Preisen geehrt, u. a. dem Premi Nacional de Cultura (1996), dem Premi d'Honor de les Lletres Catalanes (1999) und dem Premi Crítica Serra d'Or d'obres completes (2006). ›Der Valencianer aus Stockholm‹ ist dem Band ›La metamorfosi d'Ovidia i altres contes‹ (Proa, 1996) entnommen und erscheint hier mit freundlicher Genehmigung des Autors erstmals in deutscher Sprache.

Sergi Pàmies (Paris, 1960) lebt seit 1971 in Barcelona. Der ehemalige Fußballspieler und Buchhalter ist einer der herausragenden katalanischen Erzähler, schreibt aber auch für das Feuilleton und Literaturzeitschriften, arbeitet für Radio und TV und zudem als Übersetzer. Er hat mehrere Erzählungsbände und Kurzromane veröffentlicht, die mit etlichen Literaturpreisen ausgezeichnet worden sind und von denen einige auch auf Deutsch vorliegen. Sein neuester Erzählungsband ›Si menges una llimona sense fer ganyotes‹ (Quaderns Crema, 2006), aus dem auch ›Unser Krieg‹ stammt, wurde von Kritik und Leserschaft hochgelobt und stand monatelang ganz oben auf den Bestsellerlisten. Mit freundlicher Genehmigung des Verlags erscheint die Erzählung hier in deutscher Erstveröffentlichung.

JOSEP PLA (Palafrugell, 1897 – Llofriu, 1981) hat das umfassendste katalanische Prosawerk aller Zeiten hinterlassen. Er spielte eine herausragende Rolle bei der Erneuerung der katalanischen Sprache und machte die Traditionen des Landes über seine Grenzen hinweg bekannt. Pla arbeitete als Korrespondent in England, Frankreich, Italien, Deutschland und Russland und war ein großer Chronist des politischen und kulturellen Lebens. Alle seine Werke gehören im weitesten Sinne zur Gattung Tagebuch, Porträt oder Reisebericht. Einige seiner persönlichsten Essays hat Pla seiner Heimat, dem Empordà, gewidmet; dazu zählen auch ›Der Genius Loci für mich persönlich und in meinem literarischen Werk‹ und ›Die Grenzmark und das Empordà‹, veröffentlicht in Band VII seines Gesamtwerks, ›El meu país‹ (Destino, 1968), die hier mit freundlicher Genehmigung der Erben von Josep Pla erstmals auf Deutsch erscheinen.

BALTASAR PORCEL (Andratx/Mallorca, 1937) ist einer der bekanntesten mallorquinischen Autoren. Er lebt und arbeitet in Barcelona und hat sich durch zahlreiche journalistische Arbeiten, Essays, Theaterstücke, Reiseberichte und Romane einen Namen gemacht, u. a. ›Cavalls cap a la fosca‹ (1975, dt. ›Galopp in die Finsternis‹). Für sein literarisches Schaffen wurde er mit den wichtigsten katalanischen Literaturpreisen geehrt, unter anderem mit dem Premi Josep Pla (1969), dem Premi Sant Jordi (1986) und dem Premi Ramon Llull (2001). 2007 erhielt er den Premi d'Honor de les Lletres Catalanes. Sein erzählerisches Werk entwirft eine mediterrane Welt, deren wichtigste Elemente seiner mallorquinischen Heimat entstammen. Auch die Erzählung ›Fastenzeit‹ aus dem Band ›Les maniobres de l'amor‹ (Destino, 2002), die hier mit freundlicher Genehmigung des Verlags erstmals in deutscher Sprache erscheint, ist dort angesiedelt.

Jordi Puntí (Manlleu, 1967) ist eines der großen Multitalente der katalanischen Literaturszene. Nach dem Studium der Romanischen Philologie arbeitete er zunächst für verschiedene Verlage. Er ist Radiosprecher, schreibt für ›El País‹ und hat u. a. Daniel Pennac, Amélie Nothomb und Paul Auster ins Katalanische übersetzt. 1998 erhielt er für seinen ersten Erzählband ›Pell d'armadillo‹ den Premi de la Crítica Serra d'Or und den Preis der Fundació Enciclopèdia Catalana. ›Luftblasen‹ ist seinem 2002 veröffentlichten Erzählband ›Animals Tristos‹ (dt. ›Erhöhte Temperatur‹, 2007) entnommen und erscheint hier mit freundlicher Genehmigung des Verlags Kiepenheuer & Witsch, Köln.

Carme Riera (Palma/Mallorca, 1948) ist neben Mercè Rodoreda die international am meisten beachtete katalanische Autorin. Sie lehrt Spanische Literatur an der Universitat Autònoma de Barcelona und schreibt regelmäßig für diverse spanische Medien. Für ihre Erzählungen und Romane, in denen sie die zwischenmenschlichen Beziehungen und oftmals auch die Schwierigkeiten weiblicher Emanzipation thematisiert, erhielt sie zahlreiche Literaturpreise, unter anderem den Premio Nacional de Literatura für den in zahlreiche Sprachen übersetzten Roman ›Dins el darrer blau‹ (1994, dt. ›Ins fernste Blau‹). Die Erzählung ›Heimkehr‹ stammt aus dem Erzählungsband ›Contra l'amor en companyia i altres relats‹ (Destino, 1991) und erscheint hier mit freundlicher Genehmigung der Autorin erstmals in deutscher Sprache.

Joan Rendé (Barcelona, 1943) ist Journalist, Prosaschriftsteller, Drehbuchschreiber und Direktor der Escola d'Escriptura i Humanitats de Ateneu von Barcelona. Seine ersten Erzählungen veröffentlichte er 1978 in dem Band ›Sumari d'homicida‹; weitere Erzählungsbände, aber auch Romane folgten. Rendés gesamtes erzählerisches Werk zeichnet sich durch seinen großen Sinn für Humor aus, wie es auch die Kurzgeschichte ›Die Bergtour‹ aus dem Band ›La pedra a la sabata‹ (Proa, 2004) zeigt, die hier mit freundlicher Genehmigung des Verlags erstmals auf Deutsch erscheint.

Mercè Rodoreda (Barcelona, 1909 – Girona, 1983) ist die bedeutendste Schriftstellerin der modernen katalanischen Literatur. Ihre literarische Laufbahn begann sie in den 30er Jahren mit dem Schreiben von Kurzgeschichten. 1938 erschien ihr erster, mit dem Premi Crexells ausgezeichneter Roman ›Aloma‹. Nach dem Bürgerkrieg ging Mercè Rodoreda ins Exil nach Paris, floh dann vor den deutschen Truppen in den unbesetzten Teil Frankreichs und zog 1954 schließlich nach Genf, wo sie als Übersetzerin für internationale Organisationen arbeitete und wieder zu schreiben begann. Die Erfahrung des Krieges und des Exils durchzieht thematisch die sehr persönliche, teils lyrische Prosa Mercè Rodoredas. Weltberühmt wurde sie mit dem 1962 veröffentlichten Roman ›La plaça del diamant‹, der in über 20 Sprachen übersetzt wurde: Hier erscheint das zweite Kapitel der Geschichte von Colometa, einer einfachen Frau aus dem Barceloniner Stadtteil Gràcia, die für viele die beste Darstellung des Spanischen Bürgerkriegs in Romanform ist.
Auszug aus: ›Auf der Plaça del Diamant‹. Roman. Mit einem Nachwort von Gabriel García Márquez.

Josep Maria de Sagarra (Barcelona, 1894–1961) war Kataloniens größter Theaterautor des 20. Jahrhunderts. Daneben war er aber auch ein hervorragender Lyriker – u. a. ›El comte Arnau‹ (1928) und ›El poema de Nadal‹ (1931) – und verfasste vortreffliche Übersetzungen fast aller Stücke Shakespeares und mit dem 1932 erschienenen Roman ›Vida Privada‹ (dt. ›Privatsachen‹) einen der großen Barcelona-Romane. Bekannt war er aber auch für seine hervorragenden Tagebücher (›Memòries‹, 1954) und journalistischen Arbeiten. ›Die geschmähte Sprache‹ stammt aus der Sammlung von Zeitungsartikeln ›L'ànima de les coses‹ (Quaderns Crema, 2001) und erscheint hier mit freundlicher Genehmigung des Verlags erstmals in deutscher Sprache.

Toni Sala (Sant Feliu de Guíxols, 1969) gehört zu der Generation junger, vielversprechender Erzähler. Für seinen ersten Erzählband ›Entomologia‹ (1997) erhielt er bereits den Premi Documenta. Einem großen Publikum bekannt wurde er mit ›Petita crònica d'un professor de secundària‹ und ›Goril·la blanc‹ (2002), letzteres eine fiktive »Autobiographie« des weißen Gorillas Floquet de Neu. Sein neuester Roman ›Rodalies‹ (2004) wurde mit dem Premi Sant Joan und dem Premi Nacional de Literatura ausgezeichnet. Die Erzählung ›Wie jedes Jahr‹ ist dem Band ›Per molts anys. Una mostra de la millor literatura catalana actual‹ (Edicions 62, 2002) entnommen und erscheint mit freundlicher Genehmigung des Autors in deutscher Erstveröffentlichung.

Francesc Serés (Saidí/Baix Cinca, 1972) hat Kunst und Sozial- und Kulturanthropologie studiert und ist gegenwärtig Dozent für Kunstgeschichte der Antike und des Mittelalters an der Universität Pompeu Fabra in Barcelona. Bisher wurden von ihm die Trilogie ›De fems i de mabres‹ (2003) sowie die Prosabände ›La força de la gravetat‹ (2006) und ›La Matèria Primera‹ (Empúries, 2007) veröffentlicht. Aus Letzterem stammt auch der Text ›Stern und Schaum‹, der hier mit freundlicher Genehmigung des Autors erstmals auf Deutsch veröffentlicht wird.

Màrius Serra (Barcelona, 1963) hat bisher über 5000 Kreuzworträtsel veröffentlicht, etwa 1000 Zeitungsartikel, acht Romane und Erzählbände und drei Bände mit Wortspielen, zu denen er auch eine Website (www.verbalia.com) kreiert hat, und moderiert seit 2003 im Fernsehen eine Literatursendung. Sein letzter Roman, ›Farsa‹ (2006), wurde mit dem Premi Ramon Llull ausgezeichnet. Die Kurzgeschichte ›Umbruch (Ein noch zu schreibender Roman)‹ ist ›Per molts anys. Una mostra de la millor literatura catalana actual‹ (Edicions 62, 2002) entnommen und erscheint hier mit freundlicher Genehmigung des Autors erstmals in deutscher Sprache.

Carles Soldevila (Barcelona, 1892–1967) war Journalist, Romancier, Theaterautor und Dichter. Nach dem Studium der Rechtswissenschaften arbeitete er zunächst in verschiedenen Kanzleien und bei der *Mancomunitat*, der katalanischen Regionalverwaltung, bis er sich ab 1923 aussschließlich dem Schreiben widmete. Neben Lyrik und Dramen verfasste er Kurzgeschichten und zwei Romantrilogien und schrieb für verschiedene Zeitschriften und Zeitungen, u. a. für ›La Publicitat‹, in der in den 20er Jahren unter dem Pseudonym »Myself« seine Kolumne ›Fulls de dietari‹ veröffentlicht wurde. Der dort 1929 erschienene Artikel ›Lassen wir uns nichts anmerken‹ wurde ›Fulls de dietari. Una antologia‹ (Selecta/Empúries, 2004) entnommen und erscheint hier mit freundlicher Genehmigung des Verlags erstmals auf Deutsch.

Ramon Solsona (Barcelona, 1950) war nach dem Hispanistikstudium zwei Jahrzehnte als Gymnasiallehrer tätig, bevor er sich ganz dem Schreiben zuwandte. Er arbeitet regelmäßig für Presse und Rundfunk, schreibt Drehbücher für Kataloniens autonome Fernsehanstalt TV-3 und hat bisher mehrere Romane und Erzählungsbände veröffentlicht. Für ›Les hores detingudes‹ (1993) wurde er mit mehreren Literaturpreisen ausgezeichnet. ›Bittgebet für die Olympischen Spiele‹ und ›Einer von uns‹ stammen aus dem Band ›Ull de vaca‹ (Quaderns Crema, 1995) und erscheinen hier mit freundlicher Genehmigung des Verlags in deutscher Erstveröffentlichung.

Emili Teixidor (Roda de Ter, 1933) begann Ende der 60er Jahre zu schreiben. Er ist einer der bekanntesten katalanischen Kinder- und Jugendbuchautoren, hat aber auch hochgelobte und mit zahlreichen Preisen ausgezeichnete Romane für Erwachsene verfasst, wie z. B. ›El llibre de les mosques‹ (1999), ›Pa negre‹ (2004) und ›Laura Sants‹ (2006). Eines seiner großen Themen ist die Nachkriegszeit, wie es sich auch in der Erzählung ›Das bekritzelte Ei‹ zeigt, die dem Erzählungsband ›Sic transit Glòria Swanson‹ (Proa, 1996) entnommen ist und hier mit freundlicher Genehmigung des Verlags erstmals in deutscher Sprache erscheint.

Colm Tóibín (Enniscorthy/Irland, 1955) gilt als einer der bekanntesten Journalisten und Schriftsteller Irlands. Er veröffentlichte mehrere Sachbücher, und bereits sein erster Roman, ›The South‹ (1990, dt. ›Der Süden‹), der von seiner Zeit in Barcelona inspiriert wurde, wo er von 1975–78 lebte, wurde von der Kritik enthusiastisch gefeiert. Tóibíns Bücher wurden mit zahlreichen Preisen ausgezeichnet. ›Ein zerbrechliches Land‹ ist ein Auszug aus seinem Buch ›Homage to Barcelona‹ (dt. ›Huldigung an Barcelona‹, © 1992 der deutschsprachigen Ausgabe: Aufbau-Verlag in der Aufbau-Verlagsgruppe GmbH, Berlin; © 1990 Colm Tóibín, veröffentlicht mit Genehmigung Nr. 66664 der Paul & Peter Fritz AG, Zürich).

Matthew Tree (London, 1958) lebt seit 1984 in Barcelona und schreibt auf Katalanisch. In all den Jahren hat er nicht nur für englische Printmedien geschrieben, sondern auch für verschiedene katalanische Zeitschriften und Tageszeitungen und für Radio- und TV-Sender gearbeitet, u.a. Für ›El Punt‹, ›Avui‹, Catalunya Ràdio und TV-3. Sein erster Roman in katalanischer Sprache, ›Fora de lloc‹, erschien 1996. ›L'Hospitalet de Llobregat oder das Ende eines Vorurteils‹ ist dem Band ›CAT. Un anglès viatja per Catalunya per veure si existeix‹ (Columna, 2001) entnommen und erscheint hier mit freundlicher Genehmigung des Autors in deutscher Erstveröffentlichung.

Josep Vallverdú (Lleida, 1923) hat Klassische Philologie studiert und unterrichtet, Werke von Chesterton, Greene, Stevenson und Oscar Wilde u. a. übersetzt und Erzählungen und Essays veröffentlicht. 1990 wurde er mit dem Creu de Sant Jordi und 2000 mit dem Premi d'Honor de les Lletres Catalanes geehrt. Ein Teil seines Werkes wurde auch ins Spanische, Baskische, Französische, Italienische und Russische übersetzt. ›Dr. Watson im Vall Fosca‹ wurde dem Band ›Aiguaneix. Relats de la Vall Fosca‹ (Proa, 2003) entnommen und erscheint hier mit freundlicher Genehmigung des Verlags erstmals in deutscher Sprache.

Manuel Vázquez Montalbán (Barcelona, 1939 – Bangkok, 2003). Die Abenteuer des melancholischen und genussfreudigen Barceloniner Privatdetektivs Pepe Carvalho sind wohl der bekannteste Teil der Arbeit dieses großen katalanischen Schriftstellers, der sich in über vierzig Veröffentlichungen als Romanautor, Essayist, Polemiker, politischer Journalist, Kochbuchautor und Lyriker hervortat und mit zahlreichen internationalen Literaturpreisen ausgezeichnet wurde. Er schrieb regelmäßig Kolumnen für die spanische Tageszeitung ›El

País‹ sowie unzählige Artikel für die verschiedensten Zeitschriften. Aufgewachsen ist er in der Altstadt von Barcelona, ganz in der Nähe der Ramblas, die er in ›Die Stunde der Buße‹ beschreibt, einem literarischen Essay, das im Rahmen eines ungewöhnlichen Projekts entstanden ist: 24 Stunden lang sollten 24 katalanische Autoren vom Balkon eines Hotels aus das Treiben auf Barcelonas weltberühmter Flaniermeile beobachten. Veröffentlicht wurde der Text in dem Band ›24 escriptors, 24 hores a la Rambla‹ (La Campana, 1993); er erscheint hier mit freundlicher Genehmigung der Erben in deutscher Erstveröffentlichung.

Antònia Vicens (Santanyí/Mallorca, 1941) gilt als eine der talentiertesten Autorinnen der Balearen. In der grauen Nachkriegszeit des Franco-Regimes auf Mallorca aufgewachsen, überraschte Antònia Vicens das Publikum und die Kritik 1967 mit ihrem ersten Roman ›39° a l'ombra‹ (dt. ›39 Grad im Schatten‹), für den sie den Premi Sant Jordi erhielt. Ihre Prosa ist poetisch, mit einer großen Fähigkeit, die mallorquinische Sprache literarisch neu zu erschaffen. Später kamen weitere Romane und Preise hinzu. Zuletzt erschien ihr Roman ›Ungles perfectes‹ (2007). Daneben hat sie zahlreiche Erzählungen und Beiträge für das Feuilleton diverser Zeitungen geschrieben. Die Geschichte ›Fast ein Wunder‹ wurde dem Sammelband ›Tots els contes‹ (Edicions del Salobre, 2005) entnommen und erscheint hier mit freundlicher Genehmigung der Autorin erstmals auf Deutsch.

Manel Zabala (Barcelona, 1968) ist sicher einer der originellsten und am schwersten einzuordnenden Erzähler seiner Generation. Er ist Okzitanist und schreibt regelmäßig für die okzitanischen Zeitschriften ›Òc‹ und ›Reclams‹. Tiere spielen oftmals die Hauptrolle in seinen verrückten Kurzgeschichten, in denen es zu einem Fußballspiel unter Fischen kommen kann, zur Verteidigungsrede eines Stiers, der den Torero aus Notwehr getötet hat, da dieser bewaffnet gewesen sei, oder eben zu der heftigen Liebesbeziehung in einer Paella wie in ›Eine schöne Geschichte von einem Waldkaninchen und einer Garnele‹, die dem Erzählungsband ›Massa cafè‹ (DVD Ediciones, 2002) entnommen ist und hier mit freundlicher Genehmigung des Autors erstmals in deutscher Sprache erscheint.